墨香财经学术文库
“十二五”辽宁省重点图书出版规划项目

U0791053

东北地区创新要素结构对技术创新效率的影响研究
以高技术产业为例

The Impact of Innovation Factor Structure on the Technological Innovation Efficiency in Northeast China
A Case Study of High-tech Industry

徐信龙 著

东北财经大学出版社
Dongbei University of Finance & Economics Press
大连

图书在版编目（CIP）数据

东北地区创新要素结构对技术创新效率的影响研究：以高技术产业为例 / 徐信龙著.
—大连：东北财经大学出版社，2023.2
（墨香财经学术文库）
ISBN 978-7-5654-4746-4

Ⅰ.东…　Ⅱ.徐…　Ⅲ.高技术产业-技术革新-研究-东北地区　Ⅳ.F279.244.4

中国版本图书馆CIP数据核字（2022）第248577号

东北财经大学出版社出版发行
大连市黑石礁尖山街217号　邮政编码　116025
网　　址：http：//www.dufep.cn
读者信箱：dufep @ dufe.edu.cn
大连美辰印刷厂印刷

幅面尺寸：170mm×240mm　字数：214千字　印张：14.75　插页：1
2023年2月第1版　2023年2月第1次印刷
责任编辑：李　彬　赵　楠　责任校对：贺　力
封面设计：原　皓　版式设计：原　皓
定价：59.00元

教学支持　售后服务　联系电话：（0411）84710309

如有印装质量问题，请联系营销部：（0411）84710711

前言

党的二十大报告指出，必须坚持科技是第一生产力，人才是第一资源，创新是第一动力。同时强调，要“坚持以推动高质量发展为主题”“加快建设现代化经济体系，着力提高全要素生产率”，推动经济实现质的有效提升和量的合理增长，不断塑造发展新动能新优势。

中国的问题要在自己的土地上找答案。为什么传统社会未能产生自我维持的增长？世界经济在过去两个世纪是如何发展起来的？中国经济高速增长进入新发展阶段，如何推动高质量内涵式发展，潜在的增长又在哪里？客观呈现给人们的是充满变化的复杂网络，我们不得不努力，至少在一定程度上，试图把各条线索分清并表明它们是如何产生影响的。因此，我们不以任何乐观或悲观的看法来影响研究，尝试从创新要素结构的视角来探究要素约束条件下的配置最优化和产出最大化，不奢望直入究竟，只希望尽全力把所找到的、挖出的事实与观点总结出来，为接触到和思考到这个主题的人们提供一个尽可能全面的统观和参考，至少为后来的思考者节省时间，使其不走弯路。

作为我国重要的老工业基地，东北地区曾是国内举足轻重的经济板块，但在中国经济进入新常态，经济发展方式由传统要素驱动、投资驱动转向创新驱动的新发展阶段，东北经济面临着严峻的经济增长困境。造成东北地区经济增长疲软、出现困境的重要原因之一是东北经济对投资驱动型发展模式产生了严重的“路径依赖”，导致出现创新要素结构失衡、要素配置结构扭曲等问题，进而制约了东北地区的创新能力提升和经济内涵式增长。东北地区国有企业比重大、历史负担重，存在经济结构重型化以及计划经济色彩浓重等可能桎梏东北地区经济发展的要素禀赋特征。但东北地区具有相对较好的制造业基础和战略区位优势，又具备全面振兴东北老工业基地的国家战略契机，在推动经济转型、创新驱动发展等方面具有普遍的战略共识。目前，东北地区正处于优化经济结构、转换增长动力的攻关期，迫切需要创新要素对传统要素的替代、升级和更新，向存量要增量、向发展要效益，提升供给体系对发展需求的适配性，推动经济质量变革、效率变革和动力变革。

基于以上问题，探究东北地区创新要素结构的现状、可能存在的问题，揭示其对东北地区创新效率发展的影响及优化路径显得尤为重要。本书基于供给侧结构性改革、推动经济高质量发展的宏观背景，以东北地区创新要素结构作为研究对象，厘清创新要素结构影响高技术产业技术创新效率的理论逻辑，通过实证与案例研究相结合的研究方法，重点研究了东北地区创新要素的结构分析、对创新效率的影响机制及优化策略。

具体而言，理论部分，在东北地区发展尤其是创新驱动发展不足的现实背景基础上，抓住影响东北地区创新发展的关键要素——创新要素结构作为研究对象，界定创新要素及其结构的内涵与层次，梳理创新要素结构影响技术创新效率的相关研究，从微观到宏观不同层面归纳创新要素配置与要素结构的现状特征，给出区域创新要素配置的机制、过程与优化体系，并从静态和动态角度考察了东北地区的创新要素结构问题与优化策略，通过对区域创新要素和结构失衡相关研究的梳理与分析，奠定研究的理论基础。

首先，对高技术产业创新要素结构现状及扭曲度做了测度与评价。从区域内基础资源禀赋情况、企业知识要素结构、创新能力要素结构以及创新政策环境等方面论证创新要素结构的基础禀赋和特征，分析了东北地区高技术产业创新要素结构的分布及区域创新的差异与同构性，并重点对高技术产业创新要素结构进行测度和评价，包括对创新要素结构扭曲水平的测算分析，进行创新要素空间流动、空间集聚和区域创新要素配置能力评价。通过分析发现：东北地区人们的工资水平相较于其他地区偏低，且一直存在大量高技术人才外流的情况，使得该地区的劳动力资本较低，但劳动力扭曲程度是逐年下降的；从资本要素扭曲的视角看，东部、西部、东北、中部资本扭曲指数都大于1，实际价格存在低估，相对其他地区而言，东北地区资本要素扭曲度有小幅度上升。此外，东北地区产业规模和产业贡献是持续扩大的，受近年来政府引导影响，资本边际产出有了小幅度增加。

其次，对高技术产业技术创新效率进行了测度分析。在对东北地区创新要素结构现状描述分析的基础上，以高技术产业为例测算了技术创新效率，具体分析了各测度指标的技术创新投入与产出情况，进而将技术创新效率变动情况分解为全要素生产率变动、技术效率变动、技术进步率变动等因素，对东北地区的指标变动进行了深入剖析。研究发现：无论是以研发人员、研发经费衡量的技术创新投入，还是以专利申请数量、新产品销售收入衡量的技术创新产出，东北地区投入规模与产出总量都在迅速增长，且区域内各省差异较大，辽宁省所占比重较高；高技术产业技术效率、技术进步率和全要素生产率都存在明显的波动，其中技术效率波动较为平缓，技术进步率与全要素生产率呈现出较为明显的波动趋势；高技术产业的技术创新处于稳定增长的态势，技术进步是东北地区高技术产业全要素生产率提升的主要动力，技术效率对全要素生产率的提升则相对薄弱，区域内各省在技术创新效率方面拥有极大潜力。

进一步，本书将创新要素结构分为基础要素结构和关键要素结构，实证分析了两类创新要素结构对以上测度的技术创新效率的影响，并采用门限回归模型分析了该影响效应的门限特征。研究发现：东北地区在基础创新要素结构方面的配置不够合理，对于创新主体的重视不够，中小企业缺乏创新意愿，缺少足够的动力去创新；基础要素结构和关键要素结构对高技术产业全要素生产率的影响渠道主要通过改善技术进步率来实现；技术要素结构和人力要素结构也存在问题，基础要素结构对提升高技术产业创新效率的作用比较明显，关键要素结构的正向效应还没有显现，东北地区技术创新方面的投入仍有待增加。

最后，基于理论分析和经验证据，本书进一步通过案例分析的形式，对已有研究结论进行拓展，主要结合新型原材料、人工智能两个具有典型特征的高技术产业，从创新要素结构合理化评价出发，对典型产业发展现状进行分析，探究了这些产业中创新要素结构配置的特点，并对其技术效率进行了定量测算。从产业培育发展路径、技术创新方向选择、促进创新要素结构优化以及现有政策与创新要素结构优化匹配度等方面进行综合研判，提出东北地区高新技术产业发展的政策导向和建议。

相对于以往的研究，本书的创新之处在于：

①尝试性地对创新问题中创新要素结构进行分析，以此给出了除单一要素对技术创新效率影响外，创新要素结构对技术创新效率的可能影响。本书将创新要素结构配置划分为基础要素结构和关键要素结构，量化分析了创新要素结构对技术创新效率的影响，进一步检验了创新要素结构影响高技术产业技术创新效率的机制和路径，揭示创新要素结构在提升高技术产业创新效率中的作用，为优化东北地区创新要素结构并最终提升创新效率、创新水平提供了理论基础与经验证据。

②直接系统地测度了创新要素配置结构扭曲水平，从时间、区域、产业等多个层面对创新要素配置结构扭曲水平进行比较分析，从而客观地量化了东北地区与国内经济发达地区之间创新要素配置整体能力以及不同层面上的差距，同时也揭示了东北地区创新要素结构提升空间和方向。

③在强调东北地区创新要素结构优化问题差异性的同时，通过对代表性产业进行案例分析、特征归纳和规律总结等，从实践的视角对已有的研究进行拓展，进一步提高研究结论的普适性、实用性，力求为破解东北地区深层次矛盾与问题提供实践支撑和政策思路，进而寻找解决方案。

本书是国家社会科学基金重大项目“供给侧结构性改革下东北地区创新要素结构分析与优化对策研究”（18ZDA042）的阶段性成果。在课题研究和本书的撰写工作中，得到了课题组专家成员的大力支持和帮助，很多研究结论也得益于颇有创见想法的共同探讨，一些专家学者给出了有价值的意见和建议，在此谨一并深致谢忱。书中不足之处，恳请学术同仁批评指正。

徐信龙

2022年12月

目录

1 绪论

1.1 选题依据

1.1.1 研究背景

随着我国经济社会发展进入新阶段，国内外环境经历着深刻变化，无论是经济规律层面还是发展实践层面，都在向国内大循环为主体转变。如何向存量要增量、向发展要效益，提升供给体系和需求的适配性，推动经济质量变革、效率变革和动力变革，实现创新驱动的内涵型增长，成为关系区域乃至我国发展全局的重大课题。

（1）创新驱动发展战略为提升区域创新水平指明方向

我国经济发展进入新常态，之前粗放型的方式已难以驱动经济进一步增长，为此必须打造经济发展的新引擎。中共中央和国务院于2016年发布实施了《国家创新驱动发展战略纲要》，为提升我国整体创新水平明确了战略目标和指导思想。其中，推动区域经济发展、提升区域创新能力和整体竞争能力是重要的发展目标和方向，重点指出要构建区域创新发展的新格局，发挥区域创新资源的流动优势，积极构建跨区域的创新网络，引领区域一体化发展。

为深入落实国家战略，推动区域创新发展势在必行。我国幅员辽阔，各地区由于地理位置、资源禀赋等因素不同，区域经济水平呈现出极大的差异。东部地区集聚了大量优势创新资源，在区域创新能力排名中遥遥领先；西部地区由于地理位置的原因，创新资源和东部地区相比还相对匮乏；东北地区近年来新旧动能转换、结构性矛盾突出，创新发展情况不容乐观。因此，在创新驱动发展战略的指引下，加强区域创新能力建设，实现各地区均衡发展成为首要目标。

（2）东北地区面临着创新要素结构配置失衡的困境

作为老工业基地，东北地区既有国有企业比重大、历史负担重、经济结构过度重型化等经济转型的固有障碍，也有深厚的制造业基础和振兴东北老工业基地的有利契机，形成了调结构、稳增长的战略共识。基于东北地区经济转型的独特性，《中共中央　国务院关于全面振兴东北地区等老工业基地的若干意见》指出“东北地区要适应把握引领经济发展新常态，加大供给侧结构性改革的力度”“坚持变中求新、变中求进、变中突破，努力提升东北老工业基地的发展活力、内生动力和整体竞争力”，这为东北地区创新驱动发展、实现经济振兴指明了方向。

东北地区曾是国家举足轻重的经济板块，但对标新时期高质量发展要求，东北地区经济面临着空前的发展困境。最新数据表明，东北地区经济整体增速在全国各主要经济板块中仍然垫底。其深层次原因在于，东北经济对投资驱动型发展模式产生了严重的“路径依赖”，而对区域创新能力提升起关键作用的研发、尖端人才、科技成果转化、科技金融等创新要素的投入严重不足，对市场配置创新资源的制度供给匹配性不够，由此导致创新要素构成结构失衡，创新要素配置结构扭曲，严重制约东北地区的创新能力和经济发展。

（3）创新能力已成为区域经济发展的主要竞争优势

近年来，我国研发经费投入强度逐年提升，2018年再创历史新高，达到2.19%，比上一年提高0.04个百分点，连续5年超过2%。国家统计局等权威机构发布的《2018年全国科技经费投入统计公报》显示，2018年全国共投入研发经费19 677.9亿元，比上年增加2 071.8亿元，增长11.8%。从总量上看，我国研发经费投入已达到中等发达国家水平，仅次于美国。然而，高投入未必带来创新产出的有效提升，我国创新的基础研究相对薄弱，还存在多项被美国、日本等国家“卡脖子”的关键核心技术。提升创新能力，尤其是基础研究能力是我国创新发展中亟需解决的关键问题。

就东北地区而言，研发投入、创新产出能力、科技成果转化水平等创新指标都与先进省份存在较大差距。以东北地区创新能力最强的大连为例，大连高新区仅有国家级研发中心7家，而无锡拥有76家；大连高新区年专利申请数和专利授权数为西安的10%；年技术交易额仅为成都的6%；高新技术企业数量仅为西安高新区的1/6，企业研发中心数量为杭州的1/5。提升东北地区创新能力的关键在于将创新要素结构优化作为实现创新驱动转型的突破口，着力解决创新投入和创新产出比例失衡的问题。

（4）创新要素结构优化是区域创新能力提升的新引擎

在我国大力实施创新驱动发展战略、坚持自主创新道路的进程中，推动区域创新已成为引领区域经济发展甚至是建设创新型国家的重要保障和战略支撑。现有研究表明，区域创新发展离不开区域中人才、技术、环境等创新要素的支持（周文泳和项洋，2015；Cooke et al.，1997）。然而，单一创新要素的聚集对区域创新的提升作用不仅会出现边际效益递减问题，而且一种创新要素的过度集聚可能会挤压另一种创新要素的集聚空间（齐亚伟和陶长琪，2014），还可能将创新要素的配置能力锁定在单一要素层面。因此，对区域创新要素采取合理的配置结构和有效的配置方式，已成为区域创新发展的关键（白俊红和蒋伏心，2015）。

创新要素是现代化经济体系必不可少的因素，其禀赋结构的优劣、协同度的高低将直接决定技术创新能力强弱，是影响东北地区经济发展的关键因素。东北三省面临着创新要素有效供给与需求不平衡、匹配不适度、资源配置“短板”等问题，致使创新要素投入强度的增加并未带来技术进步水平的明显提高。而出现这些问题的根本原因是创新要素供给出现了结构性问题，即创新要素的规模与比例，尤其是要素组合方式与创新需求不匹配，与产业结构优化升级目标不适应。完善各类创新要素市场化、科学化配置机制，建设要素流动顺畅、配置高效的生态，成为激发创新驱动内生动力和活力的当务之急。

1.1.2 问题提出

熊彼特创新理论指出，创新就是将各种要素形成新的组合，并带到生产关系中去，转化变成实实在在的生产力。东北地区的有效创新要素投入不足，创新要素存量配置扭曲等问题严重制约创新产出的积极性和科技成果转化的有效性。《中国区域创新能力评价报告2017》显示，在区域创新综合能力排名中，辽宁、黑龙江和吉林在31个省份中排名分别为17位、26位和27位。以发明专利授权为例，东北地区发明专利授权最多的辽宁为6 731件，而江苏、浙江、山东、广东分别为40 952件、38 626件、19 404件、38 626件。科学合理的创新要素结构是创新驱动发展的关键，创新要素结构优化则是推动创新驱动的主要手段（苏屹等，2018）。一个地区的创新要素结构无疑会影响创新要素的配置，但会对创新结果特别是创新效率产生怎样的影响？如何评价区域内创新要素的配置情况？创新要素结构优化的策略有哪些？从创新要素结构出发探究经济创新发展，无疑又提供了一个全新的视角。

因此，本书聚焦的核心问题是东北地区的创新要素结构特征分析、对创新效率的影响机制及优化策略。在界定核心概念创新要素结构的基础上，将上述问题分解细化为如下几个问题：

第一，东北地区的创新要素禀赋如何？和其他区域相比，创新要素的优势和劣势体现在哪里？创新要素结构的特征如何？东北地区所面临的创新要素结构优化问题既具有共性，又具有特性。从共性上说，作为一种特殊的资源，创新要素具有稀缺性、独立性、流动性等特征。随着中国信息技术和管理水平的发展，创新要素的边界正逐步被打破，从而使得创新要素的区域间流动变得十分快捷且低成本。全国各地都积极引导创新要素向本地区流动和集聚。从特性上说，东北地区不但创新要素的积累还处在初期阶段，而且传统要素也面临着流出的挑战。因此，通过对发达地区、快速崛起地区和东北地区之间的创新要素空间差异、空间分布和异质性的横向比较，将突出东北地区的创新要素结构特征，并基于这个结构特征评价东北地区创新能力的地位、存在的突出问题等。

第二，东北地区的创新要素结构对技术创新效率具有怎样的影响？创新要素结构是否合理，直接影响到创新要素的配置，进而对创新效率等产生影响。创新效率代表着区域中创新要素投入和有效产出的比例（池仁勇等，2004），创新效率高意味着在创新投入水平一定的情况下，具有更多及更有效的成果产出。虽然已有研究对于技术创新效率的测量采用了不同的研究层面及测量方法，但鲜有研究从创新要素结构视角分析。那么，如何从创新要素结构的视角对技术创新效率进行度量，创新要素结构如何影响技术创新效率，这种影响是如何传导并产生实际效果的，以及这种影响具有怎样的规律性，是研究东北地区创新要素结构评价的关键性前提。

第三，对东北地区创新要素结构不合理及要素失衡问题应如何量化并解释？东北地区的基础性与关键性要素的投入比例失衡、创新主体之间的配置失衡等，是导致创新要素配置损失的主要原因，在此将其称为创新要素配置结构扭曲。从创新要素配置结构来看，无论是作为区域创新基础禀赋的、静态的创新资源种类、数量和组合，还是作为区域创新发展关键的、动态地引导创新资源流动、聚集和优化配置能力，都可能出现扭曲。为了探究创新要素配置结构优化方向，确定创新要素配置结构扭曲的来源就变得非常必要。因此，这部分研究在创新要素结构定义的基础上，对创新要素配置结构扭曲程度进行度量，而后确定导致创新要素配置结构扭曲的问题来源。

第四，东北地区创新要素结构的优化方向与提升空间的着力点在哪？对于东北地区来说，如何优化创新要素结构是实现供给侧结构性改革及创新驱动发展的重要目标。创新要素结构优化的目的是通过提升东北地区的创新水平来推动产业结构调整。这部分研究致力于解决的问题是阐明并分析东北地区创新要素结构优化的方向是什么、发展路径如何，什么样的创新要素配置结构有利于东北地区实现创新及可持续发展。在对东北地区创新要素结构扭曲效应进行分析的基础上，进一步明确如何有效地调整创新要素结构配置，积极寻找创新要素结构并进一步优化的空间。

1.1.3 研究意义

东北地区是我国重要的工业和农业基地，是中国经济发展的重要区域样本，战略地位十分重要，关乎国家发展大局。本书以中国供给侧结构性改革、推动经济高质量发展为宏观背景，紧密聚焦经济发展新阶段下东北振兴的这一持续十余年的重大现实问题，打破传统的创新要素对全要素生产率的影响研究，抓住影响东北地区创新发展的关键要素——创新要素，从创新要素结构的分析及优化视角来探究其对地区创新效率的影响，为优化东北地区创新要素结构、破解东北地区深层次发展问题提供理论支撑、实践借鉴和政策思路。

首先，在理论支撑方面，创新效率的高低代表着一个地区或行业对创新要素的利用程度。区域创新要素的配置结构是影响区域经济发展的关键因素，要素结构失衡问题是制约区域发展的重大挑战，关于如何优化创新要素结构的议题受到实践界和学术界的广泛关注。一方面，在现有研究中已有比较丰富的创新要素内涵、要素配置效率和要素错配的相关研究，但从创新要素结构优化视角，深入地探究创新要素结构对创新效率的影响并不多见。本书在对创新要素结构概念内涵界定的基础上，通过分析创新要素结构对技术创新效率的作用机制，能理顺两者的关系。另一方面，衡量创新要素配置结构扭曲水平的研究比较薄弱，尚缺乏统一的研究框架。本书在充分考虑创新要素配置结构特征的基础上，从微观到宏观分三个层面探讨了要素结构失衡的表现，研究发现了各自的要素配置机制及其配置过程，由此提出了优化创新要素配置的分析框架，并从多种渠道搜集整理数据，采用科学的量化方法对创新要素结构的扭曲效应进行了测度和评价。

其次，在实践价值方面，创新驱动能力不强是制约东北地区经济转型的主要因素，深层原因是创新要素结构不能满足经济转型以及高质量增长的要求。创新要素结构不合理以及配置扭曲是东北地区创新能力不强、创新活力不足的症结所在。本书在清晰界定创新要素结构内涵的基础上，研究创新要素结构优化问题，为科学指导东北地区经济转型提供理论依据。特别是从创新要素结构优化角度来分析东北地区的创新驱动发展需要突破传统的惯性思维，从创新要素配置角度把握东北地区存在的现实问题，并定量测算了东北地区创新要素扭曲水平，讨论了创新要素结构扭曲效应等一系列关键问题，进而明确东北地区创新要素结构优化的主体方向，破除东北地区创新要素结构优化的体制性障碍，对于加快东北地区的供给侧结构性改革、破解东北地区深层次矛盾与问题具有重大的实践意义。

最后，在政策镜鉴方面，依据提出的要素配置的分析框架，以东北地区为例，从现有文献中归纳出针对该地区结构失衡问题的优化策略和方向，分别从静态和动态的视角审视东北地区创新要素结构状况和变化，有针对性地提出了政策优化和调整指向。同时，为了突出和提升研究结论的普适性和应用性，本书深入剖析了东北地区供给侧结构性改革的主要方向——由传统产业向高技术产业转变，并遵循现有的研究范式，梳理分析了东北地区创新要素合理化评价指标和创新要素结构现状，进而通过对代表性产业案例分析和技术效率的定量测算，对已有的研究结论进行了拓展，进一步提出了东北地区高技术产业创新要素优化的政策导向，并从人才、资金和知识产权方面提出了发展建议。

1.2 研究内容与结构安排

1.2.1 研究内容

中国经济发展进入新常态，东北地区要突破发展瓶颈、实现经济振兴，就必须实施创新驱动发展战略。《中共中央　国务院关于全面振兴东北地区等老工业基地的若干意见》明确指出“东北地区要适应把握引领经济发展新常态，加大供给侧结构性改革的力度”，为东北地区创新发展指明了方向。本书通过抓住影响东北地区创新发展的关键要素——

创新要素，构建东北地区创新要素结构的分析框架，分析并探究创新要素结构对创新结果的影响。在此基础上，定量测算东北地区创新要素结构扭曲水平。最后，提出东北地区创新要素结构优化对策。具体研究内容如下：

第1章绪论。首先阐述了选题依据，主要包括研究背景、研究问题的提出以及研究意义等内容；随后介绍了本书的主线和脉络，据此提出了研究方法和技术路线，最后归纳出本书的主要创新点。

第2章文献综述与理论分析。在明确界定创新要素结构的相关概念的基础上，梳理归纳了创新要素结构影响技术创新效率的现有文献研究，进而从模式、路径、提升效率的可行策略、影响机理等方面给出创新要素结构影响高技术产业创新效率的理论分析，同时结合东北地区创新要素结构问题，从静态和动态视角明晰东北地区高技术产业创新效率提升空间与调整方向。

第3章高技术产业创新要素结构现状及扭曲度测评分析。首先对区域创新要素结构进行分析，包括区域内基础资源禀赋情况、生产要素结构、企业知识要素结构、创新能力要素结构以及区域创新政策对要素结构的影响等；随后考察了东北地区高技术产业创新要素结构的分布现状，以及区域创新的差异与同构性分析；同时对高技术产业创新要素结构的扭曲效应进行了有效测度和评价，包括对创新要素结构扭曲水平进行测算，对创新要素空间流动、空间集聚和区域创新要素配置能力的评价。

第4章高技术产业技术创新效率的测度与变动分析。采用数据包络分析（DEA）Malmquist指数法，选定衡量投入和产出的主要测度指标对东北地区高技术产业技术创新效率评估，并具体分析了各指标的技术创新投入与产出情况；在数据统计检验的基础上，对区域高技术产业技术创新效率的总体变动和东北三省高技术产业全要素生产率变动、技术效率变动、技术进步率变动进行详细分析，为后文实证检验提供基础。

第5章高技术产业创新要素结构对技术创新效率的影响。首先将创新要素结构分为基础要素结构和关键要素结构，实证分析了两种创新要素结构对技术创新效率的影响，并采用门限回归模型考察了该影响效应的门限特征。

第6章东北地区高技术产业创新要素结构优化：案例分析与政策导向。从创新要素结构优化的角度探讨东北地区高技术产业的技术创新与发展策略。在对东北地区创新要素结构分析基础上，指出了东北地区高新技术产业的发展方向，即壮大主导产业和培育新动能。对于壮大主导产业，选择了新材料产业作为典型案例进行分析；对于如何培育新动能，选择了人工智能产业作为典型案例进行分析。从产业培育发展路径、技术创新方向、促进创新要素结构优化及与现有政策之间的匹配度进行阐述，对东北地区高新技术产业发展提出政策建议。

第7章结论、建议与研究展望。对本书的研究内容和研究发现进行了总结归纳，根据研究结论提出相应的政策建议，同时指出了本书研究的局限性和不足之处，并展望了今后的研究方向。

1.2.2 结构安排

本书的结构安排如图1-1所示。

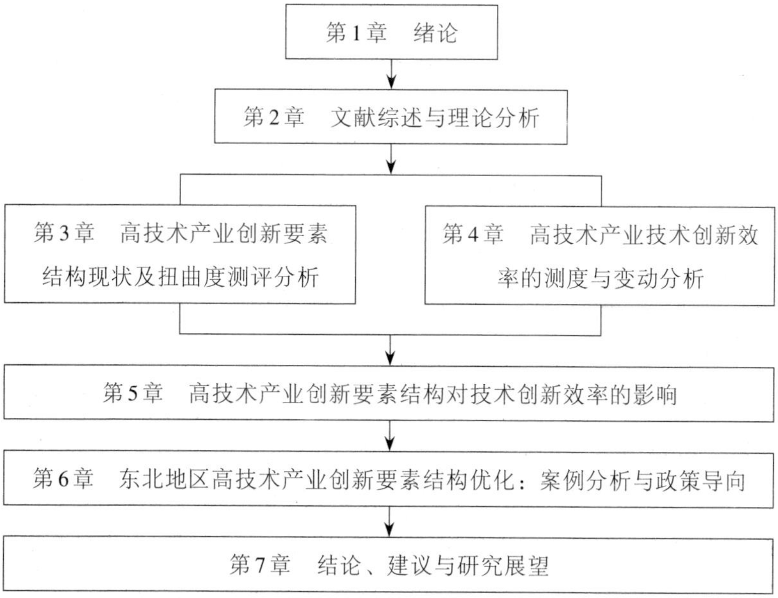

图1-1 结构安排

1.3 研究方法与技术路线

1.3.1 研究方法

在本书中，坚持规范研究与实证研究相结合的原则，以确保获得高信度和高效度的研究结论。首先，进行了文献的搜集和梳理工作，据此在提出创新要素结构内涵的基础上，开展深入的数据搜集和分析工作，运用数据包络方法等实证研究方法对构建的研究框架和模型进行检验。使用的研究方法主要包括文献分析方法、数据包络法等，具体如下：

①文献分析法。分析建立在国内外学者关于区域创新、创新要素配置、创新能力等相关研究领域所取得的成果和进展基础上。首先对现有的研究和文献进行梳理、分析和评述，在此基础上清晰地界定了创新要素结构的概念，进一步为全书提供了理论分析基础、明确了研究方向，并在后续的章节中，为服务各章节的研究主题和内容，坚持用现有理论和研究指导数据的分析。

②统计分析法。在分析东北地区的创新要素结构时，采用了来自《EPS全球统计数据/分析平台》、2016年“中国高技术产业数据库”、“中国教育数据库”以及《中国高技术产业统计年鉴》的数据。将区域分成东部、西部、中部和东北地区，分别从高校数量、企业数量、规模以上工业企业R&D人员折合量及经费支出等创新要素对区域要素分布现状进行分析，同时利用每个地区专利申请数量来衡量该地区的创新成果，并对各区域的指标进行了对比分析。

③数据包络分析。选择数据包络分析对高技术产业技术创新效率进行测量。数据包络分析是一种非参数分析方法，可以根据投入和产出相关数据评估决策单元。同时，数据包络分析适用于评估具有多个投入和多个产出的复杂系统，本质是采用线性规划来判断决策单位是否位于生产可能集的前沿面上。

④生产函数法。采用生产函数法对创新要素扭曲效应进行测度。生

产函数法既可以测算出要素的边际产出，也可以测算出要素的扭曲度。生产函数法分为C-D生产函数法和超越对数生产函数法，其中C-D生产函数法的假设范围更严格，在分析时可能会产生估计偏差，因此选取超越对数生产函数法，并选取《中国高技术产业统计年鉴》等相关资料中的数据进行分析。

1.3.2 技术路线

本书的技术路线如图1-2所示。

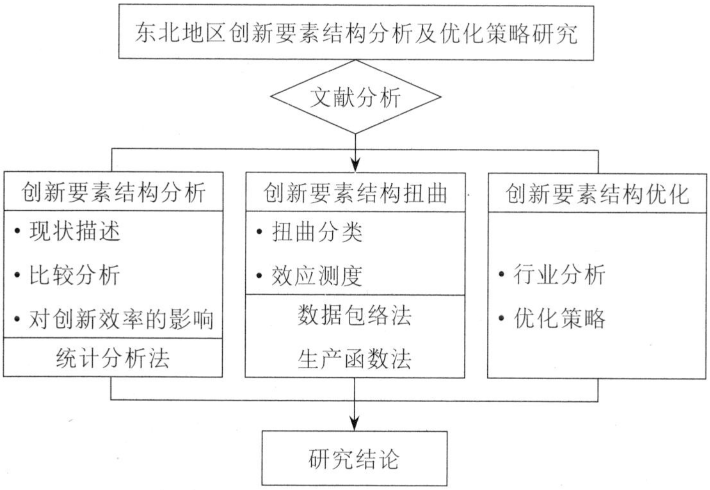

图1-2 技术路线

1.4 主要创新点

作为中国重要的老工业基地，东北地区源于历史原因和体制机制束缚，存在着创新要素结构不合理和创新活力不足等现实问题，本书以此为切入点，揭示了东北地区创新要素结构现状以及其对技术创新效率的影响、对策等问题，为政府制定并实施创新政策提供相应的解决方案。在厘清创新要素结构的内涵、外延及定义的基础上，考察了东北地区创新要素结构，测算了创新要素结构扭曲程度，分析了高技术产业技术创新效率的变动，并对东北地区创新要素结构对高技术产业技术创新效率的影响进行了深入分析，最终结合案例提出了优化东北地区创新要素结构的策略。本书可能的边际创新在于：

①尝试性地对创新问题中创新要素结构进行分析，以此给出了除单一要素对技术创新效率影响外，创新要素结构对技术创新效率的可能影响。本书将创新要素结构配置划分为基础要素结构和关键要素结构，量化分析了创新要素结构对技术创新效率的影响，进一步检验了创新要素结构影响高技术产业技术创新效率的机制和路径，揭示创新要素结构在提升高技术产业创新效率中的作用，为优化东北地区创新要素结构并最终提升创新效率、创新水平提供了理论基础与经验证据。

②直接系统地测度了创新要素配置结构扭曲水平，从时间、区域、产业等多个层面对创新要素配置结构扭曲水平进行比较分析，从而客观地量化了东北地区与国内经济发达地区之间创新要素配置整体能力以及不同层面上的差距，同时也揭示了东北地区创新要素结构的提升空间和方向。

③在强调东北地区创新要素结构优化问题差异性的同时，通过案例分析、特征归纳和规律总结等，从实践的视角对已有的研究进行拓展，进一步提高研究结论的普适性、实用性，力求为破解东北地区深层次矛盾与问题提供实践支撑和政策思路，进而寻找到一个中国解决方案。本书结合具体产业案例，评价东北地区高技术产业创新政策，在此基础上提出东北地区创新要素结构优化策略和政策设计思路。创新要素结构优化不仅仅是人、财、物、创新等要素的简单配置和组合，更是通过政策的设计和引导，在发挥创新主体、创新客体和创新中介等市场主体协同作用的基础上，发掘并利用东北地区创新要素存量，促进创新要素向东北地区集聚，实现东北地区创新要素结构的优化配置，以提高区域创新产出、创新效率和创新能力。

2 文献综述与理论分析

东北地区作为中国的老工业基地和重要的经济板块，其经济增长速度和质量长期依靠较为丰富的传统要素禀赋。然而，随着中国经济发展进入新常态阶段，要求中国的发展方式从传统要素驱动、投资驱动转向创新驱动。东北地区想要突破发展瓶颈，实现经济振兴，就必须实施创新驱动发展战略。以此为背景，本书通过抓住影响东北地区创新发展的关键要素——创新要素，界定其结构的内涵与层次，回顾创新要素结构影响技术创新效率的相关研究，在此基础上，厘清创新要素结构影响高技术产业技术创新效率的理论逻辑，构建东北地区创新要素结构的分析框架，从静态和动态两方面解析东北地区创新要素结构问题与优化策略。

2.1 创新要素结构基本概念

2.1.1 创新要素的界定

已有研究从不同的角度对创新要素进行了分类，有学者认为狭义的概念包括R&D人员和R&D人员投入等要素（王钺和刘秉镰，2017），也有学者指出广义的概念包含了创新主体、创新资源以及创新环境三类创新要素（凌峰等，2016；池仁勇等，2014）。此外，通常研究认为，供给侧包括劳动力、土地、资本、创新四大要素，其中前三大要素又是第四个要素——创新的基础，所以劳动力、土地、资本，集中体现在区域科技创新资源的富集程度上，具体形式为人力投入、财力投入等，作为区域创新基础禀赋的、静态的创新资源种类、数量和组合都可能出现结构性问题。供给侧的创新要素，对应创新资源的配置能力，可以称为关键性创新要素，集中体现在科技创新要素的投入主体上，包括国家科技创新主体对战略取向、政策法律、路径选择等的制度供给；高校和科研机构为科技成果开发和转化提供的智力支持和技术支持；企业为科技成果转化提供的企业家精神和金融中介、风险投资等投入形式。作为区域创新发展关键的、动态地引导创新资源流动、聚集和优化配置能力也都可能出现结构性问题。

从创新要素的范围界定来看，科技部近年发布的《中国区域创新能力监测报告》《中国区域创新能力评价报告》显示，区域创新能力包括创新环境、创新资源（知识创造、知识获取）、企业创新、创新产出和创新效率五大类指标。其中，创新环境较为综合地包含了国家、高校和科研机构等创新主体的制度和机制供给现状，创新资源则包含人力投入、财力投入、基础设施、知识创造四个维度，正好对应供给侧的四个要素。企业作为科技成果转化的重要创新主体单独考察，而创新产出和创新效率则可以反映创新资源的配置效率。结合目前高技术产业发展和技术进步水平，现有理论研究指出对知识创造起关键作用的创新要素还包括：高端共性技术（新一代信息技术、人工智能等）、企业家（精神）、科技金融（PE投资、种子基金、天使基金、VC风投）、科技成果转化落地机制、创新制度供给、创新平台建设、知识产权制度等（杨继瑞，2017；周跃辉，2016；李政，2017）。

基于以上分析，同时考虑狭义的创新要素概念仅关注了资源要素方面，未考虑创新环境等关键要素，在此，本书采用创新要素的广义概念，其中创新主体要素是指参与区域创新的主体，主要包括企业、大学、研究机构以及政府等；创新资源要素指区域创新中受到主体要素支配的客体，主要包括人才、资本、知识信息等；创新环境要素指有利于区域创新活动实施的政策、制度环境以及文化氛围等。

2.1.2 创新要素结构的内涵与层次

创新要素结构既包含知识生产函数中的科技人员、研发资本、知识资本存量等投入性要素配置情况，又指影响创新能力的要素之间和要素内部各主体的搭配组合及比例关系（苏屹等，2019），具体可以分为构成结构和配置结构。构成结构源于对基础性创新要素静态的创新资源种类、数量和组合的内涵界定。这里创新资源投入存在种类、数量和组合上的异质性，这种异质性体现了不同区域要素投入结构的差异。配置结构源于对关键性创新要素动态引导创新资源流动、聚集和优化配置能力的内涵界定。这里创新资源投入主体存在对创新资源配置能力上的异质性，体现在政产学研主体、投入方式、产权安排、激励机制等，这种异质性决定了不同区域要素使用和产出效率结构的差异。

已有研究表明，要素结构在微观、中观和宏观三个层面上有不同的表现及内涵。其中，微观层面的要素结构主要表现为以企业为代表的创新主体内部人才、资本等创新要素投入的规模以及创新要素投入与要素产出的比例等（池仁勇等，2014；Raymond and St-Pierre，2010）。中观层面的要素结构主要表现为政府以及企业等微观创新主体利用技术、知识、人才等资源要素开展创新活动的过程中形成的创新主体之间的互动及要素配置情况（高月姣和吴和成，2015）。宏观层面的要素结构主要表现为区域内部创新主体、资源、环境等要素的配置以及区域之间创新要素的流动能力（贺灵等，2012）。要素结构失衡是指创新要素配置的结构不合理，由于某些要素过多或欠缺而未能实现优化组合，在不同的情况下也会有不同的表现。

在不同层面上，创新要素的类型和要素结构失衡的表现见表2-1。其中，创新主体要素在各层面上的表现形式是一致的，均指企业、科研机构等创新主体。资源要素在三个层面上则具有不同的表现形式和内涵：在微观层面上，主要是指企业内部的人、财、物等资源；在中观层面上，主要是指来自企业外部，但能为企业所用并给自身带来好处的组织间资源；在宏观层面上，资源的含义则更加广泛，主要是指整体区域内的创新型企业数量、创新人才质量等要素。创新环境要素主要适用于宏观层面上，表现为企业外部的创新环境。

表2-1　　创新要素的类型和要素结构失衡的表现

研究层面	创新要素	要素配置结构	文献来源	结构失衡的主要表现
微观层面	创新主体 创新资源	创新主体内部人才、技术、资本等要素的规模和配置	池仁勇等，2014	企业创新投入不足；缺乏人才、技术
		特殊类型的企业占总体企业的比例	王永钦等，2018	“僵尸企业”多；高新技术企业少
中观层面	创新主体 创新资源	政府对其他创新主体的资金补贴	Yu 等，2016	政府资助创新活动，但创新效率不高
		微观创新主体之间技术、人才等的互动情况	高月姣等，2015	产学研联系不紧密，缺乏协同效应
宏观层面	创新主体 创新资源 创新环境	区域内部创新主体、资源和环境的配置	贺灵等，2012	创新的文化氛围匮乏
		区域之间创新要素的流动能力	Faggian 等，2008	区域内部人才流失严重

资料来源：作者根据相关资料整理。

2.1.3　创新要素错配及其影响

创新要素的有效配置直接关系到全要素生产率的提升。然而，在经济高质量发展背景下，一方面新兴技术、新兴业态大量涌现；另一方面会出现创新要素错配、结构性失衡和产能过剩等问题，导致全要素生产率的下降。要素错配是相对于有效配置而言的，对比来看，创新要素有效配置是在有限资源投入下获得最大产出的配置状态，而偏离这种最优配置状态就表现为要素错配。学者对要素错配的界定有两种方法：一是以发达国家或地区的经济水平和生产效率为基准，如果不发达国家或地区的经济水平和生产效率偏离了这一基准，则认为可能存在要素错配；

二是以区域、产业结构等作为研究对象，由于要素价格扭曲带来了经济效率损失，则认为出现了要素错配（Restuccia and Rogerson，2013）。

创新要素错配的成因有很多，现有研究主要集中于以下四个方面：一是在劳动力市场上，劳动力错配将影响经济增长，劳动力市场存在效率提升的改革空间（Micco and Repetto，2012）。二是在金融市场上，金融抑制、制度性障碍等因素可能造成金融错配现象，导致全要素生产率的损失（王欣和曹慧平，2019）。三是不合理的政策，如税收、信贷约束、产业政策等导致生产要素和研发要素错配，降低了资源配置效率（靳来群等，2020）。四是由于信息不对称的存在，异质性企业在进入市场前需要搜集信息，进入后需要付出较大额度沉没成本。随着企业不断搜集信息，逐渐了解市场情况后，需要做出相应的战略调整以及进入退出决策。在这一过程中很可能产生要素错配问题，导致进入失败（David，2016）。

关于创新要素错配的研究，学界已经取得较为丰富的成果，但不同研究所选取的视角各有差异，对要素错配的测算方法并不统一。常见的要素错配测量方法分为直接测度法和间接测度法（Restuccia and Rogerson，2013）。直接测度法是指要素投入的扭曲测度，一般与产业结构、政策和制度有关，是指单位资本、劳动力和中间产品的补贴或税收征收所导致的要素边际产出不平等程度。直接测度法是最常用的方法，目前在制造业资源误置及其福利损失（杨振和陈甬军，2013）、要素错配影响收入分配（张志才和柏培文，2017）、要素重置造成区域非平衡发展（刘贯春等，2017）等方面有广泛运用。间接测度法是指对各种扭曲因素导致的错配进行测度。通常使用实际全要素生产率与最优全要素生产率的差异进行衡量。在对中国工业部门要素错配（李欣泽和黄凯南，2016）、劳动力空间错配（王卫和田红娜，2019）、公共基础设施投资中的要素错配（贾俊雪，2017）等的测算中运用了间接测算方法。

通过文献梳理可以发现，国内外已经有比较丰富的创新要素内涵、要素配置效率和要素错配的相关研究，但从创新要素结构优化角度，深入分析创新要素结构对创新效率的影响并不多见。

2.1.4 创新要素结构与高技术产业发展

从整体来看，创新要素配置会直接影响高技术产业的创新投入、产出和生产效率，从而影响高技术产业发展。李盛楠和范德成（2020）构建了一个高技术产业创新效率影响因素综合研究框架，并指出创新要素质量、产业组织因素、产业集聚水平、产业创新导向、技术和环境因素等之间相互作用，共同影响高技术产业创新效率水平。吴卫红等（2020）通过测度我国30个省份近10年的创新要素集聚水平和创新绩效，构建了“创新要素集聚——创新绩效”拟合模型，研究得出我国区域创新要素集聚已形成多层次的分布格局，区域之间的集聚水平差异较大。袁鹏等（2020）研究了潜在创新要素协同的空间关联属性，并利用引理模型和探索性空间数据方法，研究了创新要素的空间系统对高技术产业升级的影响。研究指出，在长三角地区潜在创新要素协同的空间关联对该地区高技术产业升级具有较强促进作用，提升了该地区高技术产业升级程度，促进了区域产业集聚程度。

也有学者从创新要素配置结构出发，研究了创新要素错配对高技术产业发展造成的影响。戴魁早和刘有金（2016）通过构建理论模型分析了要素市场扭曲如何影响我国高技术产业创新效率，并进行了实证验证。研究得出要素市场扭曲显著抑制了企业或产业的创新效率，并表现出边际贡献递减规律。成立为等（2011）在考虑中国要素市场不完全特征的基础上，从技术最优和成本最小两个维度建立了一个引入要素价格信息的创新效率指标，对高技术产业内外的资本部门的相对效率进行了测算，在此基础上得出了要素市场不完全下中国高技术产业创新效率的特点。陈凯华等（2012）从创新效率角度对中国高技术产业“高产出、低效益”的症结进行了分析，并从完善科技资源配置方式、加强引进技术消化吸收、增强自主创新能力等方面提出对策建议。吴和成和李犟（2020）采用增强型罗素测量模型对中国28个省份的高技术产业技术创新效率进行了测算。研究得出中国高技术产业创新活动的综合效率较低，创新活动整体规模报酬不佳，区域间效率差异明显。

由上述分析可以看出，目前学者对创新要素配置如何影响高技术产业发展进行了较为深入的研究，并对创新要素配置扭曲导致的问题进行了分析，但是关于创新要素结构如何影响高技术产业创新效率的机制、路径等问题的研究尚显不足。

2.2 创新要素结构影响技术创新效率的相关研究

2.2.1 创新主体内部创新要素配置对创新效率的影响

企业、大学、科研机构等创新主体通过对内部创新资源进行配置，对创新结果产生影响。其中，企业居于创新的主体地位。池仁勇等（2014）探讨了人才、资金、技术和研发四个要素与浙江省中小企业创新绩效间的关系，结果表明，人才、技术要素是提升创新绩效的关键。也有学者分别从人力资本（Belenzon and Schankerman，2015；李后建和刘培森，2018）、研发投入资本（Berchicci，2013）等方面分析其对创新结果的影响。例如，李后建等（2018）探讨了人力资本结构多样性对企业双元创新的影响，实证研究识别出生产工人技能多样性等提高企业创新水平的前因变量。Raymond and St-Pierre（2010）指出R&D是中小企业提升创新的重要因素，并通过实证研究发现过程创新对R&D和产品创新之间的关系起到中介作用。已有研究表明创新主体内的各创新资源要素对于创新活动具有一定的影响，但创新要素结构的合理配置才是提升创新水平的关键。

企业类型的差异对区域创新具有非常重要的影响。学者们主要关注了对创新活动有积极促进作用的高新技术企业和对创新活动有消极影响的“僵尸企业”。高新技术企业是研发及创新活动的主体（张玉臣和吕宪鹏，2013），是促进经济结构化改革、推动经济发展方式转变的重要力量。高新技术企业的数量已成为衡量区域创新能力的重要标志之一。已有研究对高新技术企业的积累较多，从创新绩效的影响因素（Liu and Buck，2007）、创新路径及模式选择（Chesbrough and Crowther，2006）等方面开展了大量的研究。而对于“僵尸企业”的研究，近年来才逐渐兴起，主要探讨了它的认定以及处置方式等（黄少卿和陈彦，

2017)。“僵尸企业”的存在不仅占用大量社会资源、影响资源的优化配置，而且对中国经济的健康可持续发展造成严重影响（黄群慧，2016）。政府也积极出台相关文件并采取措施加紧对“僵尸企业”进行处置。

2.2.2 创新主体之间创新要素交换对创新效率的影响

政府和微观创新主体之间存在着创新资源的互动，主要表现为政府向产业或企业提供补贴支持，这一领域引起了学者的关注。一部分研究主要探讨了政府向企业提供补贴支持的动机和效果（Mitra and Webster，2008）以及谁获得了更多的补贴（孔东民等，2013）。另一部分研究则分析了政府的投入、资助及补贴等对创新结果的影响。但其得出的结论并不一致，例如，解维敏等（2009）运用上市公司样本实证检验了政府R&D资助能促进企业R&D支出，进一步说明了政府资助对于企业提升自主创新能力是必要的。肖文和林高榜（2014）通过实证研究证实了政府的直接和间接支持不一定提升技术创新效率。还有一些学者提出政府支持和创新之间的关系受到调节变量的作用，Yu et al.（2016）以中国可再生能源行业为例，指出政府补贴对企业研发投资具有显著的挤出效应，而企业所有权性质进一步抑制了政府补贴的挤出效应。

除了政府对企业的资金支持，微观创新主体之间的相互作用和联系还有如下几类，即创新企业之间构建的R&D合作联盟、研发机构之间的合作以及企业、大学和研发机构形成的产学研关系等。一部分研究关注了企业之间的研发合作，主要包括合作伙伴的选择和评价指标（Diestre and Rajagopalan，2012）、R&D合作的模式（Van Beers and Zand，2014）以及影响企业进行R&D合作的因素等（张杰等，2011）。还有一些学者关注产学研之间的合作，主要分析了产学研合作创新网络的培育（冯锋和王亮，2008）、产学研的创新效率及其影响因素（樊霞等，2012）。还有学者分析了产学研合作绩效的影响因素，相关研究分析了企业所有权类型等对产学研合作创新绩效的影响，结果表明在创新活动的不同阶段，不同所有权类型的合作绩效具有不同的影响（张秀峰等，2015）。

2.2.3 区域创新要素流动对创新效率的影响

区域中创新活动的实施并非依赖单一类型的创新要素，而是多个要素之间相互作用的结果。这需要技术、人力、研发资本等创新资源与创新环境之间的有效配合（Cooke et al.，1997）。学者对这方面的研究也进行了相应的探索，现有研究主要关注了区域内部各要素的协同创新以及区域创新能力的影响因素。刘志华等（2014）从绩效评价的角度，提出了区域科技协同创新绩效的评价模型。贺灵等（2012）认为科技创新绩效的提高是增强区域竞争优势的重要途径，并运用协同视角分析了各创新要素及其协同能力对区域创新绩效的影响。关于区域创新能力的研究，学者们主要探讨了其影响因素。Li（2009）指出政府支持、研发人员构成和区域产业创新环境是创新效率的重要决定因素。周文泳等（2015）识别出新产品收入占比高等促进区域创新的因素，以及研发人员、基础设施不足等制约因素。

除了区域内部的创新活动，学者也关注到了区域之间的创新要素流动，即利用并发挥其他区域创新要素的价值。已有研究主要关注了要素流动的分类，要素流动对创新绩效的影响等方面。一部分研究分析了研发要素流动、人力要素流动、生产力要素流动，例如白俊红等（2017）以中国30个省级行政区域为研究对象，分析了研发要素的区域流动对经济增长的影响。焦翠红等（2018）探讨了R&D资源在区域内部研发主体间的配置结构，区域间的空间再配置效应对区域全要素生产率增长的作用效果，研究结果发现区域间研发资本和研发人员的流动均能够显著提升区域全要素生产率，且研发人员流动的提升效果更强。

2.2.4 政府在推动创新要素结构优化中的作用

技术创新是一项高风险、高不确定性的活动，从而使得创新要素资源在单靠市场力量的作用下无法达到最优配置，这就需要政府发挥其独特的调节作用。政府对创新要素结构的调节手段不仅通过补贴、减税等直接的财政投入进行直接影响，也可以通过营造良好的创新环境、激励创新要素资源实现跨区流动、合理安排制度和政策措施等手段影响地区创新水平。

政府通常采取多元化的渠道来推动创新要素结构优化。例如，组织科技博览会，构建各类功能性平台、科技企业孵化器，打造高技术产业园区等。政府通过营造创新创业环境，提供项目、政策、环境为一体的创新创业平台，鼓励创新人才孵化技术，发挥政府在创新中的集聚和引导作用，增强区域创新能力。

在现有研究中，李培楠等（2014）将政府支持视为创新要素投入，并研究得出政府支持要素对产业创新绩效具有“正U形”关系。余泳泽（2011）研究认为政府支持对于创新效率的影响具有不确定性，因此政府需要通过对人力资本的知识和健康投资来提高人力资本质量，从而实现更高的创新产出和经济增长。宋美喆（2018）指出不同经济发展水平下，政府民生类公共服务对创新要素集聚的影响可能存在异质性。通过实证研究发现，政府民生类公共服务对创新要素集聚的影响存在递增效应，随着经济发展水平的提高，民生类公共服务能显著推动创新要素的集聚。刘兵等（2019）研究认为政府控制在创新人才要素集聚和创新资本要素集聚影响区域协同创新中起到正向调节作用，并且其作用力会随着控制力度的调整而发生变化。

由以上分析可以看出，现有研究或者将政府支持作为创新要素的组成部分，或者认为政府在创新要素与创新绩效之间发挥调节作用。基于不同的研究视角，均表明政府在创新活动中发挥了重要作用，但是研究结论却存在较大差异。本书通过分析高技术产业创新要素结构对技术创新效率的影响，提出东北地区高技术产业创新要素结构优化策略，并在其中重点探讨政府政策的作用方式和政策导向。

2.3 创新要素结构影响高技术产业技术创新效率的理论分析

作为引领经济结构优化和产业转型升级的高技术产业，其自身技术创新效率的提升是我国经济整体全要素生产率提高的重要途径之一。当前，我国高技术产业的技术创新效率仍处于较低水平，与世界发达国家存在一定差距。从理论上讲，这一方面是因为技术创新活动产出的高度不确定性，另一方面是由于技术创新投入不足，研发创新活动水平较低。而两者的根源在于创新要素结构有待优化。基于此，本书将研究重点放在影响我国高技术产业技术创新活动的投入端，着重分析影响我国高技术产业创新技术效率的创新要素结构及其影响机理，从而为优化东北地区创新要素结构，提升高技术产业技术创新水平提供有益借鉴。

2.3.1 创新要素结构影响技术创新效率的模式

自索罗模型提出之后，学者们大都将资本、劳动与技术进步作为生产率提高的动力源泉，进而分析高速增长的模式和路径。在高技术产业高质量发展的过程中，劳动、资本和技术进步中融入了创新内涵和特质，形成独特的创新要素结构影响模式，这具体表现为三方面：

在微观层面上的市场竞争。在这个层面主要存在创新主体内部创新要素的投入结构不合理，投入和产出的比例不协调等要素搭配的结构失衡问题。在市场经济条件下，市场竞争能有效促进以企业为代表的创新主体参与创新活动（Wu，2012），企业、科研机构等创新主体为实现自身利益的最大化，会不断地寻求机会去优化创新要素投入比例、提高创新效率、促进科技成果转化等。通过市场竞争，增加企业进行创新的压力，在创新主体之间实现优胜劣汰，进而促进创新要素的优化配置。

在中观层面上的协同配合。在这个层面主要存在着创新主体之间要素流动性差、产学研成果转化率低等要素互动的结构失衡问题。在以企业、科研机构和政府等为创新主体的网络中，存在着企业之间、政府—企业之间、企业—科研机构之间等协同关系（解学梅，2013）。创新主体之间的协同配合能促进各主体之间创新资源和要素的流动和共享、提高要素的利用率和使用价值（陈劲和阳银娟，2012）。通过协同配合，在创新主体之间实现了要素的协调整合，进而促进创新要素的优化配置。

在宏观层面上的政策激励。在这个层面主要存在着区域内创新环境和创新主体、创新资源不匹配，关键资源要素向区域外部流失等要素交换的结构失衡问题。在区域整体背景下，要克服这些难题离不开政策的支持（李政，2015）。例如，近年来掀起的人才争夺战，各地区为吸引留住人才，从多环节出发，打造了全方位的人才政策体系。通过政策激励，在区域内为企业等创新主体营造了良好的环境，为创新资源提供了保障，进而促进创新要素的优化配置。

2.3.2 创新要素结构影响技术创新效率的路径

在创新主体层面，企业类型的差异需要有与之相适应的创新要素结构。企业类型的分类包括所有权性质、创新活动的效率等，例如国有企业VS民营企业、高技术企业VS僵尸企业。在这些不同类型的企业中，创新要素结构具有很大的差别。从所有权性质来看，国有企业虽然享受到有利于创新活动的优惠政策、占有人财物等关键创新资源，但是创新绩效却并不比民营企业高（Boeing et al.，2016）。Jiang et al.（2013）利用来自中国国企和民企的数据，用实证研究证实了民企内部的研发活动对于产品创新和过程创新的促进作用比国企更明显。从创新活动的效率来看，高技术企业聚集了更多的人才、技术等创新资源，具有更高的创新绩效（张玉臣和吕宪鹏，2013）；而“僵尸企业”的存在则浪费创新资源，阻碍并抑制创新活动（黄群慧，2016）。

由此可见，不同类型的企业中创新要素的配置结构具有很大差异，国有企业获得了更多的政府补贴（Mitra and Webster，2008），既享有国家政策的制度优势，又享有创新所需的资金、人才、技术等资源优势；而民营企业以及一些中小型创业企业往往受制于资源的约束，缺乏关键性的创新资源，这造成创新要素投入比例上的显著差异。国企和民企在效率方面也存在差异，政府主导的发展模式强化了国企的垄断力量，导致较低的资源配置效率（刘小玄和吴靖烨，2015），使投入和产出的结构比例并不均衡。在那些占用并消耗资源却又降低创新效率的僵尸企业中，更存在着严重的要素结构失衡问题。

在资源禀赋层面，资源支持会影响创新主体之间的要素互动结构。资源支持主要来自政府向其他创新主体提供的补贴以及企业、科研机构等创新主体之间的资源互补两个方面。政府补贴是政府根据特定目的，实现社会政策目标的经济干预工具（Lee et al.，2014）。补贴能为其他创新主体提供并补充缺乏的资源，分散创新活动的风险并促进研发活动开展（Mitra and Webster，2008）。除了政府与企业互动，企业与大学、研发机构等创新主体之间也相互影响，创新资源互补性程度也是影响要素结构的重要基础禀赋之一，创新主体之间内部要素的互补性越强，它们越倾向于合作（Belderbos et al.，2006）。

基于以上分析可以看出，不同类型的资源对创新主体之间的要素互动结构具有不同的影响。政府补贴是政府提升企业创新能力的一种方式，它体现了政府和微观创新主体之间的创新资源要素联系。有学者研究了政府补贴对于企业创新活动的影响，结果发现，政府补贴对民营企业创新绩效的促进作用比国有企业更明显（杨洋等，2015）。这说明政府—企业之间的要素互动结构还会受到企业所有制类型、原有资源基础等因素的影响。企业与其他创新主体之间的相互作用也得到了学者关注，例如企业之间的战略联盟、企业与大学、研发机构的产学研关系等。这些创新主体基于资源互补性而进行合作，这会影响到中观层面的要素结构。

在环境条件层面，区域内部创新主体和资源的配置以及区域之间的要素流动会受到环境条件的限制，即环境条件会影响要素的交换结构。企业、大学、研发机构等创新主体的创新活动会受到市场、制度、政策等外部环境因素的影响。一些研究分析了环境规制对技术创新的影响，江珂等（2011）利用中国29个省份的面板数据进行研究，实证研究结果表明环境规制必须与人力资本结合才对技术创新有推动作用，而且这种影响存在着区域的差异。除了区域内部创新要素的配置，创新要素也会在区域之间进行流动，就R&D人员来说，区域内部基础设施条件、政策福利等因素均会影响其流动。

综上所述，一个区域的市场环境、政策福利、创新环境等会影响其创新要素的交换结构。由于创新要素具有稀缺性、流动性的特征，会“择优”地选择向边际收益率高的区域流动（白俊红和蒋伏心，2015）。如果区域内部的环境条件良好，则会对人才、技术、资本等创新要素产生聚集效应；反之，则会造成创新资源的流失。以北上广深为例，这几大城市由于其高度发达的市场化环境、良好的创新氛围，而吸引了大量的资本投资和大批的科技、创新人才。得益于优势的环境条件，这些城市中的创新主体也孕育出领先的创新成果，实现了创新主体要素和环境要素的高度匹配。

2.3.3 优化创新要素结构，提升技术创新效率的可行策略

不同的要素结构具有不同的优化方式，对于微观层面的要素搭配结构，主要采用静态要素的优化方式；对于中观层面的要素互动结构和宏观层面的要素交换结构则采用动态要素的优化方式。这两种优化方式均需要政府和微观主体的参与和协同，而且两种方式之间是相互促进、相互配合的。

微观层面的要素搭配结构主要涉及静态要素之间的比例和搭配。首先，优化要素搭配结构需要评估、衡量创新主体的要素基础。例如，以企业为例，先分析企业属于哪种类型，再分析企业内部的资金、人才等创新资源的投入比例以及创新投入和创新产出的比例（苏屹等，2019），主要表现为R&D人员投入和R&D经费投入的比例、R&D经费和发明专利的比例等。其次，在不同类型的企业中采取有针对性的优化措施，主要包括发挥要素优势和克服要素劣势两种策略。例如，国有企业享有政策支持等优势，但缺点是体制机制缺乏灵活性，为提升企业的创新活动效率，需要发挥好国企在创新资源方面的长板效应，同时大力推进国企改革、资产重组等措施来补齐短板（盛丰，2012）。民营企业具有决策灵活及行动实施较快等优点，但是技术、资金、人才等创新要素相对匮乏（Jiang et al.，2013）。民企可发挥对市场、技术等机会的敏锐性优势，并采取联盟合作的方式解决技术创新上的难题，采取内部出台政策和奖励措施来留住创新人才等措施来克服劣势。

中观层面的要素互动结构和宏观层面的要素交换结构均涉及动态的创新资源等要素的流动。首先，优化要素的动态结构需要评估这两个层面上的要素结构现状。例如，在中观层面上，企业—企业、企业—科研机构等创新主体之间存在着企业间合作项目数量、产学研成果转化等资源要素间的互动；在宏观层面上，区域内部的创新资源和其他区域之间

也存在着技术人员的流动数量等资源交换（贺灵等，2012）。其次，结合禀赋因素对动态要素结构进行优化，主要包括加强要素流动和优化要素环境两种策略。一方面，已有研究指出R&D人员、R&D资本的区域间流动能显著提升资源流入方的创新绩效（卓乘风和邓峰，2017），加强创新要素在区域内和区域之间的流动对于要素结构优化具有促进作用。另一方面，金融环境、基础设施建设等有助于区域创新能力的提升（Cooke et al.，1997），为区域内的创新主体营造良好的创新环境对区域经济发展具有重要意义。

2.3.4 创新要素结构对技术创新效率的影响机理

通过文献梳理和分析，本书构建了“创新要素配置模式—要素配置路径—要素结构优化策略”的分析框架（如图2-1所示），在此基础上，对东北地区高技术产业创新要素结构及其技术创新效率进行测算，并从基础要素结构和关键要素结构入手，对东北地区创新要素结构影响高技术产业的创新技术效率进行定量分析，进而提出优化东北地区高技术产业创新要素结构的策略。

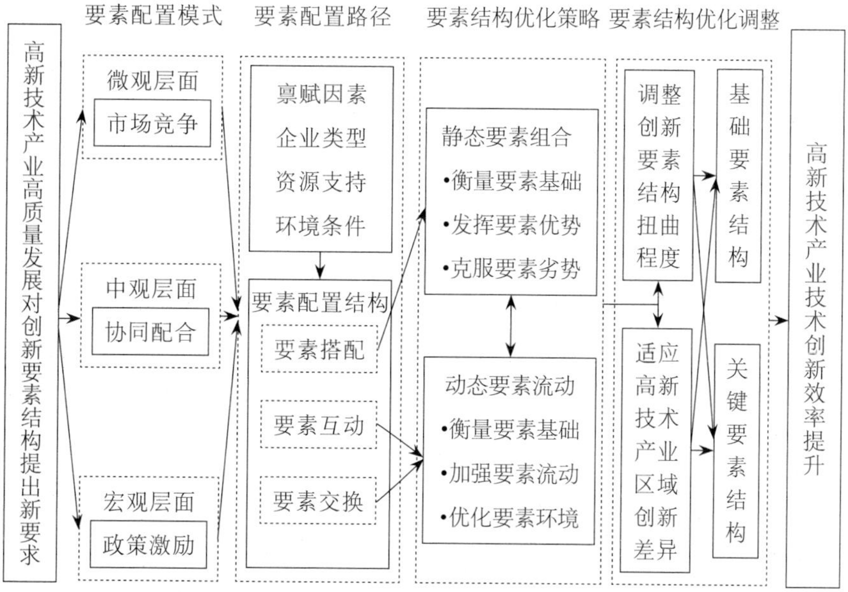

图2-1 创新要素结构影响高技术产业技术创新效率的机理

经济学原理已经表明，区域或产业创新生产是多种创新要素的组合过程。一个创新要素必须与其他创新要素相结合，形成创新生产力，达到“一加一大于二”的效果。这种组合可以分为数量组合和质量组合。从数量组合角度来看，按照边际理论，创新不能无限替代一种边际产出。因此，在创新要素的投入组合中，不应缺少或冗余一些创新要素，创新的最终产出必须按一定比例实现。从质量组合角度看，各种创新要素之间必须形成有机组合，而不同创新主体之间进行协同配合，如创新要素主体企业购买了先进的研发设备，必须有相应的技术人员使用和进行创新生产，才能发挥其作用。按照市场机制作用规律，在自由竞争条件下，边际收益会趋向与边际成本相等。据此，在创新要素结构变动过程中，创新要素会自发流向高收益地区，这意味着创新要素流动会朝向效率更高的方向，从而实现创新要素结构的优化，进而带动地区创新能力和产业创新绩效的提高。

对于东北地区，大力发展高新技术产业可以夯实承接创新要素的基础，为开展地区创新活动所需的人力、资金和技术等创新要素之间优化配置提供保障。另外，创新要素结构的优化过程会激发地区内创新活动的竞争，产生“鲶鱼效应”，从而进一步激发创新要素存量和流量以及创新主体的主观能动性，刺激创新要素结构的深度优化，充分发挥各项创新要素的作用，获得创新要素的高效利用和合理配置。

从规模经济效应来看，分为内部规模经济效应和外部规模经济效应。内部规模经济效应是指经济活动主体自身生产能力提升带来长期平均成本下降的趋势；外部规模经济效应是指当整个产业的生产能力提升时，产业内各个经济主体的单位产出平均成本下降。因此规模经济体现了创新要素流动、集聚以及交换与经济效益之间的关系。创新要素在特定地区集聚能够带来显著的成本优势，提高经济产出和效率。通过大力发展高新技术产业，创新要素会在东北地区内部或者跨越地区流动，从而使创新人才、创新技术、创新知识等要素流入，助推创新主体原有创新要素形成更高的技术创新效率，增加创新产出规模。同时，区域创新要素结构影响产业结构，是区域产业结构优化升级的路径。不同的区域创新要素结构会产生不同的区域产业结构，而区域产业结构的变化又会影响区域创新技术效率水平的提高，形成外部规模经济从而降低地区产业结构内的创新主体的单位创新产出成本。

然而，规模效应具有与之相对的拥挤效应。当某些创新要素过度集聚，减弱了创新要素的稀缺性，致使创新要素价格下降，创新要素更替速度加快，创新投资回报率下降，出现创新要素结构的扭曲，影响区域内创新主体的创新积极性。因此，创新要素结构优化要平衡规模效应和拥挤效应之间的关系，深入研究不同地区高技术产业区域创新的异质性和同构性，深入把握区域创新活动差异和创新要素结构状况，在政府与创新主体相互配合的条件下，构建起区域高新技术产业发展的创新要素结构，制定合理的创新要素结构优化策略，推动东北地区产业创新能力和创新绩效的提升，促进区域创新的协调发展。

2.4 东北地区创新要素结构问题与优化方向

2.4.1 静态视角下东北地区创新要素结构状况

从静态要素组合来看，东北地区的国有企业比重较大，这些企业多分布在煤炭、钢铁、石油等重工业产业，而且由于经济下滑、产能过剩等原因，“僵尸企业”的问题也较为突出（孙久文等，2017）。有数据显示，目前辽宁有央企及其所属企业1 751家，其中高达800余家是“僵尸企业”。不同于国有经济的一家独大，东北地区的民企数量较少，《2018年中国民营企业500强调研分析报告》显示，东部地区入围500强的数量高达396家，占比为79.2%，而东北地区只有9家，占比为1.8%。可见，东北地区经济由国有企业主导，缺乏有经济活力的民营经济，这是导致东北地区经济发展滞后的重要原因之一。

习近平总书记指出东北的振兴发展需要做好“加减乘除”，其中“加法”指投资拉动，“减法”指淘汰落后产能，“乘法”指创新驱动，“除法”指市场化程度。过去东北地区的“加法”做得多，而其他做得还不够。因此，在静态要素优化方面，需要同时从这几方面入手，“扬长补短”来推动东北振兴发展。

政府需继续发挥投资驱动经济发展的优势，持续扩大并优化有效投资（孙久文等，2017），尤其重点分析新兴产业方向（凌峰等，2016）。通过培育新的增长力量来使经济焕发活力，例如，2017年上半年，辽宁谋划实施569个投资过亿元的工业项目，其中包含了电子信息等对区域创新有重要促进作用的新兴产业门类。

政府还要积极推进供给侧结构性改革（黄群慧，2016），积极配合并执行国家出台的“僵尸企业”市场出清政策，成立专项小组督导并协调淘汰落后产能进程中的安排。进一步深化国有企业改革，国企混改和资产重组是当前改革的一个重要方向（盛丰，2012；陈凤仙，2017），政府部门需出台相关文件并推出适合的混改方式。

当今世界正面临着前所未有的新技术机遇，大数据、云计算、物联网的应用正改变着企业甚至整个社会的生产方式。因此，东北地区应抓住数字化时代的发展机遇，积极发展新兴技术，利用创新驱动推进从社会生产到企业运营的转型升级。例如，沈阳正在加快步伐进行5G试点工作的开展，这会推动智能制造的落地实现，当地的制造、医疗等行业应提前布局，加快数字化设施建设，拥抱新技术带来的变革。

对于建设“有为政府”，有学者提出有为政府的职能就是开创市场（孙久文等，2017），这就需要摆正政府和市场的关系。东北地区目前正面临着市场萎缩、企业迁出等困境，迫切需要通过引进民营资本来扩大市场。而东北地区民营经济活力不足的原因除了国有资本比重大之外，营商环境恶化也是主要原因之一。例如，民营企业缺乏健全的融资环境等，其中，金融创新是一个突破方向，政府可通过创新资源配置方式，例如设立产业投资基金等来扩大市场（孙久文等，2017）。

2.4.2 动态视角下东北地区创新要素结构变化

从动态要素流动来看，由于创新要素具有流动性的特征，人才、技术、知识等创新资源会在交换和互动中实现价值最大化。然而，东北地区依旧面临着技术人才流失、产学研合作效果不明显、科技成果转化率低、创新环境匮乏等严峻的问题（陈凤仙，2017）。第五次和第六次人口普查的结果显示，近十年间，东北地区外流人口数量达到100多万，在流失人口中呈现出年轻化、高学历者占比增加的趋势。在区域内创新要素交互方面，东北地区的情况同样不容乐观，何地和郭燕青（2016）构建了东北地区新能源汽车产业的产学研网络模型，结果显示，东北三省该行业的产学研创新网络效应还有待加强。在动态要素优化方面，政策激励、区域协同、市场开放等要素配置机制起着重要作用。

人才对于企业乃至区域经济发展的重要性不言而喻，政府要从顶层设计上出台政策措施，加强创新要素向区域内聚集。例如，借鉴杭州等发达城市的做法，制定符合东北地区的人才政策，发挥好国有龙头大企业的作用，结合重点产业对技术人才的需求，为人才提供良好的发展空间，对人才给予研发补贴和奖励等（孙久文等，2017）。

东北地区与俄罗斯、韩国、日本等国家邻近，在“一带一路”贸易合作中具有良好的区位优势，有利于建设具有区域特色的经济圈。围绕着跨国经济圈，更多的东北企业应“走出去”，参与到“一带一路”的发展中。具体包括推进自贸区、企业间对外合作交流平台的建设（李红娟和刘现伟，2017）。东北地区有沈阳、大连、长春等几大城市，跨省份建立以沈阳为核心的城市群，在城市之间进行区域协作。在城市群之间推行区域一体化的科技成果转化政策，促进人才、技术等创新要素在东北地区的自由流动，实现创新资源的协同融合，对于区域经济的整体发展大有益处（白俊红等，2017）。

东北地区在优化创新要素结构过程中，也在进一步提升市场化水平，建立并完善创新主体之间的协同互动机制，强化企业的创新主体地位。衡量市场化水平的一个重要指标是中介机构的数量，政府出台了优惠政策鼓励建立更多的中介机构；金融、技术等中介机构也投入到东北地区的政策机遇中，以实现自身的发展。此外，东北地区还通过建立产业技术创新战略联盟等区域创新平台以加强技术、知识等创新资源在企业、大学、科研机构之间的流动。

2.4.3 创新要素结构优化下东北高技术产业创新效率的提升空间与方向

作为中国重要的老工业基地，东北地区源于历史原因和体制机制束缚，存在着创新要素结构不合理和创新活力不足等现实问题，供给侧结构性改革恰好为解决这一问题提供了明确的方案。东北地区推进的供给侧结构性改革应当如何激发创新驱动活力，将很大程度上取决于能否突破现有体制机制障碍，将创新要素结构的深度调整作为重要突破口，理顺不同行业供给侧结构性改革的方向、力度和举措与创新要素结构的调整趋势、调整强度和优化目标之间的对接机制。

根据东北地区创新要素存量和增量的实际情况，以及东北地区高技术产业发展需要，相关研究提出优化东北地区创新要素结构，可采取以下高技术产业创新效率提升策略：首先，“做大蛋糕”培育东北地区创新要素，通过政策设计研究引导和发掘可能的创新要素，探究促进创新主体积极参与的激励机制。其次，通过政策设计充分利用“请进来、走出去”的创新要素流动机制，发挥各方创新要素力量促进东北地区创新要素结构优化。最后，在以上策略的基础上，探索发挥市场化决定作用和政府引导的关键作用，促进创新要素的优化配置以及创新要素的协同发展，综合提升创新产出。

为了实现以上目标，东北地区需要制定创新活动中创新主体、创新客体和创新中介等市场主体间的协同发展策略，同时结合国内外经验，历史政策影响机制、未来政策影响方向，做好创新要素结构优化的体制机制保障，从而最终给出分类推进与综合改革并行的创新要素结构优化的政策体系。

在具体政策设计时，从公共政策体系理论出发，按照不同政策主体、客体、工具等政策要素，从不同纬度跟踪供给侧结构性改革对东北地区创新要素结构优化的政策体系，主要包括政策工具维度的政策体系化建设、政策功能维度的政策体系化建设以及政策主体维度的政策体系化建设。与此同时，东北地区创新要素结构优化调整的政策方向需要坚持供给侧结构性改革的思路，通过综合政策组合体系推动东北地区要素结构优化。创新要素结构的优化本质上是创新的供给侧结构性改革问题，需要将过剩的无效的要素供给剔除，将其转换为有效的要素供给，同时需要通过政策设计等方式降低创新要素的投入成本，扩大创新要素投入，以促进创新能力的提升，推动高新技术产业的快速发展。

3　高技术产业创新要素结构现状及扭曲度测评分析

3.1　区域创新要素结构分析

3.1.1　区域资源禀赋优势分析

经济高速增长离不开资源和环境的支撑和推动作用。鉴于资源有限约束性，我们在推动高质量发展的进程中，要更加注重集约高效利用资源，发挥区域资源禀赋比较优势，推动绿色共享发展。经济资源把资源分为三种，分别是自然资源、资本资源和人力资源，即土地、资本和劳动力。区域资源禀赋又称为区域要素禀赋，是指一个区域拥有的各种生产要素，包括劳动力、资本、技术、土地、管理等方面。不同区域有着不同的资源禀赋，呈现出不同的区域发展态势。

（1）自然资源

蔡云龙（2007）将自然资源定义为：是人类能够从自然界获取，以满足其需要的任何天然生成物及作用于其上的人类活动结果，是人类社会取自自然界的初始投入。自然资源的特征包括：产生的天然性、构成的条件性、未来的发展性、利用的文化性、自然与人文双重性。根据自然资源在地球的分布，可以将自然资源分为：矿产、气候、水利、土地和生物资源。同时，资源又可分为可更新资源和不可更新资源。

经济学中描述资源具有稀缺性，使用自然资源将耗费机会成本。自然资源自身具有不可再生性，是区域发展不可缺少的生产力要素。区域发展离不开当地的自然资源，丰富的自然资源可以推动区域生产力发展，高质量的自然资源可以提高当地的生产活动效率，不同的自然资源组合也会影响当地产业的结构和布局。

（2）人力资源

随着经济发展模式的变化，智力资本成为创新能力的重要基础。现代经济学家认为，新形势下经济增长的重要推动力已经转变为人力资本，更加重视人在社会发展中的作用。人力资源即劳动者生产的能力，是劳动者用自己的体力或脑力生产出可以供给社会生产使用的资源，可以用劳动者的数量和质量来表示人力资源的水平。人力资源质量的高低对社会经济起着基础性作用，推动国民经济持续增长。

有学者分别从宏观角度和微观角度分析人力资源的数量特征。宏观角度，即社会层面的反映，人力资源数量=未成年劳动力+适龄从业人口+老年就业人口。微观角度，即公司层面的反映，人力资源数量=实际人力资源数量+潜在人力资源数量。人力资源的质量方面，有学者总结出四个质量特征，分别为劳动者的知识水平、劳动者的专业技能、劳动者的职业道德、劳动者的身体素质。

人力资源的特点包括：专用性、可变性、“短边”效应、有限性、独占性等。人力资源根据投资主体可以分为：社会层面上的人力资源投资、企业层面上的人力资源投资和个体层面上的人力资源投资。人力资源包括要素和效率两大功能。要素功能是指生产过程必不可少的先决条件或投入要素，强调人力资源是促进和发展国民经济、推动社会变革的主要力量；效率功能是指投入的增加可以提高其自身和其他生产要素的生产效率的功能。

(3) 资本资源

马克思将资本定义为：能够带来剩余价值的价值。这种定义强化了资本的剥削性。当今主流经济学将资本定义为：资本是一种生产要素，主要强调资本的物的形态和要素的特点。无论何种定义对资本属性均有一个共同认知：资本具有增值的属性。要实现增值就需要不断改变自身的形态，即不断变化自身的存在形式。无论物品形态如何，其价值形态都可以用货币资本形态表示。此处，我们将货币形态资本作为它的初始形态，即金融机构是资本的主要存在场所。

从初始形态看，银行的资本是指投资者投入到银行经营中的各种资产；从存续作用看，资本就是银行持有或被要求持有的用以承担风险敞口、业务损失等的资金，是银行抵御各类风险的最后一道防线；银行承担的各类风险必须控制在其资本总额之内，以保护存款人和一般债权人免遭损失。因此，金融机构的资本是风险的函数。资本对银行风险控制有积极的作用，具体体现在：抵御风险损失，保证正常经营，为避免银行破产提供缓冲余地；充足的资本有助于树立公众信心，向债权人显示银行的实力和信誉；资本的充足性要求是监管机构限制银行风险承担行为、保障市场稳定的重要工具。

(4) 东北地区的资源禀赋分析

东北地区是新中国工业摇篮和我国重要的工业和农业基地，东北三省的统计年鉴数据显示，东北地域有着丰富的自然资源、人力资源和资本资源，曾一度占有中国90%的重工业基地，区域资源禀赋优势十分突出，主要体现在：

① 东北地区自然资源丰富。森林面积广阔，约占全国1/3的森林蓄积量；煤种比较齐全，储量约723亿吨；有着中国的最大油田——大庆油田，是东北地区能源业、化学工业、轻纺工业的重要基础；矿种齐全，主要金属矿产有铁、锰、铜、钼、铅、锌、金及稀有元素等，储量约占全国的1/4；粮食生产储备充足，仅2017年产量就占全国20%。

② 东北地区人力资源丰厚，但高技术人才数量较少，核心人才储备不足，总体质量参差不齐，质量不是很高。但近年来，东北地区建立许多高新技术开发区，加上东北地区高校、科研院所多，政策上对人才

进行引进，一定程度上弥补了技术人才不足的缺陷。

③ 东北地区资本资源富集。由于东北地区自然资源丰富，加上中国经济发展最初阶段重视工业发展，大部分工业基地的前身是在东北地区建立起来的。自2003年以来，在国家实施东北地区老工业基地振兴政策的倾斜支持下，积累了大量的发展资本。截止到2018年9月，东北三省民营经济主体超过800万户，占本地区市场主体总数的90%以上；辽宁省仅2017年就新增注册企业资本高达3 132亿元。

3.1.2 生产函数中的要素结构

生产是创造对消费者或其他生产者具有经济价值和使用价值的商品和劳务的过程，包括有形的加工或制造，也包括无形的服务，如运输、咨询等。生产函数表示一段时期内，在技术水平维持恒定的情况下，生产活动中所投入的各种生产要素的数量与所能生产的最大产出量之间的关系。生产函数可以通过数学模型、图表或图形来表示。最简单的生产函数是用X、Y表示两种不同生产要素的投入量，用Q表示产出量，用数学模型的简化形式表示为Q=f（X，Y），f包含用X和Y生产Q的现有技术状态。一旦技术因素发生变化，那么函数关系即f也将发生变化，在同样数量的投入要素情况下将生产不同产出量。

生产要素常被定义为生产中投入的物品，基本的生产要素主要分为四类：自然资源、体力劳动或脑力劳动、创造出来的实物物品、企业家才能，分别对应着土地、劳动、资本（一般来说，货币不算生产要素）、企业家才能。劳动是人们在生产过程中提供的体力和脑力的总和；土地要素不仅指土地本身，还包括地上和地下的一切自然资源；资本表现为实物形态（资本品或投资品）和货币形态（货币资本）；企业家才能为企业家组织建立和经营管理企业的才能。当今，知识也作为重要的生产要素用于生产中。用生产要素表示生产函数，即：Q=f（L，K，N，E）。常见的生产函数有三种，分别是固定替代比例生产函数、固定投入比例生产函数、柯布-道格拉斯生产函数。

（1）固定替代比例生产函数

固定替代比例生产函数，又称线性函数，表述形式为Q=aK+bL，a

和b分别表示K和L的系数，现实生活中a和b为正数，表示K和L投入量的单位数量。固定替代比例生产函数主要考虑两个生产要素，分别是资本和劳动，用K和L表示，两者之间的需求弹性为水平直线，并且存在不同K和L的投入量生产出相同Q的组合。固定生产函数具有规模报酬不变，生产要素的边际技术替代率恒定（a/b）的特点，其投入要素具有完全可替代性，等产量线是向右下方倾斜的直线。

（2）固定投入比例生产函数

固定投入比例生产函数，又称里昂惕夫生产函数，函数产量Q水平上任何要素投入量之间的比例都固定的。假定只用L和K表示，则固定投入比例生产函数表述形式为Q=Min（uK，vL），（u>0，v>0）。其中，u为固定的劳动生产技术系数（单位产量配备的劳动数）；v为固定的资本生产技术系数（单位产量配备的资本数）。固定投入比例生产函数下，产量Q取决于较小比值的那个要素。产量Q的增加，必须要求L、K按规定的比例同时增加，如果其中一个数量不变，单独增加另一要素量，则产量不变，只有同时增加两个要素投入量，产量Q才会发生变化。

生产要素K和L保持固定的比例（即u∶v），u和v分别表示K和L的系数，现实生活中u和v为正数，既表示K和L投入量的单位数量，也表示K和L的固定比例。固定投入比例生产函数主要考虑两个生产要素，分别是资本和劳动，用K和L表示。固定投入比例生产函数具有规模报酬不变（恒为λ=Min（uK，vL））、等产量线呈直角的特点，其投入要素具有完全不可替代性。

（3）柯布-道格拉斯生产函数

柯布-道格拉斯生产函数表述为：$Q = AL^{\alpha}K^{\beta}$（$\alpha + \beta = 1$），其中参数A代表生产规模，表示每种生产要素投入都使用一个单位时产量将是多少，参数α和β衡量的是边际产量MP_L、MP_K如何随着生产要素K和L投入量的变动而变动，边际产量可以用公式表示为：$MP_L = (\partial Q/\partial L) = \alpha A(K/L)^{1-\alpha}$，$MP_K = (\partial Q/\partial K) = (1-\alpha)A(K/L)^{-\alpha}$。柯布-道格拉斯生产函数具有要素报酬递减、平均产量递减，产出弹性不变、规模报酬不变，边际替代率为负数的特点。

（4）东北地区生产函数要素分析

东北地区南临渤海与黄海，西南连接华北区，是我国森林面积最广阔、资源最集中的地区。区域内能源资源丰富，其中煤炭资源产量大、煤种比较齐全；石油资源丰富，探明储量占全国50%左右；矿产资源种类多，主要矿种比较齐全。此外，东北高校和科研机构数量多，知识资源丰富，高技术人才储备丰富，国内外公司企业注册数量多。东北地区同时享有较多的政府政策支持，拥有良好的外部环境。

将东北地区上述区域禀赋因素反映到生产函数要素中，主要表现为区域内劳动变量L高，资本变量K高，土地变量N高，企业家变量E高，因此东北地区生产函数Q=f（L，K，N，E）中每个生产要素的初始禀赋都比较高，具备高产出量Q的条件。

3.1.3 高技术企业中的知识型要素结构

企业是创新的主体。在知识经济时代下，企业的核心竞争力越来越通过知识要素的聚集来得以实现。近年来，越来越多的企业以知识加工、创新和传播为主要方式构建知识型创新企业，比如小米等。这些知识型企业最突出的地方就在于拥有大量的知识资本，具体体现为：大量的知识型员工取代了过去的劳动型员工，创新意识取代了过去的操作意识，金字塔形组织变身成为开放的网络化结构，组织间存在合作与互动、竞争与博弈，组织与员工共同成长。

（1）知识型要素层级嵌套结构

根据本书的研究，知识型要素结构是一个三层包络的层级嵌套结构，最外层是能够察别到的企业创新能力，中间基础层是知识资本，最里层核心层是知识型员工。这种层级结构环环相扣，在层次上错落有致，具有“流动性、交互性和可逆性”的特点，三层结构中的知识可以自由在其间流动，由核心层（知识型员工）产生新的知识，注入基础层（知识资本）中进行知识库的积累和完善，再经由外显层（创新能力）得以表现，同时全过程的知识流动是可逆的，存在知识的不断反馈、更新与迭代升级，过程中要素结构是动态开放的，实时与外界发生资源、信息的交换与获取。知识型要素结构如图3-1所示：

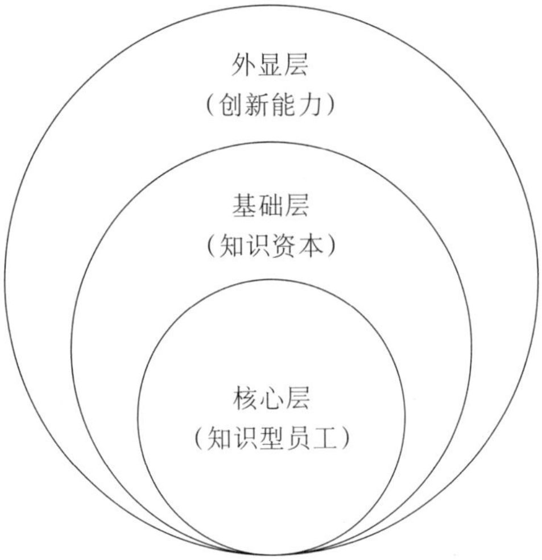

图3-1 知识型要素结构

经过从基础层（即知识资本）中提取出来的关键性创新知识，输入到企业的生产运作中形成一种创新推动作用，其外在表现就是企业的创新能力，可能是发现了一种新技术、改良了一种新产品、形成了一种新的组织形式等。在当下知识型经济背景下，企业要想获得良好的创新绩效，就必须拥有大量异质性的知识资本。这种异质性的知识资本同时还具有难以模仿性和稀缺性，具有极高的创新价值，能够助推从知识型员工转移到创新能力中间层级的要素流动，从而促进创新氛围的形成。

纵览有关知识资本的研究文献，大体可以分为几大类：①从知识资本价值实现角度来看，Henry Etzkowitz认为知识可以用来产生效益，科学本身就能够转化为企业创新的生产力，就能够成为资本；②从企业研发角度，Lynn认为知识资本的形成过程就是将组织内的知识经过系统处理之后转变成的具有价值的知识；③从知识资本的表现形式来看，Andriessen认为知识资本是一种无形资产，是竞争优势的重要来源之一，并且可以持续创造未来收益。喻登科等（2016）采用实证研究的方法，检验了知识资本和性格特质交互作用对企业绩效的影响，结果显示知识资本中的人力资本与性格特质中的股东态度、员工感知度、社会责任等对企业绩效具有正向影响。这就表明了知识资本在企业中可以影响企业的创新能力，影响到企业创新绩效。

知识资本在要素结构中充当联系“知识型员工”和“创新能力”的中间桥梁，将知识型员工的集体智慧输入知识库（knowledge base）中，知识库中的资源积累越来越多，不断经历知识的更新迭代，知识库中的创新知识会被用来构建企业的创新能力，知识在“输入—利用—转化—输出”的转移过程完成增值和创新能力构建。德鲁克在很早之前就提出了“知识型员工”的概念说法，是指那些掌握或运用符号、概念、创造并能运用知识的人，主要分布在高新技术行业，随着社会经济的发展，范围也逐渐扩大到各行各业（董建华等，2019）。知识型员工对于知识型创新生态的贡献可谓功不可没，组织中最重要的就是知识型人才，知识型人才能够创造和转化新知识，为组织的发展提供源源不竭的知识动能，能够引领组织未来的发展方向。据此，知识资本在整个知识型创新体系中应该处于最基层、最核心的位置。

知识型要素流动结构如图3-2所示：

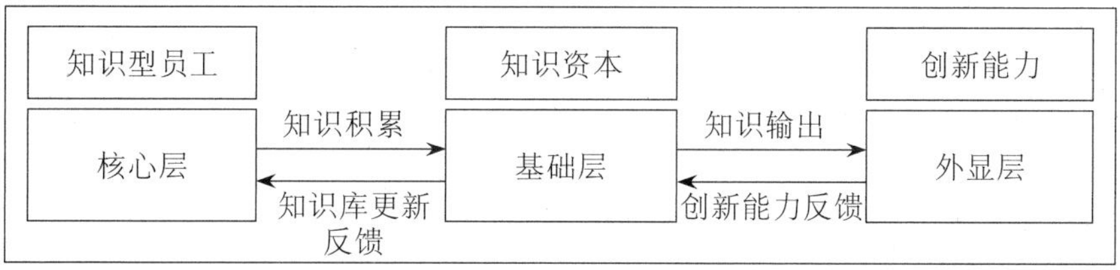

图3-2　知识型要素流动结构

这种三层级动态性知识转移可以使得知识型创新生态里面的知识型要素结构具有动态性和开放性，通过外显层与外界环境互动可以反向更新组织内的知识要素，基础层的知识库中会再次更新现有知识，将创新知识纳进知识要素中，使得整个创新生态具有动态活力。

（2）东北地区高技术企业中的知识型要素结构

知识型要素在工业生产中，尤其是高新技术企业中占有重要比重。高新技术通常是一种知识密集、技术密集的创新性颠覆技术，是在现代科学的基础上借助人力和知识资本所开发出来的一种高智力产物，能够为当代社会带来巨大的经济效益。高技术产业一般指技术密集程度高、更新速度快、具有较高附加值，同时还能够节约社会资源，对整个产业内其他企业起带动引领作用的新兴产业群（张青山，2005）。

20世纪90年代以前，东北地区作为我国重要的工业基地，经济增长在全国名列前茅，为国家的改革开放和经济现代化做出了巨大的贡献。但随着改革开放的不断深入，东北地区的经济增长速度和幅度逐渐被东部沿海地区所赶超，原有的经济霸主的地位俨然不在。但如今我们依然能够看到东北地区具有的得天独厚的知识型要素能力。

东北地区的高技术产业最突出的就是形成了“以装备制造业为核心的大企业集群”，这种装备制造业既指以电子通信设备为代表的新兴高技术产业，同时也强调以电子信息技术为主要手段的对原有的装备制造业进行改造（卢昌崇，2006）。在这样的高技术创新产业中，东北地区的知识型要素结构显现出不同的样式：原有的核心层的“知识型员工”细化为以“装备制造业、重工业”为主的制造人才；处于基础层的“知识资本”细化为“信息技术的更新和辅助”；处于外显层的“创新能力”细化为“形成集群创新能力”，三者之间存在信息和物质的流动，构成了东北地区的知识型要素结构。东北地区知识型要素流动结构如图3-3所示：

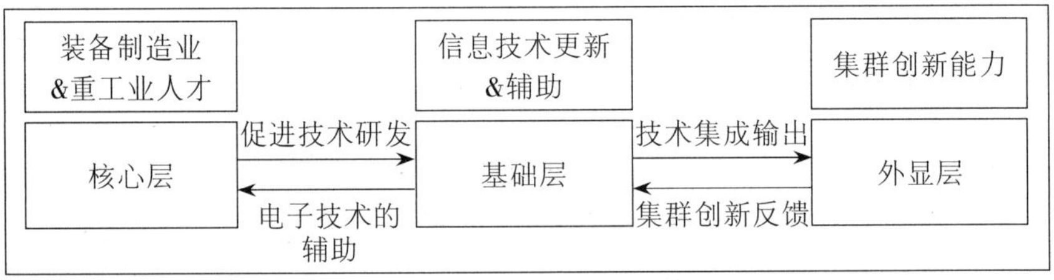

图3-3　东北地区知识型要素流动结构

这样的一种三层嵌套的知识型要素结构，存在物质、信息和人才的相互流动，在东北地区能够有效抓住装备制造业的特点，大力发展新兴装备制造业，同时借用电子信息技术对制造业的发展提供帮助，最终形成大企业集群创新能力，打造东北地区发展的知识型要素优势，为东北振兴提供知识资本支持。

3.1.4 区域创新能力体系中的要素结构

（1）区域创新能力体系的构建

区域创新不同于一般的单个创新。区域创新会形成一种强有力的创新网络，在一定区域内由相互分工与关联的企业、科研机构、科技服务中介、金融中介等构成，在本体区域内发挥区域内部创新主体之间的网络效应（Cooke，1996）。区域内存在的单个企业、科研机构、高校、中介机构等实体在共同关联机制下会形成一种创新推动合力和创新网络效应，进而演化为如今所流行的“创新生态系统”。创新生态系统作为共生单元，通过共生机制在平台内相互作用、相互依存、形成共生网络并受到环境影响，形成生态化、有机式的动态系统，促进科技与经济、创新与商业的紧密结合，实现价值增值与创造（柳卸林等，2018）。

这种共生机制实际就是区域创新内部子成员进行双向选择迭代的结果，创新的共生促成了创新单元之间的紧密互动和知识传输，后者又对共生的过程加以强化和利用。从这个角度来看，区域创新生态内部应该是一个各种子成员多方互动、多方演进的动态流动型的生态系统，具有“开放性、动态性、循环性和双向性”等特点，能够让区域内子成员共同演进、共同提高、共享创新成果。区域创新能力体系要素结构如图3-4所示。

①核心企业（创新带头人和引领者）。核心企业在创新生态系统中具有向心性（Centrality），其他的区域创新成员以核心企业为基准进行向心性协作创新。核心企业通过提高对市场和技术的感应和响应能力，在共生创新（Adner et al.，2010）等方面影响创新生态系统的健康发展。在创新生态系统中，核心企业接收了大学和科研机构输送的创新知识进行消化吸收，再进行自我知识的更新迭代，形成一种二次创新的过程，将旧知识创新化、旧规则新颖化，然后将经过整合迭代的新型创新知识输出给“技术、创新和人才”这三大创新源。

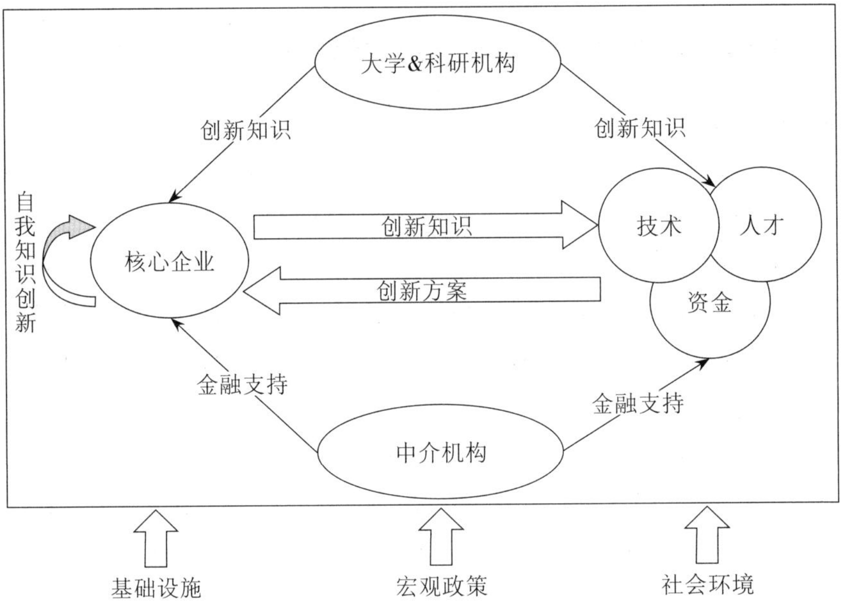

图3-4 区域创新能力体系要素结构

②大学和科研机构。区域创新生态能力的形成离不开关键创新资源，这种创新资源绝大多数是由“创新技术、创新人才和创新资金”构成的（丁玲，2017）。整个区域创新能力体系的创新原动力来源于大学和科研机构，是智慧的载体和集体创新性的反映，将源源不断的创新知识输入进整个区域创新生态中，作为区域创新的动力发生器，直接掌控着整个区域创新能力。创新知识的输入越多，质量越高，整个创新生态体系的运转就会越强，效率就会越高。

③区域创新要素（技术、人才、资金）。有关区域创新要素的相关界定，学界尚未统一，根据文献整理得出以下角度的分类方式（见表3-1）：

表3-1 **创新要素有关元素的界定**

角 度	主 体
系统与环境	大学、科研机构、企业、信息、人才、资金、内部环境、外部环境
直接与间接	技术、人力、资金；基础设施、社会环境、宏观政策
结构与功能	主体要素、支撑要素和市场要素

经过归纳整理，可以将要素归纳为“技术、资金、人才”三大类，在区域创新生态体系中，这三类要素是创新生态中的物质基石，为生态系统提供资金、人力和技术保证，使得高校和科研院所产生的好的创意想法能够得到资金和人力的物质保证。同时，也为生态系统中的核心企业输送创新方案，使生态系统的创新能够得以源源不断进行下去。

④中介机构。一般包括金融中介和科技中介，金融中介对整个生态系统提供资金支持，能够将资金注入生态系统运作中，为生态系统中核心企业的运转、人才培养和创新想法的产生提供资金支持；科技中介指为科技创新主体提供社会化、专业化服务以支撑和促进创新活动的机构，可以加速区域创新生态系统中创新意识的发生效率，并可以将创新想法转变为创新实物，最大程度保证创新成果的高效产出，在创新生态系统中发挥着加速器的作用。

⑤客观环境（基础设施、宏观政策、社会环境）。单看一个区域生态内循环是完备而独立存在的，但却不可忽视外部的基础设施、宏观政策和社会环境对其的作用和影响。良好的基础设施会给区域创新生态提供硬件支撑，宏观政策和社会环境也会从顶层设计上影响区域创新生态能力体系。

综上所述，本书认为区域创新能力体系的要素结构是一个多种要素共同作用下的集合体，区域创新能力体系以区域创新生态为基础，将创新生态中的各种要素作用加以整合和利用，形成“以核心企业为主导，以科研院所和中介机构为两翼，以区域创新要素为推动”的综合型、开放型和动态型的区域创新能力体系。这种创新能力体系不同于单个创新体系，产生于区域之中又作用于区域之中，在区域中反复推演、更迭，并在外部环境的促进下调节整个区域创新生态到最优化状态。

（2）东北地区创新能力体系中的要素结构

东北地区是新中国最早建立起来的重工业基地，也是我们国家三大重要制造业基地之一，拥有一批关系国民经济命脉的战略性产业。东北地区的创新能力体系的强弱，不仅关系到振兴东北的重大方针能否顺利实现，还关系着国家整体制造业水平的提升。

东北地区有着得天独厚的制造业基础，形成了以“新兴装备制造企业”为核心企业的创新生态集群，核心企业能够带动集群企业中其他企业的兴旺和发展，核心企业为中小企业输送创新知识，中小企业为核心企业输送创新方案，二者相辅相成互为补充。

东北地区的各大高校院所，尤其是以理工科见长的哈尔滨工业大学、大连理工大学以及东北大学三所著名的理工类院校，为整个企业集群输送源源不断的制造业相关的重大创新知识，整个东北地区创新生态就有了取之不尽的研发数据和创新力量。东北地区创新能力体系要素结构如图3-5所示：

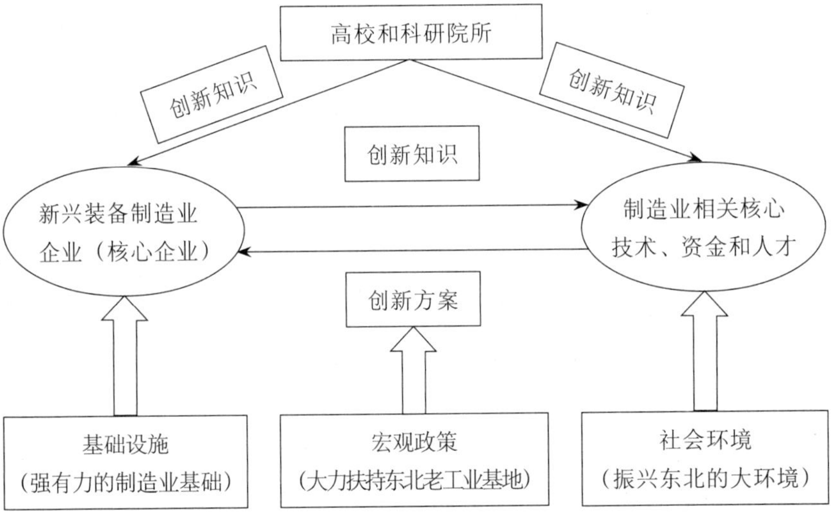

图3-5 东北地区创新能力体系要素结构

从东北地区创新能力体系要素结构图可以看出，区域创新生态中共存着多种子单元，其中核心企业为主导，通过自我知识更新和三大技术要素发生交互关系，相互吸收与传播创新知识；大学和科研机构为整个区域生态提供创新源；东北地区良好的制造业基础设施、扶持老工业基地振兴的宏观支持政策和全面振兴东北的社会环境氛围，对创新生态起到辅助推动和带动作用，从大政方针上为整个区域生态的走势提供指南。区域间的信息流、物质流、资金流等在体系内循环流动，是一种动态交互式的结构，不断更新的知识输送给核心企业后，进行吸收转化再利用，还会给整个生态输出一种创新方案，使宏观战略得以落实。

3.1.5 区域创新政策对要素结构的影响

创新政策是国家和科技创新相结合的政策表现，国家可以依赖科学技术实现整体的战略目标，创新政策能够从顶层设计上促进企业创新能力的形成。程华等（2013）调研江浙地区的企业实地数据，研究发现当地的供给政策和环境政策能够促进产业集群中的知识溢出，对整个产业集群的创新生态养成具有重要促进作用；刘凤朝等（2012）基于印度的实际国情构建了科技政策是如何影响本国创新产出的系统动力学模型，验证了创新政策对本国创新绩效的提升具有重要的促进作用。

（1）创新政策影响创新要素供给体系结构

人才、资金和技术是创新体系中的三大核心要素，其配置情况将会直接影响创新体系的丰富度。从微观层面来说，创新政策有科技政策、优惠的税收政策、财政支持政策、人才吸引政策以及地方性政策等，能够为创新要素结构创造宽松的政策环境，为外来资本的注入提供良好的投资环境，有利于吸引政策及知识型的人才进入，为产业创新结构注入新鲜血液，使原有人才保持发展不竭的动力。国家高新技术产业优惠政策见表3-2：

表3-2　国家高新技术产业优惠政策

环节	优惠内容
享受税收优惠环节	企业所得税税率降为15%
研发投入环节	研发费加计扣除50% 研发设备加速折旧，30万元以下一次入管理费，30万元以上可加速折旧
研发成果转化环节	技术转让免征企业所得税 技术转让所得优惠，500万元以下免征企业所得税，500万元以上减半征收
其他环节	挂牌新三板（高新区内注册）、上市 树立企业品牌，提高企业知名度

资料来源：作者根据公开资料整理。

这些微观政策的制定和落实，会从顶层设计角度对创新要素集聚产生影响。以税收政策为例，创新政策中的税收政策是政府激励企业创新的重要手段，企业的核心竞争力主要来源于创新，而创新又主要来源于创新效率的提升。税收的减免无疑会大大降低新兴企业的经费支出，高新技术产业的一大特征就是注重创新，这种创新势必会促使企业去探索未知的技术或者产品，企业不得不面临创新失败的风险。如果政府的税收政策能够减免高技术产业的创新成本，企业就会将更多的资金用于R&D上面，有助于创新的循环过程。

（2）创新政策影响创新要素的聚合结构

社会经济的主要增长方式已逐步转变为利用和引导科技创新要素向企业转移集聚。当下创新要素的研究热点已经转变为着重研究创新要素的分类、内涵和向企业转移的路径机理等问题，科技文献的研究重点也已变为如何更好地评估企业创新要素的集聚水平和转移水平（叶小玲等，2012）。

科技创新要素向企业转移集聚的过程是一个复杂的动态流程，同时也是一个开放的生态系统（杨晨等，2009），系统由集聚客体、集聚主体和集聚行为构成。集聚主体在市场行为和政府的推动作用下，利用集聚通径的通道作用，开始吸纳集聚客体的创新要素向集聚主体转移，推动创新要素的定向流动，使整个生态系统都富有创新要素。合理地配置创新要素会形成创新效应的增值，增值的一部分用来反哺各集聚主体，形成一种正反馈循环，又能够促进科技创新要素向企业转移集聚（如图3-6所示）。

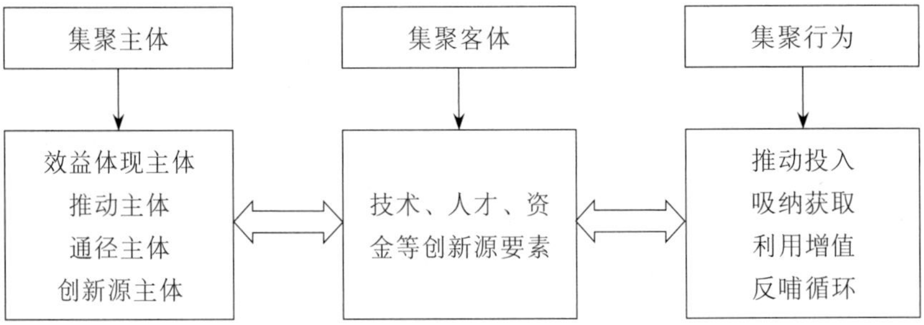

图3-6 创新要素聚合结构

创新政策的引领会直接影响到集聚主体中的推动主体和通径主体，顶层的宏观政策设计会促进或者抑制创新要素聚合结构中的各要素间的聚合关系，进而影响整体的创新要素结构。

（3）创新政策影响创新要素的动态结构

传统观点认为，创新要素应被内置于每一个所属的区域创新体系之内，每一个区域创新体系都会从自身发展的角度去获得所需要的创新要素，并加强对它的控制，以实现自身发展的需要。这种创新要素内置于区域创新体系的模式，严重制约了有限创新要素的发挥，不利于创新要素在整个创新体系之间的流动。创新生态动态结构如图3-7所示：

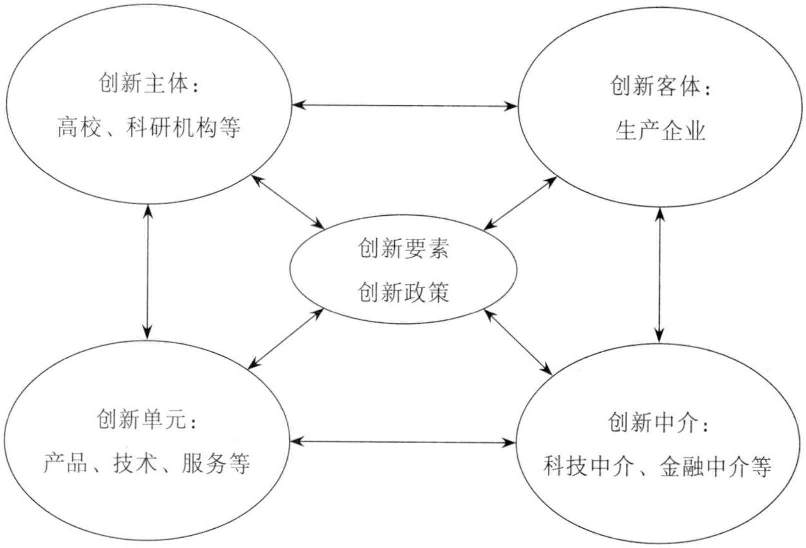

图3-7 创新生态动态结构

杨省贵和顾新等（2011）对上述创新体系模型进行了改良，提出应该把创新要素置于整个创新体系的中间位置，创新要素对各个创新主体和创新元素之间都提供一种支撑的作用，这样就把前人认为的“要素是静态结构”转变成了“动态结构”，具有流动性和动态性。本书在此基础上加入了创新政策的引导和指向作用，创新政策会直接影响创新要素的配给和流动性，因而创新政策会影响整个创新生态的动态结构。

在已有文献基础上，本书认为创新政策会间接影响创新整体的动态结构，创新政策结合创新要素形成一种联动作用，在创新体系内影响各个子单元的动态结构，在整个创新要素结构内，各个创新要素都不是静态不变的，而是不断动态互联的，这样的流动性结构有助于创新生态内的物质流和信息流很好地发挥出各自应有的优势。

（4）东北地区创新政策对要素结构的影响

东北地区由于受经济下行压力的影响，近年来流失了大量人才和资金，经济发展速度远不如东部发达沿海城市，也因此从中央到地方都在共同给予东北地区政策倾斜和政策支持，以帮助东北地区吸引人才和资金等要素注入，唤醒沉睡已久的经济产业。经过上述分析可知，创新政策的推行，同样会影响东北地区创新要素的供给结构、聚合结构和动态结构等方面。

① 供给结构方面，以辽宁省为例，由于石化资源丰富，辽宁省在不断向中央建议在省内建立大型的石化生产基地，加快实施技术改造重大项目，获得向产品高端流动的创新政策；对于装备制造业而言，辽宁省也在建言中央能够出台相关法规，促进辽宁老工业基地装备制造业信息化程度，获得向产品高端流动的价值创新机会。这样的一些建言都是旨在提升创新要素的供给结构，使东北的创新生态区域内能够多一些有价值和创造力的新型技术人才、资金和制造技术，这样会使得供给体系更加完善和有效，从创新源动力的角度为整个区域创新提供不竭之源。

② 聚合结构方面，科技创新要素向企业集聚的转移过程是一个动态而复杂的过程。随着国家对东北三省创新创业政策的不断支持，会提供比之前更多的创新要素和更大的对内开放程度以吸引外商投资。新兴装备制造业作为产业集群中的核心企业，也能够作为集聚主体，提供大量的转移通径和创新原动力，为科技要素的定向转移提供帮助。创新政策的实行，对整个企业集群来讲都是一种有效的动力机制，能够加速集群内创新要素的定向流动，加快转移的效率。集群中的集聚客体还能够进行有效吸纳获取、利用增值并及时提供反哺循环，使创新要素经过吸收强化后反馈到创新源处，进行二次改良和下一次的定向转移。

③ 动态结构方面，科技创新要素在企业里面不是静止的，也不是单向封闭式流动的，而是一个双向动态转移的过程。国家支持东北地区高新技术产业化风险投资、提高钢铁行业规模效益、建设辽宁大型石化基地等一系列相关政策，都会增加创新源的投入，也会使创新源在整个创新生态中的扩散更加多样化和动态化，惠及创新生态中的每一个子成员，使整体的创新要素结构更具柔性和抵抗风险的能力，有效帮助东北地区高技术产业在掌握核心科技的同时，提升自身防御风险能力，建立起高壁垒以抵御不利入侵。

3.2 高技术产业创新要素结构的区域差异分析

3.2.1 高技术产业创新要素的分布现状

（1）分析思路

据统计，2000年我国高技术产业主营业务收入突破1万亿元，到2016年达到15.4万亿元，17年间我国高技术产业收入增长了近15倍。虽然近年来我国高技术产业取得了巨大成就，但长期以来，我国不同地区始终呈现区域间要素分布不均、差异明显等问题。目前，我国依据经济发展的不同，划分出东北地区、东部地区、中部地区以及西部地区[①]，这四大区域在产业集聚、创新发展等方面都各有侧重。本章将对四大区域的高技术产业创新要素分布情况进行分析。

（2）数据选择说明

考虑数据获取性问题，本章将从高校数量、企业数量、规模以上工业企业R&D人员折合量及经费支出四个创新要素对区域要素分布现状进行分析，同时利用每个地区专利申请数量来衡量该地区的创新成果。为了在同一张图上表示同一区域不同城市的要素分布状况，对数据进行

① 东部地区：北京市、天津市、河北省、山东省、江苏省、上海市、浙江省、福建省、广东省、海南省；中部地区：山西省、河南省、湖北省、湖南省、江西省、安徽省；西部地区：重庆市、四川省、广西壮族自治区、贵州省、云南省、陕西省、甘肃省、内蒙古自治区、宁夏回族自治区、新疆维吾尔自治区、青海省、西藏自治区；东北地区：黑龙江省、吉林省、辽宁省。

了无量纲处理，处理方法为：将创新要素占有量最多的城市设为标准1，然后将其他城市创新要素按占标准城市的百分比计算出来。其中数据全部来源自《EPS全球统计数据/分析平台》、2016年的中国高技术产业数据库以及中国教育数据库。同时，本节分析对象——高技术产业与《中国高技术产业统计年鉴》保持一致。

（3）创新要素分布现状

①东部地区：东部地区创新要素分布现状如图3-8所示：

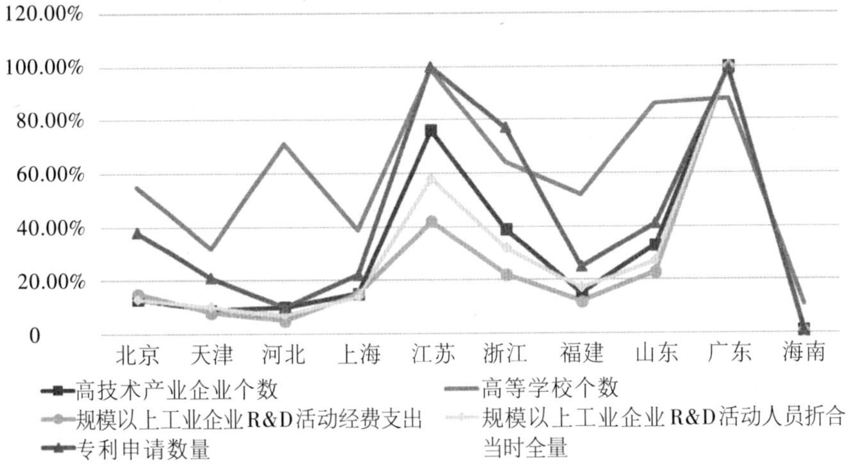

图3-8 2016年东部地区创新要素分布现状

从图3-8可以看出，创新成果与创新要素的投入具有高度相关性。广东省、江苏省对于技术研发的投入在东部地区均占据领先地位，同时这两个省的创新产出，即专利申请数量也在该区域遥遥领先。

区域间的创新要素出现了一定的集聚现象，多种创新要素都集中在其中几个省份当中，如广东省、江苏省。海南省的创新要素投入在东部地区整体处于落后水平，其中研发活动人员投入、经费支出仅占广东省不足1%的水平，这也影响了海南省的创新成果，专利申请数量与其他地区存在很大差距。

从高等学校数量来看，江苏省高校数量最多。从研发投入来看，广东省投入水平最高，同时与其他地区存在较大差距，位于第二的江苏省也仅占广东的40%左右。除去广东、江苏的投入极大值，以及海南省的极小值，东部地区其他省份创新要素投入水平相差不大。

②中部地区：中部地区创新要素分布现状如图3-9所示：

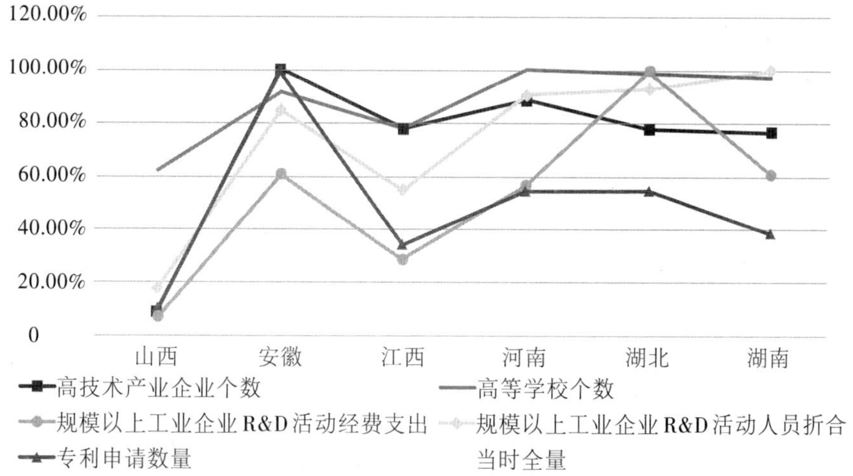

图3-9　2016年中部地区创新要素分布现状

从图3-9可以看出，创新成果与创新投入具有一定程度的一致性，高新企业个数位于前三的地区分别是：安徽、河南和湖北，同时这三个省份的专利申请数量也在中部地区处于较高水平。湖南虽然研发活动人员及经费支出水平较高，但其专利申请数量却并不突出，仅仅占安徽省的40%。中部地区相对其他区域来说，创新要素的分布差距较小，除去山西省之外，其他地区要素分布较为平均。

③西部地区：西部地区创新要素分布现状如图3-10所示。

从图3-10可以看出，创新成果水平与创新要素的投入具有一致性。其中，研发活动经费支出水平最高的两个地区分别为：四川省、陕西省。这两个地区的研发活动人员量也位于前两名，这两个地区也具有最多的专利申请数量。

西部地区同样存在创新要素分布不均的情况。其中，西藏、青海和新疆无论是企业数量、研发人员投入，还是用于研发活动的经费支出，对陕西省平均占比只有2%。由于创新要素投入水平低，因此这些地区的创新产出也处于较为落后的水平。在西部地区，除四川省、陕西省和重庆地区的创新要素分布较多之外，其他地区占有的创新要素水平均较低。例如，从R&D活动人员这一要素来看，投入水平位于第三的重庆市仅占陕西省的45%左右。

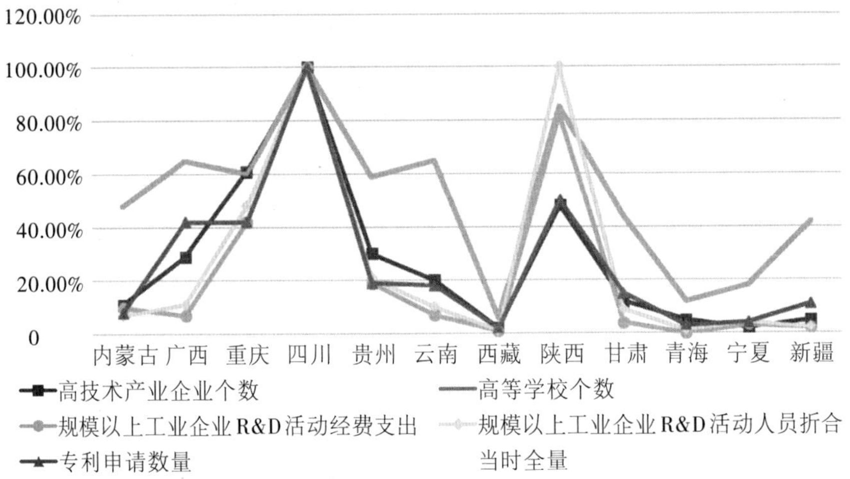

图3-10 2016年西部地区创新要素分布现状

④东北地区：东北地区创新要素分布现状如图3-11所示：

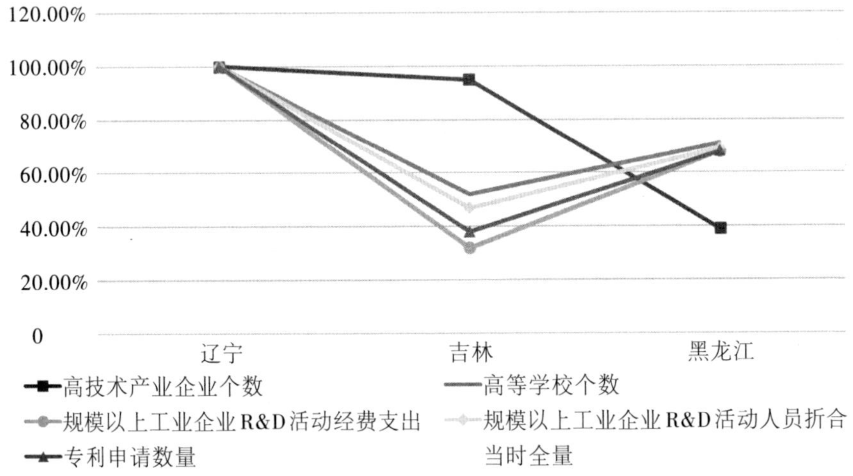

图3-11 2016年东北地区创新要素分布现状

从图3-11可以看出，东北地区创新成果与创新要素投入呈现出高度一致性：辽宁创新要素集聚水平最高，同时创新产出程度最高的也是辽宁。

东北地区创新要素分布基本集中在辽宁，集聚程度较高，而吉林、黑龙江创新要素投入相对较少。

3.2.2 高技术产业区域创新的差异性分析

（1）数据及方法选择

由于本章前一部分分析创新要素的分布现状时，是按照我国四大区域划分标准进行分析的，因此在本节仍然按照四大区域的划分标准，利用资金投入和人员投入指标，对我国创新要素的差异进行分析说明。本节涉及的数据包括2012—2016年四个区域每个城市的人口、R&D活动经费支出、R&D活动人员数量以及高新技术企业个数四个方面，数据全部来自《中国高技术产业统计年鉴》。

本节利用泰尔指数对我国高技术产业创新要素的分布差异进行计算分析。泰尔指数（Theil指数）是泰尔（Theil，1967）利用信息理论中的熵概念来计算收入的不平等，作为衡量个人之间或地区之间收入不平等程度的指标。虽然差异分析的方法还包括基尼指数、变异系数等，但由于本节不仅计算区域内城市间的差异，还需要分析不同区域间的要素差异，而泰尔指数可以同时计算出区域间、区域内的差异程度，因此本节选用泰尔指数来分析要素分布的差异性，分别以人口数量和GDP进行加权，定义如下：

$$T=\sum_{i=1}^{n}\sum_{j=1}^{m}\frac{y_{ij}}{y}\ln\frac{\frac{y_{ij}}{y}}{\frac{P_{ij}}{P}} \tag{3-1}$$

$$L=\sum_{i=1}^{n}\sum_{j=1}^{m}\frac{y_{ij}}{y}\ln\frac{\frac{y_{ij}}{y}}{\frac{g_{ij}}{g}} \tag{3-2}$$

其中，T为以人口进行加权的总泰尔指数，L为以GDP进行加权的总泰尔指数；n是划分区域的个数；m为每个区域中城市的个数；y_{ij}表示第i个区域中第j个城市的创新要素投入量；y是所有区域的创新要素投入量；p_{ij}为第i个区域的第j个城市的人口；p为所有区域总人口；g_{ij}为第i个区域的第j个城市的GDP；g为所有区域的GDP之和。

指数值T、L越大，表明区域差异越大，发展也就越不平衡。反之，T、L的值越小，表明差异水平越小。

（2）区域创新差异分析

①以人口数量为加权的研发经费投入差异分析。

从图3-12和表3-3可以看出，2012—2016年全国高技术产业研发活动经费投入的变化水平大致在0.4~0.5之间，并呈现出逐年缩小的趋势。总体来说，我国各区域之间的研发经费投入差异水平较大；具体来说，东部地区和西部地区在我国四大区域中创新要素投入的差异水平较高；中部地区相对较小，同时与我国整体变化水平有大致相同的趋势；差异水平最小的地区为东北地区。

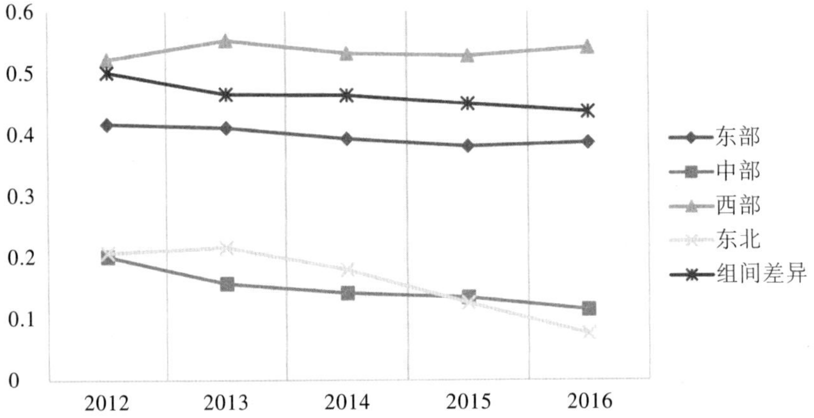

图3-12 以人口进行加权的区域间、区域内的研发经费投入差异

表3-3 **以人口进行加权的区域间、区域内的研发经费投入差异**

年份 地区	2012	2013	2014	2015	2016
东部	0.417	0.411	0.393	0.381	0.387
中部	0.201	0.157	0.142	0.135	0.115
西部	0.522	0.553	0.532	0.528	0.542
东北	0.207	0.216	0.180	0.126	0.076
区域间差异	0.501	0.466	0.464	0.450	0.437

②以GDP为加权的研发经费投入差异分析。

从图3-13和表3-4可以看出，我国总体差异水平没有出现大幅度的变化，但整体呈现逐年缩小的趋势；西部地区的研发投入差异水平处于最高位，并且呈现出先增大后缩小再增大的现象；东部地区差异水平同样较大，但近年差异水平逐渐缩小；中部地区差异水平在逐年减小，2014—2016年的缩小幅度较大，整体具有较小的变化幅度；东北地区的整体差异水平较低，2012—2015年先缓慢增加，后在2015—2016年减小。

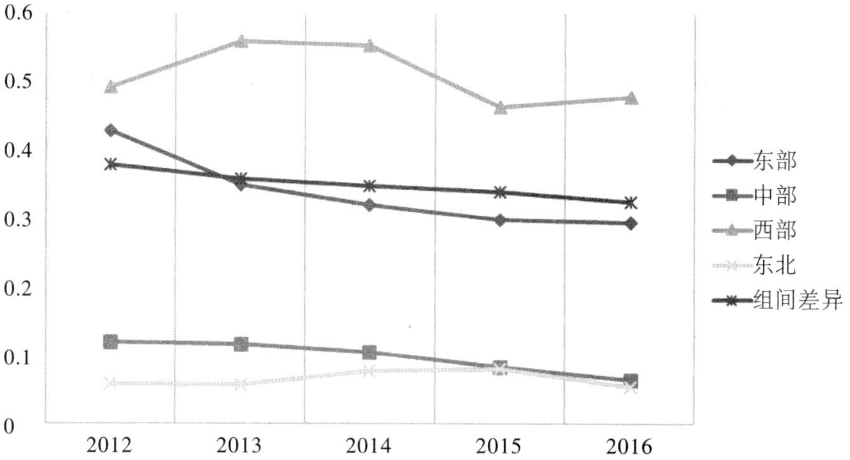

图3-13 以GDP进行加权的区域间、区域内的研发经费投入差异

表3-4 以GDP进行加权的区域间、区域内的研发经费投入差异

年份 地区	2012	2013	2014	2015	2016
东部	0.428	0.350	0.321	0.299	0.295
中部	0.120	0.117	0.105	0.084	0.065
西部	0.493	0.559	0.554	0.464	0.478
东北	0.059	0.057	0.078	0.080	0.055
区域间差异	0.379	0.358	0.349	0.339	0.325

③以人口数量为加权的研发人员投入差异分析。

从图3-14和表3-5总体可以看出，全国高技术产业的研发人员投入水平在2012—2013年具有较为明显的缩小趋势，而2013—2016年变化趋势并不明显。东部地区、西部地区差异水平同样在全国处于最高位置，但东部地区内的人员投入差异性近年来呈现出逐渐缩小的趋势，而西部地区则是先增大后缩小，2015—2016年又呈现出增大趋势；中部、东北地区的差异水平较小，并且自2015年均有缩小的趋势。

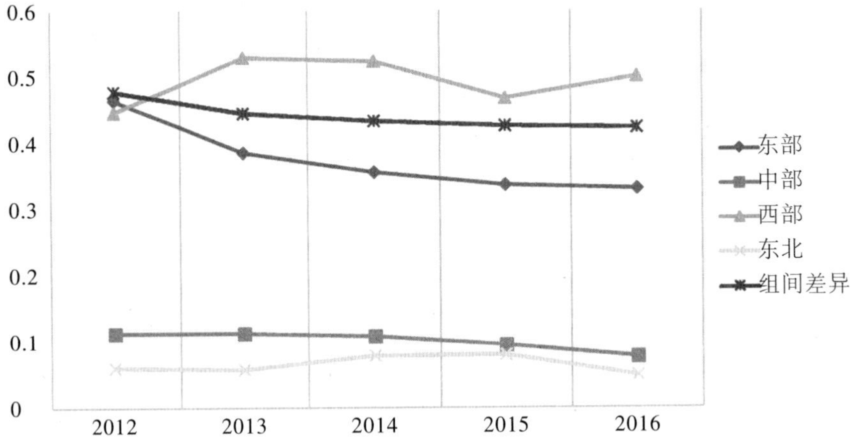

图3-14 以人口进行加权的区域间、区域内的研发人员投入差异

表3-5 **以人口进行加权的区域间、区域内的研发人员投入差异**

地区 \ 年份	2012	2013	2014	2015	2016
东部	0.464	0.386	0.356	0.336	0.330
中部	0.112	0.112	0.108	0.095	0.077
西部	0.446	0.529	0.523	0.467	0.499
东北	0.060	0.057	0.078	0.080	0.049
区域间差异	0.478	0.444	0.433	0.425	0.422

④以 GDP 为加权的研发人员投入差异分析。

从图 3-15 和表 3-6 可以看出，全国研发人员投入的差异水平整体较高，但差异在逐渐缩小；东部地区差异水平与全国水平相似，同样在逐渐缩小，但 2015—2016 年出现小幅增长现象；东北地区的投入差异水平呈现出先增大后缩小的趋势，中部地区 2012—2013 年缩小趋势较大，后呈现出逐年递减的趋势；相比之下，西部地区不仅差异水平最高，同时也具有最大的变化幅度，但差异水平也越来越小。

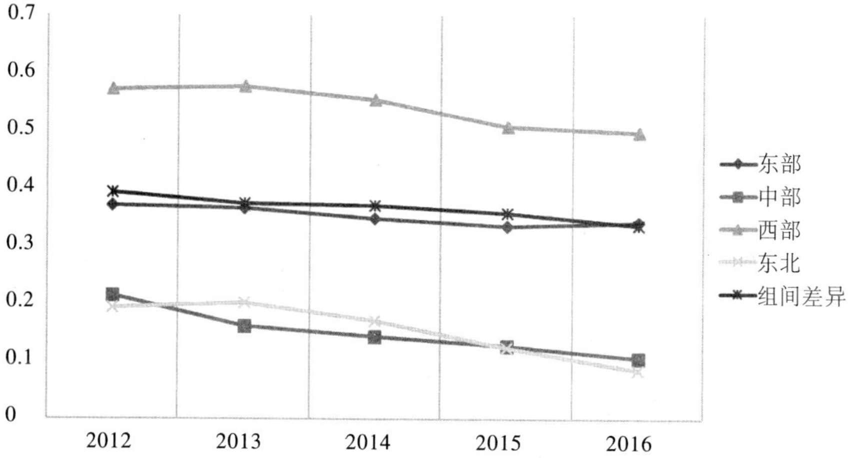

图 3-15　以 GDP 进行加权的区域间、区域内的研发人员投入差异

表3-6　**以GDP进行加权的区域间、区域内的研发人员投入差异**

地区 \ 年份	2012	2013	2014	2015	2016
东部	0.370	0.365	0.347	0.335	0.341
中部	0.213	0.161	0.142	0.127	0.105
西部	0.572	0.576	0.554	0.507	0.497
东北	0.192	0.201	0.170	0.123	0.084
区域间差异	0.393	0.374	0.370	0.357	0.337

⑤整体差异分析。

从上述计算得到的泰尔指数可以看出，无论是利用人口数量进行加权，还是采用GDP指标，高技术产业创新要素的投入在不同区域间均呈现出较高的差异水平，并且变化幅度较为缓慢；同时利用人口进行加权时计算出的泰尔指数均高于使用GDP进行加权得到的泰尔指数，说明全国整体对于高技术产业所投入的创新要素与地方人口数量具有更为显著的不平等程度。

另外，不仅区域间创新要素差异水平较高，在区域内也具有较高的创新投入差异性。其中，西部地区的差异水平最高，东部地区位于其后，区域内差异水平最低的地区为东北地区。因此，应考虑缩小区域间高技术产业创新要素的投入分配问题。

3.2.3 高技术产业区域创新的同构性分析

（1）产业同构的含义

产业同构性是指国家之间、地区间或城市间产业结构区域相同的现象。在区域经济一体化的大环境之下，高技术产业也出现了产业集聚、地区专业化的现象。但过高的同构现象会使得有限的科技资源更加分散，专业化更加不明显，给高技术产业的发展，甚至各区域经济发展带来不良影响。本节通过高技术产业的分工指数，结合区位熵指标对我国高技术产业区域同构性进行分析。

（2）产业同构测量方法

美国著名经济学家克鲁格曼用产业分工指数来研究美国四大区域及欧盟四大成员国之间的区域集聚现象。本书利用这一指标对我国高技术产业在四大地区的产业分工进行分析。

$$S_{jk} = \sum \left| \frac{q_{ij}}{q_j} - \frac{q_{jk}}{q_k} \right| \tag{3-3}$$

其中，j和k表示区域，i表示产业，两地区各自产业i的产值分别用q_{ij}和q_{ik}表示，总工业产值分别用q_j和q_k表示。当两个不同的区域j、k产业结构相同时，即对于所有的产业i来说具有相同的产值份额时，该产业分工指数为0；若不同区域具有完全不同的产业结构时，产业分工指数为2（即$0 \leqslant S_{jk} \leqslant 2$，其中$S_{jk}$越大则区域间产业结构差异越大，同构性越小）。

本节利用区位熵来测量区域内要素的空间分布，该指标能够反映产业部门的专业化程度。

$$E_{ij}=\frac{q_{ij}/q_j}{q_i/q} \quad (3-4)$$

其中，q_{ij}表示地区 j 的产业 i 的产值，q_j表示地区 j 的全部高技术总产值，q_i表示产业 i 的全国总产值，q 表示全国高技术总产值。如果 E_{ij}值大于 1，则表明 j 区域 i 产业集中化程度高于全国平均水平；E_{ij}越大，表明区域某产业集中化程度越高，专业化程度也就越高。

（3）数据选择

产业分工指数是利用产业当年产值指标进行计算，但自 2011 年之后，《中国高技术产业统计年鉴》统计口径发生变化，因此根据数据的可获取性，本节选取高技术产业主营业务收入作为指标进行计算，对高技术产业区域间创新同构性进行分析。数据全部来源于《中国高技术产业统计年鉴 2013》《中国高技术产业统计年鉴 2017》。

（4）结果分析

首先，分别计算 2012 年、2016 年我国四大区域在全国高技术产业各自所占比例。从图 3-16 可以看出，近年我国高新技术产业发展呈现出极化现象。以 2016 年为例，东部地区主营业务收入占据我国高技术产业总收入 70%，中部、西部共占 27%，而东北地区仅占 3%，表明我国高技术产业区域发展极为不平衡。高技术产业专业化指数见表 3-7。

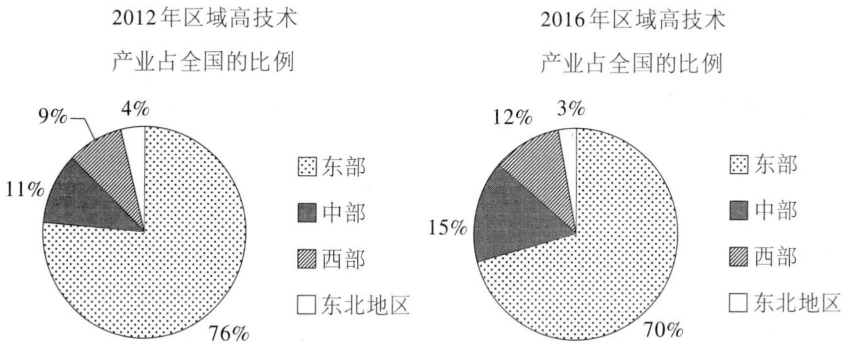

图 3-16 不同地区高技术产业占全国总高技术产业的比例

表3-7 高技术产业专业化指数

2012（2016）	医药制造业	航空、航天器及设备制造业	电子及通信设备制造业	计算机及办公设备制造业	医疗仪器设备及仪器仪表制造业
东部地区	0.701（0.740）	0.494（0.787）	1.070（1.088）	1.121（0.999）	1.000（1.078）
中部地区	1.942（1.559）	1.216（0.480）	1.015（0.967）	0.156（0.396）	1.123（1.005）
西部地区	1.553（1.247）	3.928（2.482）	0.590（0.672）	1.356（2.006）	0.664（0.521）
东北地区	3.074（3.576）	3.842（3.233）	0.491（0.295）	0.142（0.134）	1.413（0.988）

从产业专业化指数可以看出，东部地区的航空航天制造业、西部地区的计算机设备制造业以及东北地区的医药制造业专业化指数较高，同时高于全国平均水平，呈现出明显的集聚增强性；而中、西部地区的航空航天制造业以及东北地区的医疗仪器制造业的专业化程度明显减小，其他地区的其他产业基本延续原有的布局。其中，电子通信设备制造业在五大高技术产业中分布最为均匀，也就表明多数地区会选择将电子信息产业作为主导力量。而医药制造业、航空航天产业由于其特殊性，主要在西部地区、东北地区呈现出较高的专业化程度。

利用产业分工指数公式，计算出东部、中部、西部以及东北地区之间的同构系数（见表3-8）。从计算结果可以看出，2012年东部与中部、东北地区的产业分工指数分别是：0.47、1.02；2016年该指数分别为：0.32、1.16，说明我国东部地区、中部地区高技术产业同构性呈现增强现象；而东部/东北的产业结构出现增大趋势；但东部/西部地区高技术产业同构性变化很小，由2012年的0.55变化至2016年的0.56。

表3-8　　不同地区高技术产业分工指数

地区＼年份	2012年	2016年
中部/东部	0.47	0.32
中部/西部	0.64	0.94
中部/东北	0.68	0.88
东部/西部	0.55	0.56
东部/东北	1.02	1.16
西部/东北	0.52	0.96

从图3-17各产业收入比例的变化可以看出，我国高技术内部五大产业的发展也是非常不平衡的。2012年、2016年电子及通信设备制造业收入占高技术产业总收入的比例分别为51.2%、56.8%，均占据一半以上，而其他四大产业的收入值总和占比不足一半。

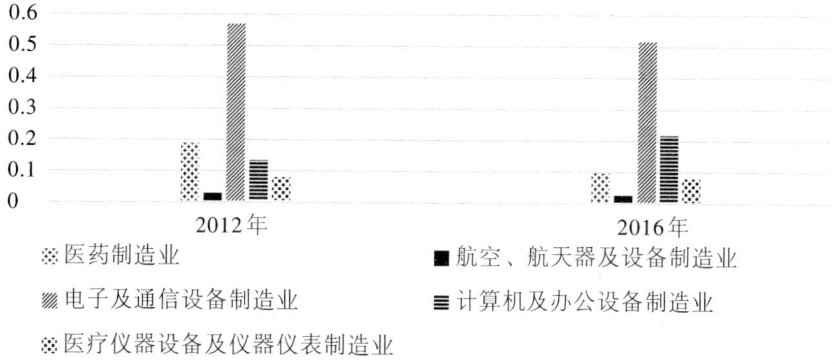

图3-17　高技术产业内部各产业收入比例变化

综上所述，发展高技术产业具有重要意义，不仅能够大幅提升我国的劳动生产率，还可以迅速提升我国企业竞争力，增强综合国力。利用高技术产业改造传统产业和基础产业，能够快速优化我国产业结构，促进经济协调发展。但高技术作为竞争十分激烈的产业，各地区的发展差距会随着时间的推移进一步加大。本章从高技术产业创新要素入手，分析了创新要素的分布现状，以及现阶段创新要素在不同区域间的差异性，并计算了高新产业同构化程度，对现阶段高技术产业的发展提供一些思路。

通过对各区域创新要素的分析，进一步明确了现阶段高技术产业区域要素分布、发展不平衡等问题，从目前实际情况出发，我国对于高技术产业的发展要采取“有限目标、重点突破”的策略，不同区域间要建立适合自身产业发展的道路，对于那些具有突出产业优势的地区，可以考虑资源的合理配置，发挥地区产业优势，推动区域高技术产业向更高水平发展。

3.3 创新要素结构的扭曲效应测度与评价

3.3.1 创新要素结构的扭曲效应

中国经济高速发展取得了举世瞩目的成就，经济快速增长的同时也出现了经济结构失衡现象。市场经济分为产品市场和生产要素市场，产品市场已基本实现市场化，生产要素市场的改革进程则明显滞后，政府依然手握许多资源的配置权力，生产成本明显被扭曲，引发了长期的结构性矛盾（王宁，2016）。本书认为要素市场的扭曲十分普遍，其表现形式就是要素结构扭曲，分为要素价格扭曲、要素配置结构扭曲以及要素供给结构扭曲。

（1）要素价格扭曲

要素价格扭曲是指要素的实际价格偏离按市场供求关系确定的价格，即要素价格偏离市场均衡价格。按照要素价格扭曲的表现形式，将其分成价格绝对扭曲和价格相对扭曲，价格相对扭曲包括正向扭曲和负向扭曲，其中正向扭曲是指要素的边际产出低于其实际价格，负向扭曲则相反（王宁，2016）。区域间、行业间、企业间的要素价格扭曲则构成了要素价格的结构扭曲。

对于资本要素，政府长期低利率政策使得企业以低于市场的价格获得资金，从而获得大量的资本积累甚至造成过度投资。一方面，政府的过度干预产生了资本要素价格扭曲，另一方面行业中的垄断企业也会造成资本要素价格扭曲，这些垄断企业自己制定价格，偏离市场价格，造成竞争不充分。对于劳动力要素，由于我国人口众多，不同的劳动薪酬也导致了劳动力价格要素扭曲。

现阶段，我国改变原有的发展模式，开始注重高质量发展，尤其是高科技创新，大力支持高技术产业的发展。高技术产业是资本密集型产业，国家实行高额补贴政策，边际产业效率也比其他产业高，要素价格扭曲显著存在。

（2）要素配置结构扭曲

要素配置是指生产要素按照社会需求进行合理的配置，即单一的要素无法有效使用，需要与其他要素进行有效结合。当前国内研究将要素配置扭曲的形成原因主要归结于价格差异。蒋为（2015）认为补贴差异化是构成资源配置不合理的主要原因，罗德明认为政府的干预造成了要素配置扭曲。政府通过政策性补贴，人为压低了各要素的价格，使得价格未能合理反映出要素的稀缺性，从而影响了要素的有效配置。

要素配置的结构性失衡和扭曲主要是指资本、劳动、土地、技术等生产要素在产业间、企业间、城乡间、区域间的配置出现了扭曲。佟家栋、陈霄（2019）从中国工业的行业内和行业间出发，发现要素配置扭曲在行业间的影响更大，资本要素配置扭曲比劳动要素配置扭曲负面影响大。李雪冬（2018）对中美制造业中技术密集型上市公司的资源配置情况进行对比，发现美国的要素配置扭曲程度更轻。朱喜则通过对全国农户的追踪，分析了中国东部、中部、西部及东北地区要素配置结构扭曲程度。

（3）要素供给结构扭曲

王静娴（2014）认为要素供给是指要素本身的存量，表现出来则是要素的多少、要素的空间集聚结构和要素本身蕴含的价值含量。中国人口众多，劳动力要素丰富，资本积累也越来越高，但这并不能表明要素供给结构良好。劳动力在不同区域间的流动，资本在不同产业间的投资，会使要素供给在区域间和产业间发生不平衡，这种不平衡则称为要素供给结构扭曲。

侯晓东（2018）发现资本要素供给比劳动力要素供给比例要大，并且劳动力要素的供给呈逐年下降趋势，同时要素供给结构在区域内也是不平衡的。谢冬水（2018）则通过商业用地和工业用地的供给情况发现土地供给结构扭曲是城市化和工业化差距的原因之一。市场扭曲分类如图 3-18所示：

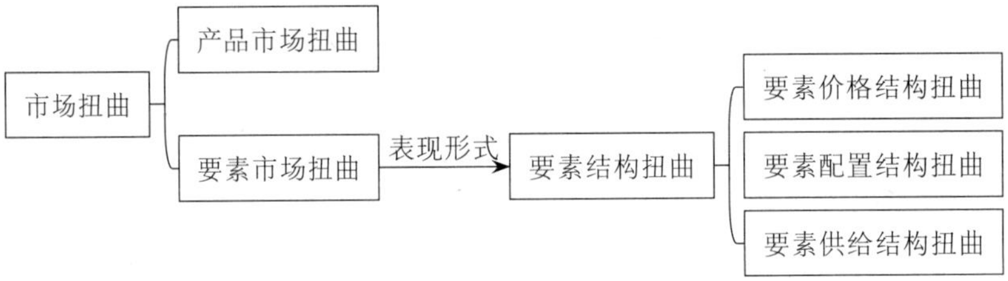

图 3-18 市场扭曲分类

（4）要素结构扭曲的经济效应

要素结构扭曲中的三种结构扭曲共同联系、共同作用产生了四种经济效应，包括全要素生产率、收入分配结构效应、区域经济发展差异和外贸转型升级。要素价格结构扭曲会导致要素配置结构扭曲，价格扭曲是配置扭曲的直接结果。在完全竞争市场中，价格可以反映市场情况，所以要素价格的扭曲实质是一个市场调节信号，表明价格不能反映要素的稀缺性，此时要素无法在各个经济主体、产业、区域中合理配置，从而导致要素配置结构扭曲，发生要素错配。

要素供给结构扭曲影响要素配置结构扭曲，当供给体系跟不上需求结构的变化时，要素配置会发生结构性失衡，其实质就是要素供给结构扭曲影响了要素配置结构扭曲。张小雪、陈万明（2010）认为要素之间配置的比例关系取决于要素的供给结构。所以供给侧结构性改革就是从提高供给质量出发，纠正要素配置扭曲，提高全要素生产率。

要素价格结构扭曲会影响要素供给结构扭曲。要素供给是要素价格的函数，要素价格的上升一定会导致要素供给的增加，所以当要素价格被政府有意压低，发生结构性扭曲时，要素供给会减少，要素供给结构也会被影响，发生扭曲。要素结构扭曲的经济效应如图 3-19所示：

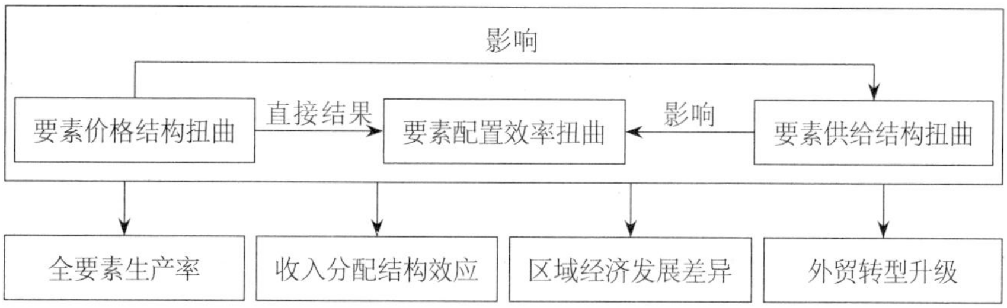

图3-19　要素结构扭曲的经济效应

要素价格扭曲的经济效益，主要有以下四种表征：

全要素生产率（TFP）降低。高技术产业是一个高效率产出部门，往往会受到国家政策的高额补贴，在短时间内会促进产业发展，提高产出水平，依靠国家政策，该产业的资本密集度提高很快，但长期会使行业相关要素发生扭曲，发生寻租行为，整个产业效率变低，产出变少，边际报酬率呈递减趋势，从而导致较低的全要素生产率。史俊杰（2017）发现整体要素配置扭曲系数与要素优化配置前后全要素生产率变动幅度正相关。因此，可以通过纠正扭曲来提高全要素生产率。

收入分配结构效率低下。价格扭曲的存在使配置效率大大降低，收入在不同类型企业、城市和农村之间的分配存在显著差异。相较于普通乡镇企业，国有企业的劳动力被过度分配，为了引入这些劳动力，国有企业不得不支付高额薪酬，所以国有企业的配置效率是最低的。而户籍制度的存在也使得城市和乡村劳动力收入存在巨大差异。

区域经济发展差异明显。从制度扭曲到要素价格扭曲，从要素价格扭曲到要素配置结构扭曲，这种“扭曲又产出扭曲”使得不同地区为了追求自身发展所需要的资源进行大规模的投资活动，各地区的发展逐渐偏离了其优势发展模式，产业和产品出现了高度相似性，资源配置效率低，市场竞争力下降，导致区域间的经济发展差异越来越明显。

拖累外贸转型升级。王静娴（2014）主要从出口规模、主体结构、商品结构等方面实证分析研究了要素价格扭曲、要素配置效率扭曲、要素供给扭曲对外贸转型升级的影响。虽然三个扭曲对外贸转型升级的七个方面影响各不相同，但总体可以发现要素市场扭曲对外贸转型升级起负作用。要素供给扭曲使得生产出的产品在市场上发生结构扭曲，缺乏竞争优势。价格扭曲的存在使得产品价格降低，利润减少。要素配置效率扭曲使要素不能有效结合，产出效益下降。要素市场扭曲降低了中国的外贸收益，影响了外贸转型升级的进程。

3.3.2 创新要素结构扭曲水平的测算

(1) 要素价格扭曲的测算

目前，关于要素价格扭曲测算的方法有生产函数法、前沿技术分析法、影子价格法和市场化指数法等。前沿技术分析法是从整体测试扭曲度，无法测算单个要素的扭曲度；影子价格法虽然可以测量单个要素的扭曲度，但是它的结果会因函数的形式发生变化；而生产函数法既可以测算出要素的边际产出，也可以测算出要素的扭曲度，因此选用生产函数法对要素价格扭曲进行测算。

生产函数法分为C-D生产函数法和超越对数生产函数法，其中C-D生产函数法的假设范围更严格，在分析时可能会产生估计偏差，因此选取超越对数生产函数法。其形式为：

$$LnY = \beta_0 + \beta_1 LnK + \beta_2 LnL + \frac{\beta_3}{2}Ln^2K + \frac{\beta_4}{2}Ln^2L + \beta_5 LnKLnL + \mu \tag{3-5}$$

假设规模报酬不变，估计资本产出弹性为$\alpha = \frac{\partial Y/Y}{\partial K/K} = \frac{\partial LnY}{\partial LnK} = \beta_1 + \beta_3 Ln(K/L)$，劳动产出弹性为$1 - \alpha$，所以劳动力要素边际产出、资本要素边际产出分别为：

$$MP_L = (1 - \beta_1 - \beta_3 Ln(K/L)\frac{Y}{L},\ MP_K = (\beta_1 + \beta_3 Ln(K/L)\frac{Y}{K} \tag{3-6}$$

再根据要素价格扭曲的定义算出：

$$DIST(L) = MP_L/\omega,\ DIST(K) = MP_K/\gamma \tag{3-7}$$

其中，Y是产出值，K是资本存量，L是劳动力投入量，ω是资本价格，γ是劳动力价格。为了减少由于变量过多造成的多元共线性问题，进行岭回归分析，得到参数β_1、β_3，最终算出各地区要素价格扭曲程度。若扭曲程度大于1，则表明要素价格被低估，存在负向扭曲；若扭曲程度小于1，则表明要素价格被高估，存在正向扭曲。

本书选取2010—2016年的高技术产业数据，并按上节中划分的地区进行整理分析。数据来源主要为《中国高技术产业统计年鉴》《EPS数据平台/中国高技术产业数据库》，相关平减指数来源为《中国固定资产投资统计年鉴》《中国价格统计年鉴》。

具体指标选择及测度如下：

产出值Y，首先选取《中国高技术产业统计年鉴》中高技术产业的主营业务收入作为总产出，再将《中国价格统计年鉴》中工业生产者出厂价格指数以2010年为基期进行平减，从而得到最终的产出值；资本存量K，首先选取《中国高技术产业统计年鉴》中高技术产业的固定资产投资额，将其通过永续盘存法得到资本存量，再将《中国固定资产投资统计年鉴》中的固定资产价格指数以2010年为基期进行平减，算出最终的资本存量。固定资产折旧率采用国家规定，每年按9.6%折旧（δ=9.6%）；劳动投入量L，选取《EPS数据平台/中国高技术产业数据库》高技术产业规模以上企业科技活动的主要R&D人员作为劳动投入量；资本价格ω，以《EPS数据平台/中国工业经济数据库》中规模以上工业企业利息/负债合计得到；劳动力价格γ，选取《EPS数据平台/中国高技术产业数据库》高技术产业规模以上企业科技活动的主要R&D人员劳动投入量和总工资，通过计算得到平均工资来度量。

首先将相关指标代入函数，进行岭回归可以得到表3-9、图3-20：

表3-9　**岭回归系数和岭值**

类别＼地区	东部	中部	西部	东北
β_1	33.4111	49.1319	63.0156	143.8664
β_3	2.1939	6.0525	3.9092	-12.6107
岭值K	0	0	0	0

进而可以得到各地区劳动和资本要素价格扭曲的测算结果，分别如表3-10、表3-11及图3-21、图3-22所示：

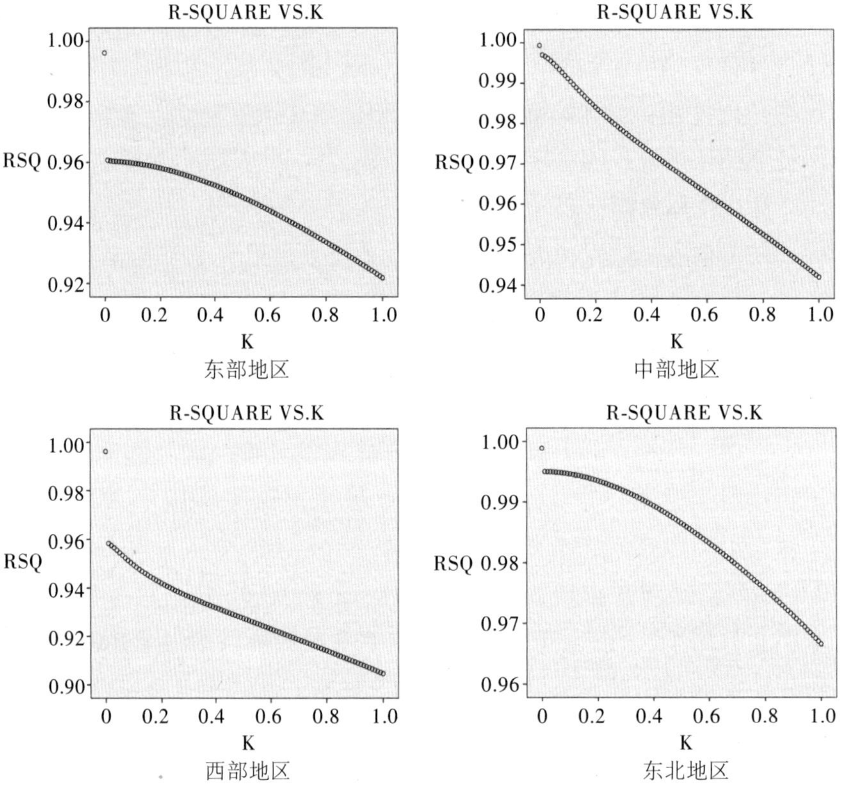

图3-20 各地区岭回归路径

表3-10 **各地区劳动边际产出**

类别 年份	东部 MP_L	中部 MP_L	西部 MP_L	东北 MP_L
2010	-4.0671853	-4.1483404	-8.4516207	-27.785011
2011	-3.4222284	-3.5666843	-5.9868979	-21.649428
2012	-3.1238180	-4.2618969	-6.3043701	-21.307807
2013	-3.3510824	-4.7861838	-6.9587814	-22.425498
2014	-3.5537702	-5.1124085	-7.8423661	-22.846487
2015	-3.9905759	-6.0084474	-9.3943772	-24.881237
2016	-4.1657268	-6.5507790	-9.7271670	-26.493965

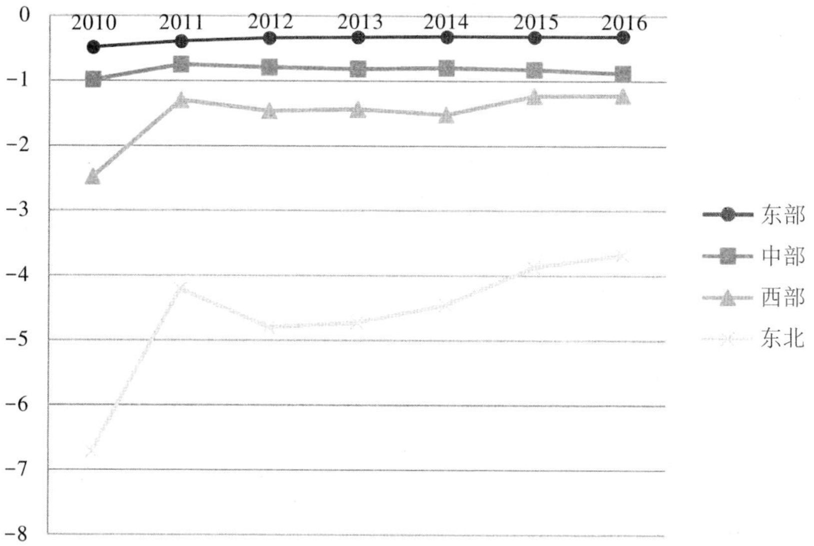

图3-21 各地区劳动力要素扭曲

由图3-21可以看出，东北地区的劳动力要素扭曲程度最大，其次是西部、中部和东部地区。四个地区的劳动力扭曲指数都是小于1的，实际价格存在高估，并且劳动力扭曲指数都是负值。由表3-10可知这些地区的劳动力要素的边际产出是小于0的，即劳动力存在过剩的情况，单位劳动力的增加已经很难显著促进经济社会产出的增长。

对于东北地区，其工资水平相较于其他地区是偏低的，且一直存在大量高技术人才外流的情况，使得该地区的劳动力资本较低，但可以看出东北地区的劳动力扭曲程度是在逐年下降的。为了应对东北地区人才流失问题，政府采取了许多措施，比如沈阳市政府实施了“高精尖优才集聚工程”“海外优才汇智聚力工程”“中青年科技英才培养工程”等七项工程，实行高校毕业生“零门槛”落户政策，对在高新技术领域实现自主创业的，给予最高20万元创业担保贷款。在东部，长三角、珠三角以及环渤海地区已经形成了鲜明且有优势的高技术产业带，大多数高新人才都聚集在此，因而东部的劳动力扭曲程度最小。对于西部，近年来由于国家对西部偏远地区的薪酬补贴，该地区的实际劳动力价格是偏高的，所以劳动力扭曲程度比中部要大。

表3-11 各地区资本边际产出

类别 年份	东部 MP_k	中部 MP_k	西部 MP_k	东北 MP_k
2010	137.215414	40.2270405	154.303639	65.3390272
2011	124.341165	42.6166485	106.798017	73.6895519
2012	112.596672	49.3055105	111.142327	88.6492951
2013	102.461504	48.1395719	108.928680	99.1370521
2014	93.5220561	45.2245284	99.0551250	100.485261
2015	91.8791247	46.5506781	91.2762759	91.7726182
2016	85.9124626	44.3607470	88.9277387	82.4165288

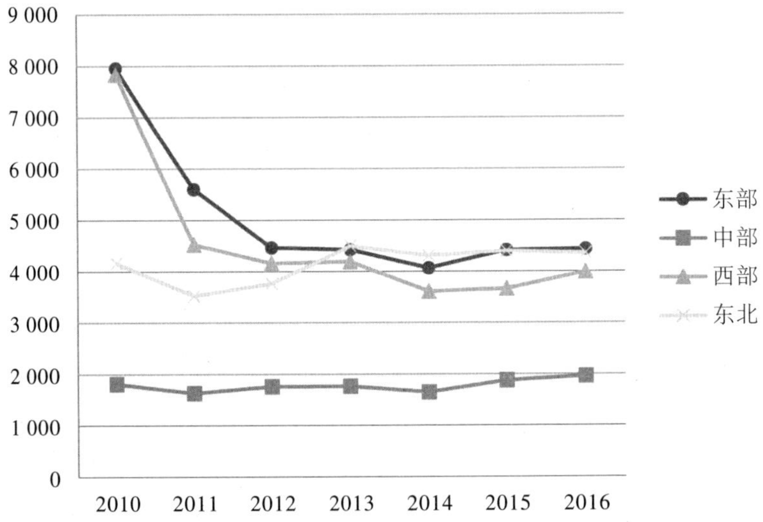

图3-22 各地区资本要素扭曲

由图3-22可以看出，资本要素扭曲从大到小依次是东部、西部、东北、中部。四个地区的资本扭曲指数都是大于1的，实际价格存在低估。东部与中部地区的资本要素扭曲度是逐年降低，中部大致未发生改变，而东北地区的资本要素扭曲度有小幅度上升。结合表3-11可以看出，东北地区的资本边际产出整体呈现上升趋势，东部、西部资本边际产出呈现下降趋势，中部变化幅度较小。

对于东北地区来说，产业规模和产业贡献是持续扩大的，在政府的作用下，资本边际产出有了小幅度增加。对于东部地区来说，因为大量的资本投入，早期边际产出较高，后逐渐降低，通货膨胀及升息政策的影响显著。对于西部地区，国家实施西部大开发战略为该地区注入了大量资本，但在市场机制作用下，西部地区由于固有的区位局限，相当多的外资和国内资金不可能大量流入。

（2）要素配置结构扭曲的测算

佟家栋（2019）使用实际生产率与最优生产率的偏离来测量行业间和行业内的要素配置扭曲。柏培文（2012）在多部门情形下测量劳动力扭曲程度。王静娴（2014）使用DEA模型计算规模效率值，再与最优配置效率进行比较得出要素配置扭曲。其他测量方法还包括不同体制经济指标比值、市场化进程指数。但这些方法无法测算单个要素的扭曲程度，所以参考史俊杰（2017）利用各生产单元要素相对生产效率离散程度进行测算。对生产函数：$Y = TFP \times K^{\alpha} \times L^{\beta}$两边取对数，可得$\ln Y = \ln TFP + \alpha \ln K + \beta \ln L + \mu$，根据模型设定进行回归得到资本和劳动的产出弹性，进而求资本要素和劳动要素的边际收益$ML = \beta \times Y/L$，$MK = \beta \times Y/K$，要素的相对生产效率为要素边际收益除以要素相对市场价格。单个要素的配置扭曲为：

$$I_d = \frac{\sqrt{\frac{1}{N}\sum_{i=1}^{N}(E_{C_i} - \bar{E}_C)^2}}{\bar{E}_C} \tag{3-8}$$

其中，I_d为要素配置扭曲指数；E_{C_i}为各单元要素的相对生产效率；E_C为各单元要素的相对生产效率平均值；N为生产单元的数量。

与价格扭曲指标选择和数据处理相同，要素配置结构扭曲的测算结果如下（见表3-12、图3-23）：

分区域来看，东部、中部、西部和东北地区的配置扭曲变化程度各不相同。劳动力要素配置扭曲度从大到小依次是西部、东部、中部和东北地区。中部与东北地区的配置扭曲程度相差较小，并且逐年变化程度也较小。西部和东部地区一开始的配置扭曲程度是相近的，但是西部的

表3-12 各地区劳动力要素相对生产效率

区域	省份	2010	2011	2012	2013	2014	2015	2016
东部	北京	0.0052	0.0025	0.0020	0.0019	0.0018	0.0016	0.0016
	天津	0.0251	0.0254	0.0256	0.0258	0.0202	0.0124	0.0125
	河北	0.0146	0.0171	0.0237	0.0240	0.0239	0.0237	0.0268
	上海	0.0002	0.0002	0.0001	0.0001	0.0001	0.0001	0.0001
	江苏	0.0297	0.0237	0.0191	0.0189	0.0167	0.0169	0.0154
	浙江	-0.0204	-0.0160	-0.0123	-0.0114	-0.0100	-0.0091	-0.0087
	山东	-0.0068	-0.0046	-0.0039	-0.0039	-0.0036	-0.0032	-0.0031
	福建	0.0032	0.0027	0.0026	0.0021	0.0019	0.0017	0.0015
	广东	-0.0030	-0.0025	-0.0021	-0.0021	-0.0021	-0.0020	-0.0020
	海南	0.0212	0.0145	0.0191	0.0087	0.0059	0.0052	0.0062
中部	山西	0.0198	0.0203	0.0133	0.0193	0.0220	0.0229	0.0083
	安徽	0.0194	0.0144	0.0179	0.0171	0.0154	0.0150	0.0128
	江西	0.0415	0.0368	0.0327	0.0322	0.0323	0.0283	0.0405
	河南	0.0143	0.0186	0.0209	0.0160	0.0157	0.0149	0.0138
	湖北	-0.0076	-0.0047	-0.0045	-0.0047	-0.0049	-0.0055	-0.0065
	湖南	0.0111	0.0119	0.0110	0.0095	0.0066	0.0050	0.0060
西部	广西	-0.0228	-0.0072	-0.0118	-0.0141	-0.0159	-0.0199	-0.0184
	重庆	-0.0135	-0.0239	-0.0285	-0.0267	-0.0284	-0.0190	-0.0170
	四川	0.0147	0.0118	0.0143	0.0119	0.0114	0.0068	0.0062
	贵州	-0.0075	-0.0076	-0.0052	-0.0043	-0.0050	-0.0069	-0.0102
	云南	0.0042	0.0025	0.0025	0.0023	0.0016	0.0018	0.0023
	西藏	0.1176	0.0412	0.0619	0.0085	0.0100	0.0082	0.0063

续表

区域	省份	2010	2011	2012	2013	2014	2015	2016
西部	内蒙古	0.0285	0.0288	0.0148	0.0143	0.0101	0.0052	0.0032
	陕西	0.0051	0.0035	0.0034	0.0034	0.0039	0.0031	0.0033
	甘肃	0.0048	0.0051	0.0045	0.0049	0.0034	0.0037	0.0040
	青海	0.0324	0.0370	0.0274	0.0157	0.0660	0.0203	0.0176
	宁夏	0.0037	0.0065	0.0025	0.0025	0.0032	0.0061	0.0074
	新疆	0.0208	0.0075	0.0359	0.0340	0.0177	0.0139	0.0278
东北	辽宁	0.0134	0.0054	0.0068	0.0066	0.0054	0.0037	0.0033
	吉林	0.0244	0.0104	0.0106	0.0122	0.0122	0.0133	0.0100
	黑龙江	0.0102	0.0148	0.0111	0.0095	0.0096	0.0088	0.0070

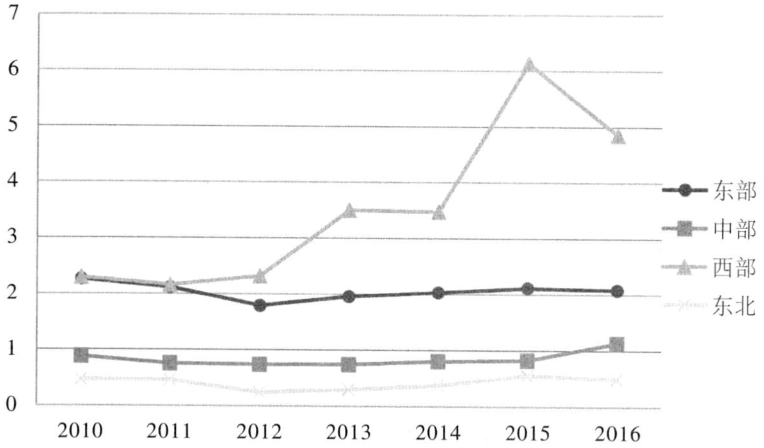

图3-23 各地区劳动力要素配置扭曲

劳动力配置扭曲程度在2012—2014年逐渐加大，至2015年才出现下降。其中，高技术产业的研究人才在东北和中部地区的流动性较大，东部和西部劳动力流动程度较小，不利于劳动力要素的优化配置。各地区资本要素相对生产效率见表3-13：

表3-13 各地区资本要素相对生产效率

地区		2010	2011	2012	2013	2014	2015	2016
东部	北京	-223.82	-78.48	-148.41	-157.33	-217.82	-288.74	-168.11
	天津	-711.20	-407.87	-544.47	-666.33	-626.20	-556.65	-225.35
	河北	72.20	51.29	34.31	32.44	29.56	30.09	32.12
	上海	-376.10	-197.45	-173.58	-182.24	-204.35	-272.49	-319.23
	江苏	139.41	83.47	70.97	79.11	77.70	82.39	89.27
	浙江	1 140.85	460.92	324.09	310.84	316.91	320.43	364.91
	山东	344.70	271.21	192.42	208.67	217.42	224.72	230.22
	福建	173.12	118.59	93.19	81.92	79.91	61.01	45.95
	广东	2 313.09	1 241.23	952.15	1 103.01	1 128.29	1 015.85	1 049.39
	海南	-95.63	-60.14	-50.50	-28.37	-28.45	-51.20	-35.52
中部	山西	151.41	108.62	124.84	74.08	75.97	111.92	119.77
	安徽	58.26	63.49	54.58	58.81	77.10	87.02	82.54
	江西	37.61	45.45	35.65	36.75	34.51	49.78	56.77
	河南	113.91	91.35	90.82	97.48	97.43	116.40	135.98
	湖北	203.27	160.59	100.27	95.39	92.47	117.71	149.59
	湖南	83.16	100.24	56.52	64.99	58.50	60.19	72.88
西部	广西	222.07	181.83	182.69	233.17	196.62	258.12	312.37
	重庆	236.20	343.53	335.93	440.88	427.02	428.37	420.32
	四川	226.71	195.04	158.15	165.10	169.01	170.20	178.16
	贵州	354.71	111.31	83.14	75.67	83.94	134.98	128.23
	云南	183.44	163.05	119.24	123.25	99.84	129.35	117.84
	西藏	314.07	80.61	52.73	115.38	125.02	147.00	116.34
	内蒙古	25.26	14.90	6.18	6.52	5.32	6.84	8.45
	陕西	151.75	151.72	98.37	58.21	46.59	49.35	69.79
	甘肃	77.43	44.37	20.73	18.37	19.30	21.92	22.40
	青海	75.50	51.33	34.62	27.87	21.51	29.47	29.12
	宁夏	173.71	82.22	29.50	31.03	50.29	85.59	44.78
	新疆	-3.78	-0.82	-0.16	-0.26	-0.20	-0.62	-0.62
东北	辽宁	76.38	80.36	64.12	56.81	57.30	53.31	123.74
	吉林	187.81	181.12	163.97	186.76	192.09	215.47	247.62
	黑龙江	19.41	14.76	9.93	12.54	13.27	15.87	14.26

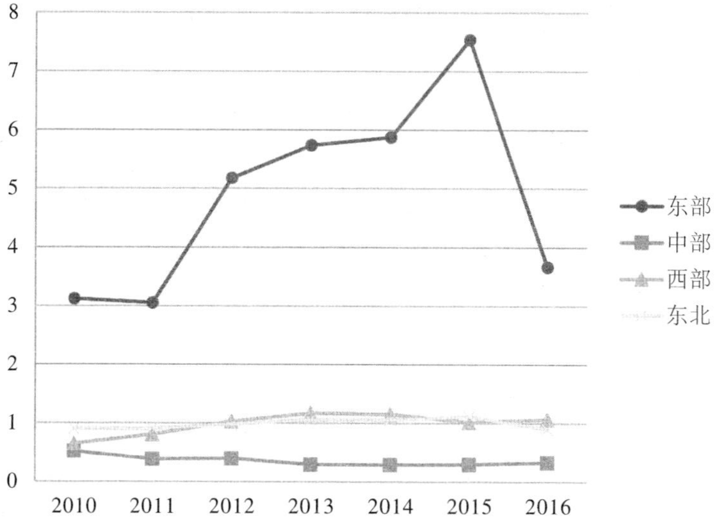

图3-24　各地区资本要素配置扭曲

由图3-24可以看出这四个地区的资本要素配置扭曲变化程度各不相同，对于东北地区和西部地区的资本要素配置扭曲度，2011年以前是东北地区的扭曲程度稍高，2011年之后西部地区要略高，但两个地区的总体扭曲度是相似的且变化幅度较小。中部地区的资本配置扭曲程度最低，说明其资本流动程度最高，东部地区资本配置扭曲程度逐年增加直至2015年时出现大幅度下滑，但是扭曲程度依然比其他三个地区要高且高很多，说明东部地区的资本要素流动程度相对较低，这样并不有利于要素的最优配置，大大影响了要素的生产效率。

（3）要素供给结构扭曲的测算

关于供给结构扭曲的测算目前研究较少。谢冬水（2018）使用商住用地供给面积占土地供给总量来衡量土地供给结构扭曲程度。侯晓东（2018）使用道格拉斯生产函数，通过计算出要素供给弹性和要素贡献率来衡量要素供给结构的失衡情况。王静娴（2014）通过要素供给弹性的序列方差计算要素供给扭曲度，本书采用的就是该方法。

劳动力供给扭曲：

$$\varepsilon_l=\sqrt{\frac{\sum(S_{Li}-\bar{S}_{Li})^2}{n}} \tag{3-9}$$

其中，S_{Li}是劳动力供给弹性。

资本供给变量包括实体经济和金融机构两种，所以资本供给扭曲为：

$$\varepsilon_k = 1 - \frac{S_{实}}{S_{虚}} \tag{3-10}$$

其中，$S_{实}$是固定资产投资弹性，$S_{虚}$是金融机构资本供给弹性。

劳动力的人口和平均工资与劳动力价格扭曲测量的数据相同，资本分为实体经济资本供给和虚拟经济资本供给，实体经济部分选取年度固定资产总额，虚拟经济部分选取国民经济核算中的资金流量表（金融交易）里金融机构的资金来源，数据来源是国家统计局官网。实体经济的资金价格选取金融机构的贷款利率，虚拟经济的资金价格选取金融机构的存款利率。

用R&D人员的变化率比R&D人员的平均工资变化率，计算出各地区劳动力供给弹性，劳动力要素供给结构扭曲的分析结果如图3-25所示：

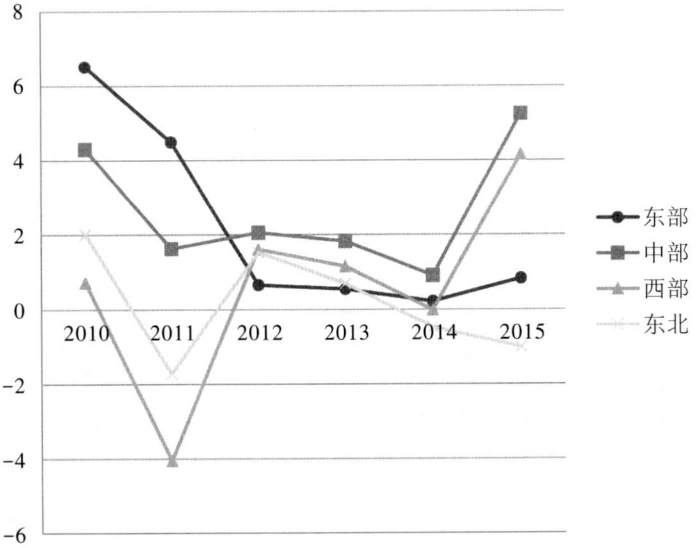

图3-25 各地区劳动力供给弹性

可以看出东部地区的劳动力供给弹性逐年下降，最后小幅度波动，中部、西部地区的劳动力供给弹性2011年前是下降的，到2012年上升，从2012年到2014年是下降的，2014年之后又上升，但是中部地区

2011年至2014年的变化幅度较小。东北地区的劳动力供给弹性是先下降后上升，2012年之后便一直是下降。

再按照劳动力供给扭曲度计算公式，得出图3-26：

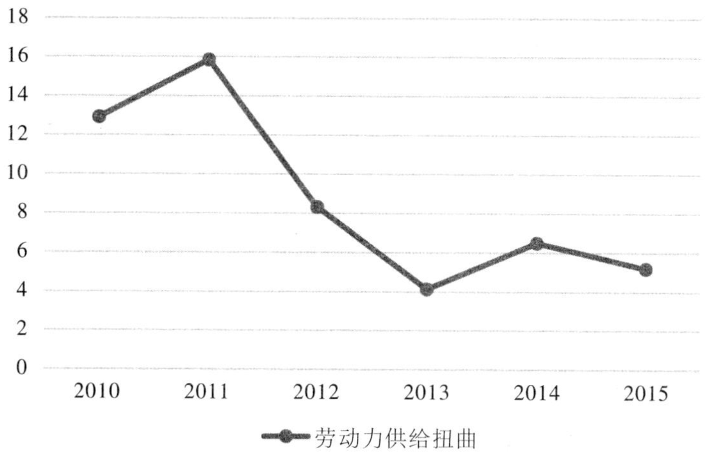

图3-26　2010—2015年中国高技术产业劳动力供给扭曲

从图3-26可以看出，2011年之后我国的劳动力供给扭曲在下降，一直到2013年出现了短期上升的情况。这与我国的相关政策是大体一致的。2011年东部与其他地区之间发展不平衡逐渐加大，所以“十二五”规划指出要将促进就业放在优先位置，加大收入分配调节力度，因此东部与其他三个地区的劳动力供给弹性不一致增加，劳动力供给扭曲下降。2014年，东北地区劳动工资增速缓慢，人才外流严重，劳动力供给弹性持续下滑，而中西部地区在此前承接产业转移的过程中劳动力供给不足，2014年开始进行劳动力培训，扩大劳动力供给，因此劳动力供给弹性开始上升与东北地区不一致发展，劳动力供给扭曲下降。

以固定资产总额的变动率除以金融机构贷款利率的变动率算出固定资产投资弹性，以信贷资金的年度变化率除以金融机构存款利率的变动率算出金融机构资本供给弹性（见表3-14）：

再根据资本供给扭曲度的公式计算出2010年至2015年的资本供给扭曲度（见表3-15）：

表3-14 **资本供给弹性**

年份	固定资产投资弹性	金融机构资本供给弹性
2010	1.3211	-0.4671
2011	-5.3249	3.2982
2012	-3.8895	-0.5937
2013	-2.2091	-1.8497
2014	-2.1865	-1.5906
2015	-0.4233	-0.7759

表3-15 **资本供给扭曲度**

年份	资本供给扭曲度
2010	3.8283
2011	2.6145
2012	-5.5511
2013	-0.1943
2014	-0.3746
2015	0.4544

从图3-27可以看出，2012年是一个转折点，2012年之前资本供给扭曲度是下降的，2012年之后资本供给扭曲度是上升的，最终趋于平缓。2012年以前我国金融改革效果明显，大大降低了资本供给扭曲度，2012年发生了国际金融危机，对我国的汇率和进出口总量产生了很大的影响，所以2012年之后短期内出现了资本供给扭曲度上升，但是随着我国政府的积极应对，最终影响较小，所以从2013年之后资本供给扭曲度趋于平缓。

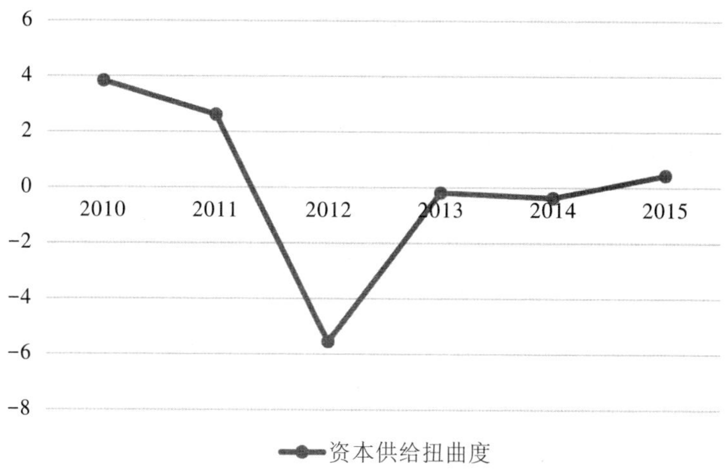

图3-27 2010—2015年资本供给扭曲度

3.3.3 对创新要素空间流动的评价

创新要素被界定为组织开展研发创新活动必须投入的生产要素，比如在创新活动中投入的人才资源、知识、研发资金等（陈菲琼，2011）。创新要素空间流动则是指单一创新要素在区域内或者区域间移动，或者多创新要素在区域内或者区域间组合运动的过程。宏观上看，创新要素空间流动是区域内创新要素配置效率低以及区域间创新要素分布不均、需求量差异所导致的创新要素在空间内自发流动以寻求最佳配置的结果。王钺和刘秉镰（2017）指出，创新要素空间流动通过促进区域技术进步、提高技术效率从而提高区域生产率。创新要素空间流动使得基础性的创新要素（如知识、技术）在一定空间范围内得以传播，通过市场自发选择，能够甄别出带有创新市场潜力和前景的前沿知识、技术手段，并且这种知识流动能够推动区域间各主体的协同创新合作行为，从而推动知识和技术手段的进一步发展。

与一些传统加工制造业以及一些服务行业相比，创新要素在高技术产业中处于更加关键的位置，研究我国高技术产业中创新要素的区域流动状况对分析目前各地区高技术产业发展状况及发展差异有着重要意义。本节将针对近五年来中国的高技术产业创新要素的流动情况做出分析及评价。

由于R&D人员以及R&D资本是创新要素中的主体部分，故本节采用高技术产业R&D人员以及R&D资本两个指标代表创新要素，研究高技术产业创新要素的流动情况。

本书借鉴白俊心等（2015）学者开发的测量创新要素空间流动情况的引力模型，定量研究高技术产业中创新要素空间流动情况。该数学模型的核心内容是两个区域间的创新要素流动量与其各自区域的总体经济发展水平成正比，与区域间的距离成反比。引力模型的基本表达式为：

$$M_{ij} = K \cdot N_i^{\alpha} \cdot N_j^{\alpha} \cdot R_{ij}^{-b} \tag{3-11}$$

其中，M_{ij}表示要素从区域i流动到区域j的数量；K表示引力系数，一般取1；N_i表示i区域的某种规模量；N_j表示j区域的某种规模量；α表示引力参数，一般取1；R_{ij}表示区域i与区域j之间的距离；b表示距离衰减指数，一般取2。

（1）高技术产业R&D人员区域流动度

根据引力模型，各省份高技术产业R&D人员区域流动度可以表示为：

$$FP_{ij} = \ln pe_i \cdot \ln wage_i \cdot R_{ij}^{-2} \tag{3-12}$$

其中，FP_{ij}表示高技术产业R&D人员从i省份流动到j省份的流动量；pe_i表示i省份中高技术产业R&D人员全时当量；$wage_i$表示j省份就业人员的平均工资水平，以表明j省份对于i省份中高技术产业R&D人员的吸引力；R_{ij}表示i省省会与j省省会之间的直线距离。

由i省流入其他省份的高技术产业R&D人员的总和可以表示为：

$$FP_i = \sum_{j=1}^{n} FP_{ij} \tag{3-13}$$

其中，FP_i表示由i省流入其他省份的高技术产业R&D人员的总和，即代表i省高技术产业R&D人员流动度，n为省份的个数。

本书研究时间段为2013年至2017年，高技术产业R&D人员全时当量来源于历年《中国科技统计年鉴》，各省份就业人员的平均工资数据来源于EPS全球统计数据库。

将我国划分为东部、中部、东北、西部四个区域，图3-28展示了2013—2017年间四个区域内高技术产业R&D人员流动度情况。可以看出，区域高技术R&D人员流动性从高到低排列顺序为东部、中部、东北、西部，并且该顺序五年间没有发生变化。此外，东北与西部高技术产业R&D人员流动量相差不大，但均明显低于中部、东部地区。

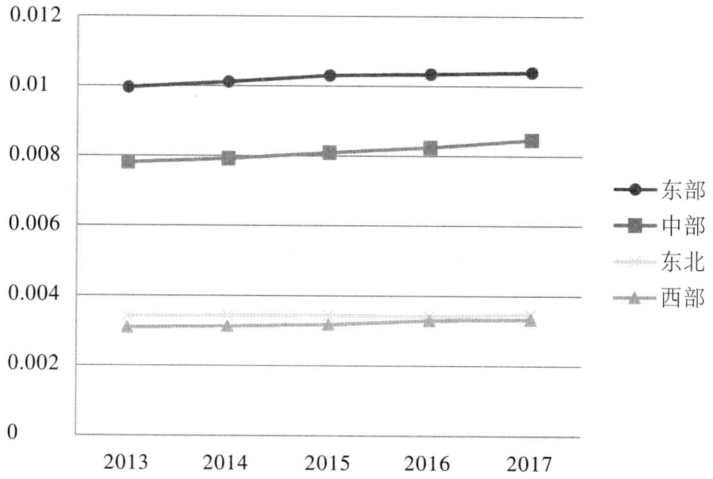

图3-28　2013—2017年各地区高技术产业R&D人员流动度

图3-29展示了各地区高技术产业R&D人员流动量的增速，东部、中部、西部地区的流动量的增速均大于0，说明五年来R&D人员流动量逐年增加，而2016年东北地区的R&D人员流动数量较2015年降低。其中，区域平均增长速度从大到小排列为中部、西部、东部、东北。五年来东部R&D人员流动数量增幅呈放缓趋势，中部增幅呈递增趋势，西部增幅先递增后减小，东北地区增幅逐渐减少，2016年甚至出现负增长，2017年增幅回升。

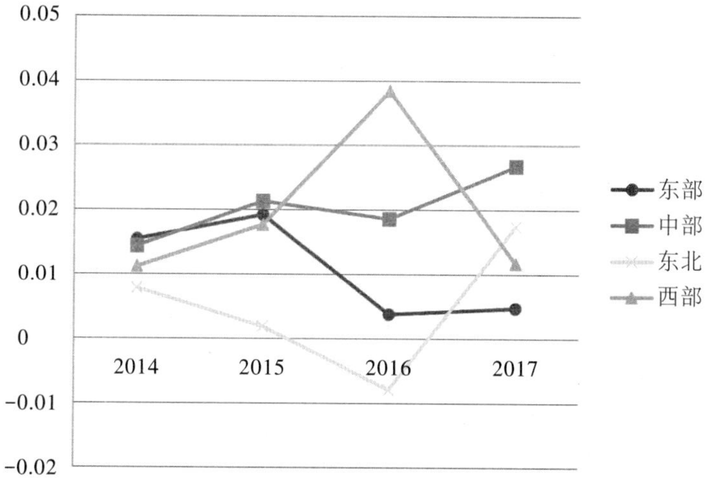

图3-29　2014—2017年各地区高技术产业R&D人员流动数量增速

通过数据测算，具体到省份层面而言，2013年到2017年间各省份高技术产业R&D人员流动数量变化不大。其中，2017年高技术产业R&D人员流动量排名前五的省份为北京、天津、江苏、安徽、河北。排名前五的省份有4个位于东部，仅安徽属于中部地区。

（2）高技术产业R&D资本区域流动量

根据引力模型，各地区高技术产业R&D资本区域流动量可以表示为：

$$FC_{ij} = \ln cp_i \cdot \ln GDP_j \cdot R_{ij}^{-2} \tag{3-14}$$

其中，FC_{ij}表示i省份流动到j省份的R&D资本数量；cp_i表示i省份R&D资本存量；GDP_j表示j省份GDP总值，以表征j省份对i省份R&D资本的吸引力；R_{ij}表示i省省会与j省省会之间的直线距离。

由于缺乏各地区高技术产业资本存量的统计数据，本书借鉴余泳泽（2015）的研究，使用修正的永续盘存法计算资本存量。修正的永续盘存法计算公式如下所示：

$$K_t = (1 - \delta)K_{t-1} + (1 - 0.5\delta)I_t \tag{3-15}$$

其中，t为时间，K为R&D资本存量，I为R&D资本流量，δ为折旧率。

由于基期的选择会影响到资本存量计算结果的准确性，所以以十年前为计算基础，即以2008年为基期。目前，有关研发资本存量折旧率选择主要在10%~20%之间，本书选择折旧率为20%。基期资本存量的确定参考余泳泽（2015）的研究，根据下列公式计算：

$$K_{t-1} = (1 - 0.5\delta)I_t/(g + \delta) \tag{3-16}$$

其中，g为考察期内R&D经费支出的几何增长率，经计算得33%。

由i省份流入其他省份的R&D资本的总和可以表示为：

$$FC_i = \sum_{j=1}^{n} FC_{ij} \tag{3-17}$$

其中，FC_i表示由i省份流入其他省份的R&D资本的总和，即代表i省份高技术产业R&D资本流动度，n为省份的个数。

本书研究时间段为2013—2017年，高技术产业R&D人员全时当量来源于历年《中国科技统计年鉴》，各省份就业人员的平均工资数据来源于EPS全球统计数据库。

首先，将我国划分为四个区域，分别是东部、中部、东北、西部地区，计算四个地区的高技术产业R&D资本流动量，再分别计算各省份高技术产业R&D资本流动量，深入分析我国各省份R&D资本流动量高低状况。

图3-30展示了2013年至2017年各地区高技术产业R&D资本流动度，五年间各地区高技术产业R&D资本流动度逐渐增加，区域高技术R&D资本流动性排序与区域高技术R&D人员流动性排序相同，从高到低排列顺序为东部、中部、东北、西部，从中可以看出R&D人员与R&D资本具有一致的趋向性。

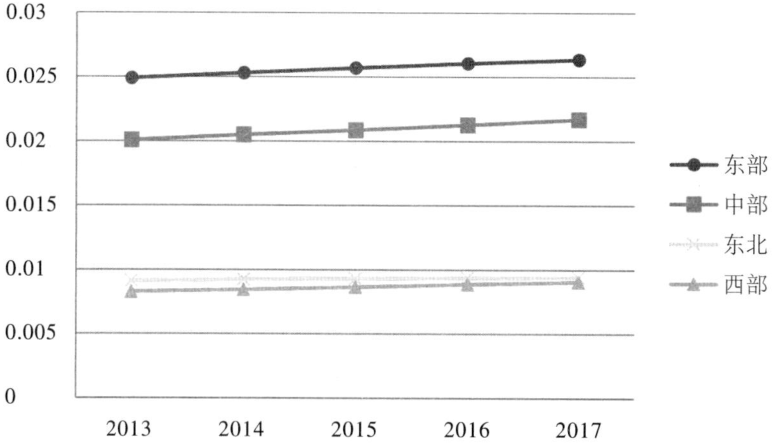

图3-30　2013—2017年各地区高技术产业R&D资本流动度

图3-31展示了各地区高技术产业R&D资本流动数量的增速，各地区的流动度的增速均大于0，说明五年来全国R&D资本流动数量逐年增加，其中区域平均增长速度从大到小排列为西部、中部、东部、东北。西部、中部增速呈升高趋势，东北、东部增速呈放缓趋势。

通过数据测算，具体到省份层面而言，在2013年到2017年间，各省份高技术产业R&D资本流动数量变化不大。其中，2017年高技术产业R&D资本流动量排名前五的省份为北京、天津、江苏、安徽、河北。排名前五的省份有4个位于东部，仅安徽属于中部地区。

（3）综合分析

本节使用高技术产业创新要素中的R&D人员流动度以及R&D资本

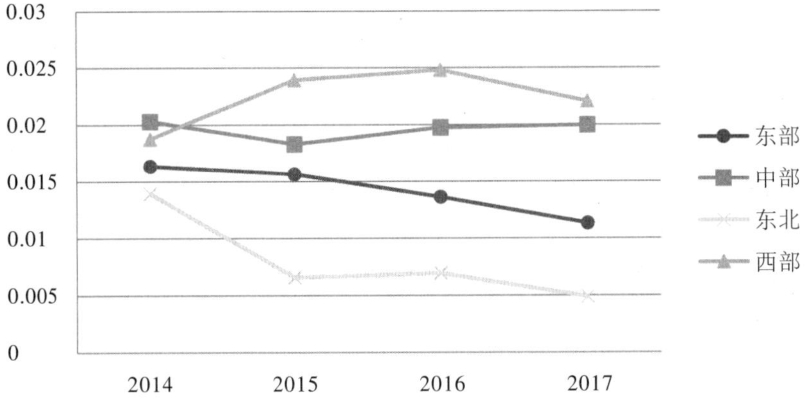

图3-31 2014—2017年各地区高技术产业R&D资本流动数量增速

流动度来表征高技术产业创新要素流动情况。为了便于将二者在一张图中展示出来（见图3-32），对数据进行标准化处理，纵轴表示的含义是本省份创新要素流动度占全国创新要素流动度的比例。各省份R&D人员流动度与R&D资本流动度基本相同，也从侧面体现了使用R&D人员以及R&D资本这两个指标代表创新要素的可行性。总体来说，高技术产业创新要素流动度较大的地区主要集中于经济程度较为发达的东部地区，北京是全国高技术产业创新要素流动程度排名之首，其次是天津、江苏、安徽、浙江、河北、上海等省份。西部地区和东北地区高技术产业创新要素流动度较低。

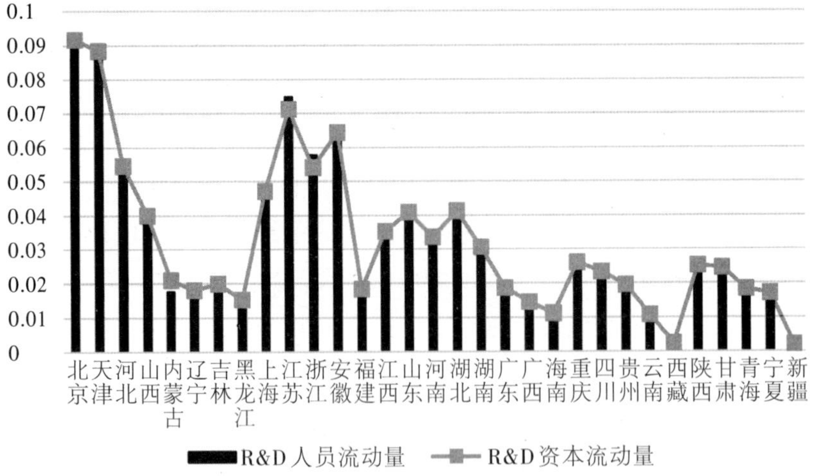

图3-32 2017年各省份高技术产业创新要素流动数量

3.3.4 对创新要素空间集聚的评价

产生创新要素空间集聚现象的原因是知识溢出所导致的原本不相关的创新主体之间产生了协同创新合作，从而产生了创新要素集聚现象（邱国栋和李作奎，2013）。方远平等（2013）对我国各省份创新要素分布规律进行研究后发现，我国区域创新要素呈现出高—高集聚和低—低集聚的两极分布的情况。周元元等（2015）发现目前的研究可以分为三个主要方向：创新要素集聚的前因研究；创新要素空间集聚对区域经济发展的作用以及影响机理；创新要素区域集聚水平研究。

以往文献多研究区域内全部创新要素的集聚现象，很少有文献研究我国高技术产业创新要素的空间集聚现象，本节将针对近五年来中国的高技术产业创新要素的集聚情况做出分析及评价。

采用区位熵方法测量高技术产业创新要素的集聚程度。区位熵是目前研究人员进行区位分析的常用方法，其定义为一个地区某个部门的产值占该地区总产值的比重与全国该部门的产值占全国总产值的比重的比率，可以用公式表示为：

$$LQ_{ij} = \frac{q_{ij}/q_i}{Q_i/Q} \tag{3-18}$$

其中，LQ_{ij}表示j地区的i产业在全国的区位熵，q_{ij}为j地区i产业的相关指标，q_i为j地区所有产业的相关指标，Q_i为在全国范围内i产业的相关指标，Q为全国所有产业的相关指标。本节采用高技术产业R&D人员以及R&D资本两个指标代表创新要素，研究高技术产业创新要素的集聚情况。

（1）高技术产业R&D人员集聚度

采用区位熵方法，高技术产业R&D人员的集聚度可以表示为：

$$RDP_j = \frac{q_j/q}{Q'/Q} \tag{3-19}$$

其中，RDP_j为高技术产业R&D人员的集聚度，q_j为j地区高技术产业R&D人员数量，q为j地区就业人数，Q′为全国高技术产业R&D人员数量，Q为全国就业人数。

本书使用上述公式研究2013—2017年高技术产业R&D人员的集聚程度，各地区高技术产业R&D人员全时当量来源于历年《中国科技统计年鉴》，各省份就业人数来源于EPS全球统计数据库。

首先，将我国划分为东部、中部、东北、西部四个区域，图3-33展示了2013—2017年间四个区域内高技术产业R&D人员集聚程度。区域高技术R&D人员集聚度从高到低排列顺序为东部、中部、东北、西部。东北、西部地区的集聚程度近两年来基本一致，中部地区集聚程度逐年增加，且增速较大。中部、西部地区R&D人员集聚程度五年间整体呈现上升趋势，东部、东北地区R&D人员集聚程度五年间整体呈下降趋势。

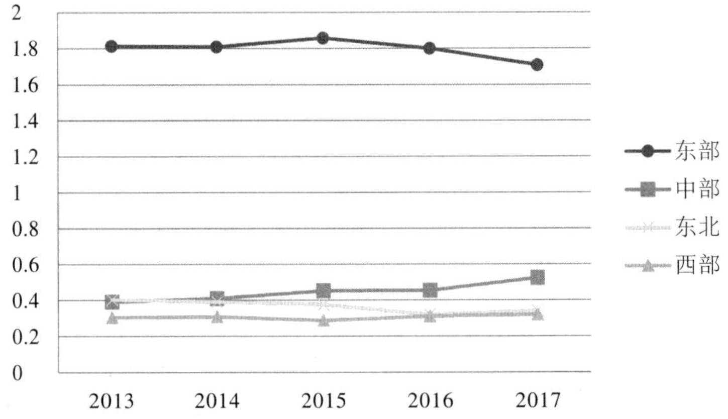

图3-33　2013—2017年各省份高技术产业R&D人员集聚度

通过数据测算，2013年至2017年高技术产业R&D人员集聚度具体到省份层面而言，高技术产业R&D人员多集聚于广东省、江苏省、浙江省、北京市、上海市、天津市、陕西省，其中广东省的R&D人员集聚程度远超其他省份。

（2）高技术产业R&D资本集聚度

采用区位熵方法，高技术产业R&D资本的集聚度可以表示为：

$$RDM_j = \frac{p_j/p}{P'/P} \tag{3-20}$$

其中，RDM_j为高技术产业R&D资本的集聚度，p_j为j地区高技术产业R&D经费支出，p为j地区的地区生产总值，P′为全国高技术产业R&D

经费支出，p为国内生产总值。

本节使用上述公式研究2013—2017年高技术产业R&D资本的集聚程度，各地区高技术产业R&D经费支出来源于历年《中国科技统计年鉴》，各省份地区生产总值来源于EPS全球统计数据库。

图3-34展示了2013年至2017年各地区高技术产业R&D资本集聚程度，R&D资本与R&D人员集聚度变化趋势同向变化。东北地区R&D资本集聚程度呈递减趋势，2013—2016年在全国四个地区中排名第三位，于2017年被西部地区反超，成为各地区中R&D人员集聚程度最小的地区，反映了东北地区高技术产业R&D资本流失比较严重。

通过数据测算，2013年至2017年高技术产业R&D资本集聚度具体到省份层面而言，高技术产业R&D资本多集聚于广东省、江苏省、浙江省、北京市、上海市、天津市等东部地区，以陕西省、四川省为代表的西部地区和以湖北省、湖南省为代表的中部地区集聚程度次高。

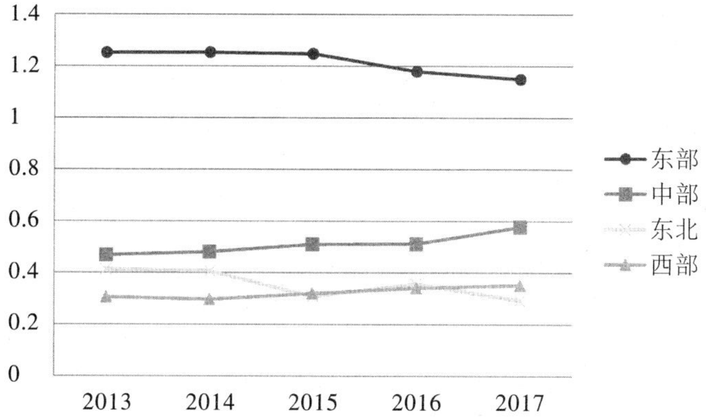

图3-34　2013—2017年各省份高技术产业R&D资本集聚度

（3）综合评价

本节使用高技术产业创新要素中的R&D人员集聚度以及R&D资本集聚度来表征高技术产业创新要素集聚情况。为了便于将二者在一张图中展示出来，对数据进行标准化处理，纵轴表示的是本省份创新要素集聚度占全国创新要素集聚度的比例。从图3-35可以看出，广东省高技术产业R&D人员及R&D资本集聚程度均远超全国其他省份。此外，图中反映出许多省份R&D人员集聚度与R&D资本集聚度存在不一致的情况，即存在高技术产业创新资源错配的现象，比如江苏省、浙江省、上海市、北京市、天津市高技术产业R&D人员集聚度均大幅超过其R&D资本集聚度，R&D人才数量很多，但仍缺失与之相匹配的研发资金支持。安徽省、湖北省、福建省、江西省、山东省、四川省、贵州省等省份高技术产业R&D资本集聚度均超过其R&D人员集聚度，说明这几个省份的高技术产业能够给其现有的R&D人员提供相应的研发资本，但R&D人员流失，无法使研发资本得到充分利用。

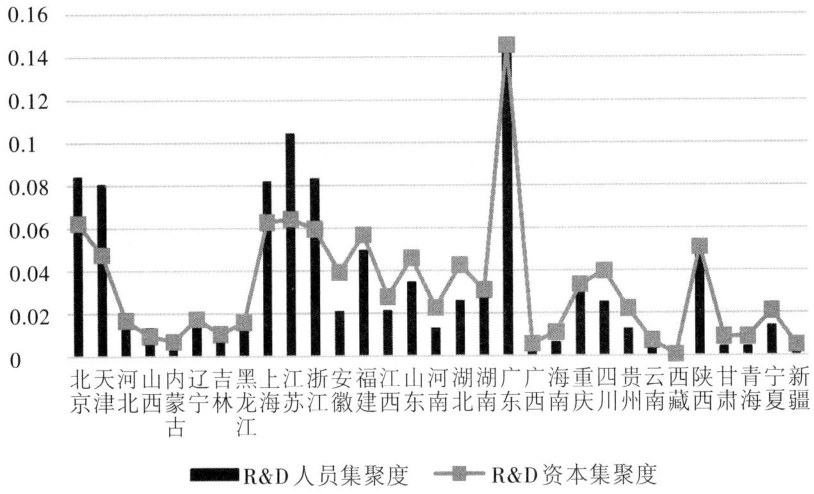

图3-35 2017年各省份高技术产业创新要素集聚度

3.3.5 对区域创新要素配置能力的评价

高技术产业创新要素配置能力是指高技术产业使用R&D人员、R&D资本等各种创新要素进行研发、生产，以求得最佳的创新成果产出以及经济效益的能力。本节参考范德成等（2015）在其研究中构建的中国工业技术创新资源配置评价指标体系，并考虑到研究对象为高技术产业，以及评价数据的可获得性，修改了部分指标，构建了高技术产业区域创新要素配置能力的评价指标体系，见表3-16：

表3-16 高技术产业创新要素配置能力评价指标体系

一级指标	二级指标	单位	变量
研发投入F_1	R&D人员折合全时当量	人年	F_{11}
	R&D经费内部支出	万元	F_{12}
	R&D项目经费	万元	F_{13}
非研发投入F_2	新产品开发经费支出	万元	F_{21}
	技术引进经费支出	万元	F_{22}
	消化吸收经费支出	万元	F_{23}
	购买境内技术经费支出	万元	F_{24}
	技术改造经费支出	万元	F_{25}
科技成果产出F_3	专利申请数	件	F_{31}
	有效发明专利	件	F_{32}
产业成果产出F_4	新产品销售收入	万元	F_{33}
	新产品出口交货值	万元	F_{34}

本节将对2017年各省份高技术产业创新要素配置能力进行评价。采用主成分分析方法确定评价指标体系的权重，计算出各省份高技术产业创新要素配置能力的综合评分值，评估全国各省份高技术产业创新要素的配置能力，分析各省份高技术产业创新要素配置能力的现状与不足。

主成分分析法是一种常用的降维方法，其理念是以最少的信息缺失，以少数几个指标代替多个指标。它将一组具有线性相关关系的变量，通过正交变换，转换成一组线性无关的变量，并根据方差的大小，从大到小排列。线性变换的过程并不改变这组变量的总方差，具有最大方差的变量即称为第一主成分，具有次大方差的变量即成为第二主成分，且与第一主成分线性无关。主成分分析法不失客观性地减少了变量之间的信息重复。

表3-16中涉及的2017年我国30个省份高技术产业创新要素配置评价指标均来自《中国科技统计年鉴2017》，进行主成分分析之前，原始

数据要进行标准化处理。

高技术产业创新要素配置能力得分计算步骤如下：

①KMO和巴特利特检验。将标准化处理后的数据进行主成分分析，首先可以得到KMO和巴特利特检验结果，KMO值小于0.5则不适合主成分分析。表3-17结果显示KMO值为0.836，巴特利特球形度检验显著，因此本节构建的评价指标体系适合进行主成分分析。

表3-17　**KMO和巴特利特检验**

KMO取样适切性量数	巴特利特球形度检验		
	近似卡方	自由度	显著性
0.836	1 327.321	66	0.000

②选择主成分。运用主成分分析方法时，根据不同的准则，选择主成分的个数不同，最终得到的高技术产业创新要素配置能力也有差异。基于累计贡献率85%准则、特征值大于1准则，共选取两个主成分（F_1和F_2）。表3-18展示了F_1和F_2的特征值和方差贡献率，二者累计贡献率为95.591%，即选择的主成分的累计解释力为95.591%。

表3-18　**特征值和方差贡献率**

主成分	特征根	贡献率（%）	累计贡献率（%）
F_1	10.404	86.700	86.700
F_2	1.067	8.891	95.591

③得到成分矩阵，如表3-19所示。

表3-19　**成分矩阵**

初始指标	F_1	F_2
R&D人员折合全时当量	0.981	0.104
R&D经费内部支出	0.995	-0.002
R&D项目经费	0.995	-0.003
新产品开发经费支出	0.994	-0.066
技术引进经费支出	0.942	-0.101
消化吸收经费支出	0.487	0.858

续表

初始指标	F_1	F_2
购买境内技术经费支出	0.923	-0.267
技术改造经费支出	0.859	0.389
专利申请数	0.993	-0.087
有效发明专利	0.960	-0.255
新产品销售收入	0.988	-0.017
新产品出口交货值	0.936	-0.098

④计算主成分表达式。由特征值以及成分矩阵可求得两个主成分的表达式：

$$F_1 = 0.304F_{11} + 0.308F_{12} + 0.308F_{13} + 0.308F_{21} + 0.292F_{22} + 0.151F_{23} + 0.286F_{24} + 0.266F_{25} + 0.308F_{31} + 0.298F_{32} + 0.306F_{33} + 0.290F_{34} \quad (3\text{-}21)$$

$$F_2 = 0.100F_{11} - 0.002F_{12} - 0.002F_{13} - 0.006F_{21} - 0.100F_{22} + 0.831F_{23} - 0.259F_{24} + 0.376F_{25} - 0.085F_{31} - 0.247F_{32} - 0.016F_{33} - 0.095F_{34} \quad (3\text{-}22)$$

⑤计算高技术产业区域创新要素配置能力得分及排序。根据 $F = 0.867F_1 + 0.089F_2$，得分及排序如表3-20所示：

表3-20　　高技术产业创新要素配置能力得分及排序

地区	配置能力得分	排序	地区	配置能力得分	排序	地区	配置能力得分	排序
广东	1.035	1	安徽	0.065	12	吉林	0.007	23
江苏	0.437	2	天津	0.059	13	广西	0.006	24
山东	0.223	3	重庆	0.051	14	内蒙古	0.005	25
福建	0.184	4	陕西	0.049	15	甘肃	0.004	26
浙江	0.172	5	河北	0.046	16	宁夏	0.003	27
上海	0.109	6	辽宁	0.036	17	海南	0.003	28
四川	0.103	7	江西	0.030	18	新疆	0.002	29
河南	0.094	8	贵州	0.018	19	青海	0.0008	30
北京	0.087	9	黑龙江	0.013	20	西藏	0.0007	31
湖北	0.082	10	云南	0.008	21			
湖南	0.069	11	山西	0.008	22			

图3-36展示出2017年各省份高技术产业创新要素配置能力及其排序，配置能力排名前十的省份为广东、江苏、山东、福建、浙江、上海、四川、河南、北京、湖北。排名越高说明该省份高技术产业利用创新要素产出创新成果以及产出经济利益的能力越强。

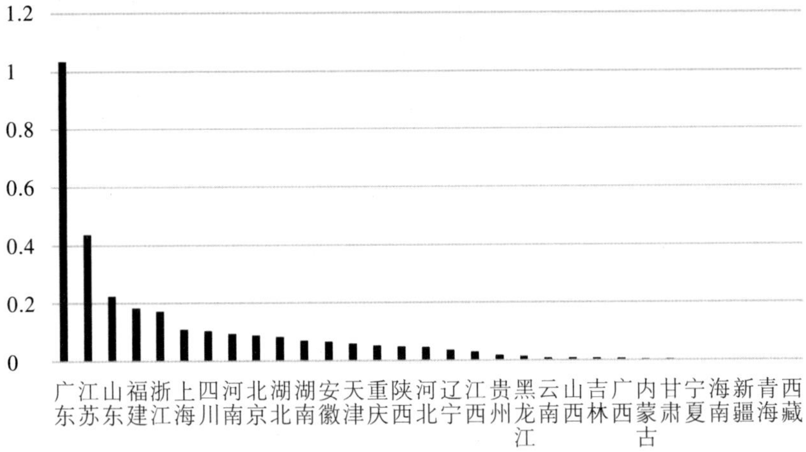

图3-36 2017年各省份高技术产业创新要素配置能力得分排序

3.4 本章小结

本章重点对高技术产业创新要素结构现状及扭曲程度进行了测评分析，首先从区域内基础资源禀赋情况、企业知识要素结构、创新能力要素结构以及创新政策环境等角度描述了高技术产业创新要素结构的基础禀赋和特征；随后考察了东北地区高技术产业创新要素结构的分布及区域创新的差异性与同构性，并重点对高技术产业创新要素结构进行测度和评价，包括对创新要素结构扭曲水平进行测算和分析，对创新要素空间流动、空间集聚和区域创新要素配置能力的评价等内容。

研究发现：①东北地区的工资水平相较于其他地区是偏低的，且一直存在大量高技术人才外流的情况，使得该地区的劳动力资本较低，但是可以看出东北地区的劳动力扭曲程度是在逐年下降的。②资本要素扭曲从大到小依次是东部、西部、东北、中部。四个地区的资本扭曲指数都是大于1的，实际价格存在低估。东部与中部地区的资本要素扭曲度逐年降低，中部地区基本未发生改变，而东北地区的资本要素扭曲度有小幅度上升。③东北地区产业规模和产业贡献是持续扩大的，在政府的作用下，资本边际产出有了小幅度增加。

通过测度并对比分析高新技术产业创新要素结构的区域差异性及同构性，得到东北地区创新要素结构扭曲的特征事实，为后文具体分析其对区域内技术创新效率的影响奠定基础。

4　高技术产业技术创新效率的测度与变动分析

4.1　技术创新效率的测量方法及数据来源

4.1.1　测量方法

(1) 数据包络分析（DEA）

从目前的研究来看，学者们在对技术创新效率进行测量时，主要使用数据包络分析与随机前沿分析这两种方法。其中，数据包络分析（DEA）在对决策单元进行评估时，会依据投入、产出等一些数据，并对有多个投入、产出的复杂系统进行评估，属于非参数分析方法。随机前沿分析（SFA）在估计前沿生产函数时，使用的是计量方法。该方法对实际生产单元同前沿面之间的偏离进行分解，使其由随机误差、技术无效率这两部分构成，这属于参数方法。

SFA方法同DEA方法相比，优势在于其能够对测量问题可能引起的随机误差做出考虑，从而保证不会把随机误差产生的原因视作效率的不同。使用SFA方法给研究者进行模型设定提出了非常高的要求，若达不到一定的标准就会使结果出现严重的误差，并且该方法更适宜在多投入、单产出的情况下应用，而本书的研究对象是有着多个投入和产出的复杂系统，其并不是适合本书使用的方法，DEA方法则更适用。因此，在对高技术产业技术创新效率测量时，选择数据包络分析方法。

为探究每个投入要素对技术创新效率的影响，数据包络分析方法基于数学规划，直接对生产可能集的前沿面进行构建，在这一过程中也应用了全要素生产理论。目前，数据包络分析方法的应用领域也十分广泛，如管理科学、决策分析等多个领域。因此，本书在测量东北地区高技术产业的创新效率时，使用数据包络分析方法，并主要采用DEA-BCC和DEA-CCR这两种模型。在对模型进行介绍前，首先要对数据包络分析方法中涉及的相关概念进行详细介绍，以便对该方法有更细致的了解。

①输入与输出。在数据包络分析方法中，输入、输出作为DMU的描述变量，属于最基本的元素。输入是指DMU所消耗的必要生产要素。例如，银行的输入可以被设置成员工人数、固定资产价值等。输出是指DMU在相对应的输入下产生的结果。还是以银行为例，其输出可以是储蓄金额、贷款金额等。

②决策单元。在实际生活中，一个组织或一个经济系统都能够作为决策单元，其对应的范围比较宽泛。决策单元属于独立的主体，既包含输入又有输出。在一定的条件下，经历某一变化过程后，输入就会转成为输出。此外，营利机构、非营利机构这两种不同类型的机构都可以作为决策单元。能够满足一定的限制条件的决策单元则属于同一种类型。

③生产可能集。生产可能集是指在现有技术条件、外部环境下，每个DMU能够涵盖的全部输入和输出关系的可能生产集合。例如，不同决策单元的输入项用X表示，输出项用Y来表示。那么，（X，Y）

就代表全部DMU的生产活动。从而就可以用下述公式来表示生产可能集：

T={（X，Y）|投入X可以产出Y}

④生产前沿面。生产前沿面是指在一定条件下调整输入和输出项，令其中一项不变，另外一项向理想状态靠近的生产结果，最后出现的最有效的输入、输出向量的集合。此外，生产前沿面也可以表示为生产可能集内的一条有效的投入产出数据包络线。

A.CCR模型。

CCR模型主要用于评价以不变的规模收益为基础的决策单元的效率，以下是其投入产出的基本函数式：

$$\begin{aligned} & x_j = \left(x_{1j}, x_{2j}, \cdots, x_{mj}\right)^T \\ & y_j = \left(y_{1j}, y_{2j}, \cdots, y_{sj}\right)^T \\ & j = 1,2,\cdots,n \end{aligned} \tag{4-1}$$

给每一个投入、产出都赋予一个适当的权重，令x_j的权重为v_j，y_k的权重为u_k（$1 \leqslant j \leqslant m$，$1 \leqslant k \leqslant s$），则第j个决策单元的投入产出比为：

$$h_j = \frac{u^T y_j}{v^T x_j} = \frac{\sum_{k=1}^{s} u_k y_{kj}}{\sum_{i=1}^{m} v_i x_{ij}} \ (j = 1,2,\cdots,n) \tag{4-2}$$

适当选取v_j和u_k，构造CCR模型：

$$\begin{cases} \max\limits_{u,\ v} \dfrac{\sum_{k=1}^{s} u_k y_{kj}}{\sum_{i=1}^{m} v_i x_{ij}} = V_P \\ S.T. \dfrac{\sum_{k=1}^{s} u_k y_{kj}}{\sum_{i=1}^{m} v_i x_{ij}} \leqslant 1,\ j = 1,\ 2,\ \cdots,\ n \\ u_k,\ v_i \geqslant 0 \\ i = 1,\ 2,\ \cdots,\ m \\ k = 1,\ 2,\ \cdots,\ s \\ j = 1,\ 2,\ \cdots,\ n \end{cases}$$

在此基础上转化为线性规划模型：

$$
\boxed{(P)}\begin{cases}\max \mu^T y_0 = V_P \\ S.T.\ \omega^T x_j - \mu^T y_j \geqslant 0,\ j = 1,\ 2,\ \cdots,\ n \\ \omega^T x^0 = 1 \\ \omega \geqslant 0,\ \mu \geqslant 0\end{cases}
$$

（D′）

进一步推导出：

$$
\boxed{(D')}\begin{cases}\min\theta \\ S.T. \sum_{j=1}^{n}\lambda_j x_j \leqslant \theta x_0 \\ \sum_{j=1}^{n}\lambda_j y_j \geqslant y_0 \\ \lambda_j \geqslant 0,\ j = 1,\ 2,\ \cdots,\ n \\ \theta\text{无约束}\end{cases}
$$

$$
\boxed{(D)}\begin{cases}\min\theta \\ S.T. \sum_{j=1}^{n}\lambda_j x_j + s^+ = \theta x_0 \\ \sum_{j=1}^{n}\lambda_j y_j - s^- = y_0 \\ \lambda_j \geqslant 0,\ j = 1,\ 2,\ \cdots,\ n \\ \theta\text{无约束},\ s^+ \geqslant 0,\ s^- \geqslant 0\end{cases} \tag{4-3}
$$

设θ^*为线性规划（D）的最优值，同时，θ^*也是DMU的技术创新效率。CCR模型可以对技术创新活动能否既满足技术有效又满足规模有效作出评估。结论：若$\theta^*=1$，且满足$s^{*-}=s^{*+}=0$，认为DMU是DEA有效。此时，DMU的技术创新活动就是同时满足了技术有效与规模有效。当其他条件相同时，如果上式不为0，就意味着产出不足；如果$\theta^*<1$，就说明DMU的技术创新活动效度不大。

B.BBC模型。

BBC模型与CCR模型在分析DMU的规模报酬方面分别有不同的作用。在现实生活中，DMU生产过程的规模报酬处于一种可变的状态，可能是规模报酬递增，也有可能是规模报酬递减。然而，对于CCR模型来说，由于其前提假设是固定规模收益，因此无法利用其对DMU规模报酬的变化进行分析。BBC模型属于可变规模收益的模型，恰好弥补了这一不足。该模型是学者们利用生产可能集的四个公理以及Shepard距离函数来建立的。线性形式的BBC模型如下所示：

$$
\begin{cases}
\theta^{*} = \min\theta \\
\sum_{j=1}^{n}\lambda_j X_j + S^{+} = \theta X_0 \\
\sum_{j}^{n}\lambda_j Y_j - S^{-} = Y_0 \\
\sum_{j=1}^{n}\lambda_j = 1,\ j = 1,\ 2,\ \cdots,\ n \\
\lambda_j \geqslant 0,\ S^{+} \geqslant 0,\ S^{-} \geqslant 0
\end{cases}
\tag{4-4}
$$

在上述公式中，产出松弛变量用S^+来表示，投入松弛变量则是S^-，DMU的有效性是θ。θ^*则是决策单元有效性的最优解，同时，其也表示DMU_j的技术创新效率。当$\theta^*=1$，且$S^{*-}=S^{*+}=0$时，决策单元有效，且其规模报酬是最优状态，意味着决策单元充分地利用了创新资源。当$\theta^*=1$，但$S^{*-}\neq0$或$S^{*+}\neq0$时，DMU弱有效，仍有提升改善的空间，其技术水平、规模水平不是同时有效。当$\theta^*<1$时，决策单元的状态是非DEA有效，表明创新资源未得到充分良好的利用。

（2）Malmquist指数

Malmquist指数首先由Sten Malmquist（1953）提出。之后Caves等用其来对生产效率的变化进行测算。Charnes等学者则在此后利用其构建了非参数Malmquist指数分析法，该分析法的构建过程也融合了数据包络分析方法。但在目前的实证研究中，学者们大多选择使用以数据包络分析方法为基础的Malmquist指数法。该方法由Fare等学者构建，且已被广泛应用于技术创新效率等相关研究中。对于有着多产出、多投入的DMU来说，用Malmquist指数法来分析其技术创新效率是非常合适的。因此，该方法适合本书的研究。总的来说，该指数法有以下几方面优点：第一，Malmquist指数法可以将产业创新效率进行分解，分解后由技术效率、技术进步率构成。而技术效率还可以继续被分解，从而对东北地区高技术产业的分析更为全面和深入。第二，使用该方法后，就不用消耗精力去获取一些价格信息。第三，有利于对多个年份的数据进行整体分析。因此，本书选择Malmquist指数法，并结合东北地区的高技术产业面板数据来对相关研究内容进行分析。

以下是该方法的主要思路：在t期到t+1期，构建出全要素生产率增长的Malmquist指数M_0（x_{t+1}，y_{t+1}，x_t，y_t）（简称TFP）：

$$M_0(x_{t+1},y_{t+1},x_t,y_t) = TFP = \left[\frac{d_0^t(x_{t+1},y_{t+1})}{d_0^t(x_t,y_t)} \times \frac{d_0^{t+1}(x_{t+1},y_{t+1})}{d_0^{t+1}(x_t,y_t)}\right]^{1/2} \quad (4-5)$$

（x_{t+1}，y_{t+1}）、（x_t，y_t），分别为t+1时期的投入向量、t时期的产出向量。d_0^t、d_0^{t+1}分别是相应时期中，把t时期技术T_t当作参照的距离函数。TFP还可以进行分解，由技术效率变化指数（简称EC）、技术进步指数（简称TC）构成。相应地，公式（4-5）也可以这样写：

$$TFP = \frac{d_0^{t+1}(x_{t+1},y_{t+1})}{d_0^t(x_t,y_t)} \times \left[\frac{d_0^t(x_{t+1},y_{t+1})}{d_0^{t+1}(x_{t+1},y_{t+1}C)} \times \frac{d_0^t(x_t,y_t)}{d_0^{t+1}(x_t,y_t)}\right]^{1/2} = EC \times TC \quad (4-6)$$

TFP表示DMU从t期到t+1期的生产率变化程度。如果TFP>1，则表明全要素生产率呈现出上升的趋势。如果TFP<1，则意味着全要素生产率的降低。TC能够对某一时期内DMU生产技术的变化程度进行测量，能反映技术的进步、创新程度。TC>1反映的是技术进步，反之则是技术退步。EC则可以对某一时期内DMU组织管理水平的变化进行测量。EC>1意味着DMU的组织管理水平提高，反之说明其水平降低。EC又可以由纯技术效率指数（简称PC）、规模效率指数（简称SC）这两项指数组成。若PC>1，则反映了变动规模报酬下，DMU的效率提高，反之则意味着效率下降。若SC>1，则表示t+1期比t期更趋近于固定规模报酬，SC<1时则相反，意味着其趋向于远离固定规模报酬。

4.1.2 变量指标选取

高技术产业技术创新效率的评价指标，是评估某个地区的技术创新是否有效的重要工具。影响因素在不断变化，表现形式也是多方面的。因此，构建一个全面的、科学的以及有效的评价指标体系就显得十分重要。根据以往的研究经验，本书总结出高技术产业技术创新效率评价指标的选择应该遵循以下原则：

第一，全面性原则。对一个地区高技术产业技术创新效率的评价，可以综合反映该地区的技术创新工作，这涉及高技术产业技术创新的各个方面，包括新思想的创造与产生，研究与开发活动，技术试验等。通过一系列创新活动，改进了旧工艺技术，创造了新工艺或制造出新产品。要以全面、综合的思维对高技术产业的技术创新进行分析，不应忽视技术创新初期新思想萌芽的技术开发阶段，也不能只关注基于新思想的新工艺或新产品的技术转化成果阶段。

第二，针对性原则。在选择高技术产业技术创新效率评价指标时，不仅要考虑其全面性，还要强调指标的针对性。对反映技术创新效率的指标变量进行针对性的选择，采取“具体问题具体分析”的原则，更具体地反映不同阶段的创新活动，以保证能最准确地反映创新活动各阶段的技术创新效率存在的问题。

第三，科学性原则。对高技术产业技术创新效率的评价是否科学，很大程度上取决于反映技术创新的评价指标变量的确定以及其数据采集的科学性。因此，应结合高技术产业技术创新过程本身所具有的内涵与规律来构建评价高技术产业技术创新的指标变量，选择能同时从多个方面科学地反映高技术产业技术创新活动的指标。同时，科学地从权威部门提供的信息资料或使用已经过科学论证的数据分析方法来获取指标数据，以更为客观、全面地反映某一指标的状况。

第四，可操作性原则。衡量高技术产业技术创新效率的评价指标应有可操作性和实用性。因此，在选择评价指标时应当在可以反映高技术产业技术创新活动的基础上尽可能地简单化。简化指标所代表的意义，不应该大而宽泛，应该是小而精炼的。

第五，可获得性原则。评估技术创新效率的评价指标数据应该具有可获得性。在进行选择时，除了关注评价指标对于分析高技术产业技术创新投入与产出来说所具有的代表性，也要注重评价指标数据的可获得性。一方面要能够获取相关数据，另一方面也要尽量选择可以量化的评价指标，尽可能避免选择受人为因素影响较多的指标。具体而言，所选取的评价指标的数据应该是较容易获取的，如从权威部门处获取的统计信息和资料，借助一定的简单数学运算可以获取，或在进行现场调研时，获取具有科学性的且能通过检验的实时数据等。

本书将依据上述五个原则来进行相关评价指标的选择。由于相关研究的方法、目的不尽相同，学者们对指标的选择也存在差异。官建成等

（2009）把研发经费、科学家与工程师的全时当量、新产品经费和技术改造经费当作投入指标，把申请授权的发明专利数、新产品销售收入、新产品出口收入作为产出指标。肖仁桥等（2012）为了反映人力资本投入，用研发人员全时当量这一指标来表示。为了反映资本投入，则用研发经费等四项费用之和来表示。同时，为反映第一阶段的产出，使用了所拥有专利发明数量、申请专利数量这两项指标；第二阶段，则使用新产品产值、销售收入这两项指标。

上述研究为许多学者提供了参考。魏洁云等（2011）用新产品销售收入、所拥有发明专利数这两项指标来反映产出情况，用新产品开发经费、研发活动人员折合全时当量、研发经费内部支出这三项指标来表示投入情况，以此来分析高技术产业的研发效率。杨清可等（2014）则用企业数量、研发经费内部支出、固定资产投资额、从业人员人数这四项指标来反映投入情况，用产业总利润、产业总产值这两项指标来反映产出状况。张立杰等（2019）通过选取一定的指标分析了高技术产业技术研发效率、技术转化效率。他们将其创新过程分为技术研发、技术转化这两个阶段：在第一个阶段，选取研发人员全时当量、R&D经费内部支出这两项指标来反映该阶段的投入情况，选取专利申请量这一指标来反映该阶段的创新产出状况。在第二个阶段，选取高技术产业从业人员平均人数、新产品开发经费支出这两项指标来反映该阶段的创新投入情况，选取新产品销售收入这一指标来反映该阶段的创新产出情况。

高技术产业有研发密集的特性，这一特性在制造业等产业上则相对体现得不明显。高技术产业若想开展技术创新，就必定需要借助高度密集的研发活动。本书认为，在选取相关指标时，需要把关注点放在产业技术创新活动中的研发活动上。在进行相关分析时，应重点关注R&D活动的相关投入与产出情况。同时，技术创新活动能否很好地转化成一定的成果对高技术产业来说也十分重要。在对创新活动的产出情况进行分析时，也应重点关注市场效益因素。结合高技术产业的特性和评价指标选取原则，依据已有研究的分析过程，进行相关指标的选取。

在创新投入上，本书用R&D经费内部支出、新产品开发经费这两项指标来反映资本投入情况，用研发人员折合全时当量这一指标来反映人力投入情况。

在创新产出上，有学者认为把专利数据作为反映产出情况的指标较为片面，因其并不是创新活动的全部产出所在，但相当一部分的研究人员认为用专利数据来反映产出情况是合适的，毕竟希冀于学术性、理论性的研究来全面反映现实生活是不够现实的。同时，由于世界各个国家、地区的专利数据在搜集获取时都十分容易，这使得本书搜集数据的难度降低。由于学者们在进行相关研究时都会用专利数据，这有利于研究结果之间的相互比较。从官方的数据来看，一般有专利申请数、拥有发明专利数这两种。国外的研究人员在进行相关研究时，大多数会选择使用专利申请数来作为衡量产出的指标。这是因为Griliches（1990）的研究发现，拥有发明专利数这一指标较易受到多种复杂因素的干扰，如政府、人为等因素，这使得该指标较易产生变动，不利于研究的进行。相比之下，专利申请数不容易受到某些因素的干扰和影响，更为稳定，选择该指标也更有利于研究的进行。除此之外，选择以专利数来衡量技术创新产出，主要是因为该指标数据的相对真实和可靠性。但是，在实际生产活动中，能够真正得到应用的专利不足50%。同时，不同的产业与企业申请专利的意愿有着差异，比如有部分企业可能会为了保护自身的核心技术而不愿意申请专利。所以专利数的呈现也不能较准确地反映实际情况，有一定的局限性。

表4-1列示了本书衡量高技术产业技术创新效率的五个测度指标。其中R&D经费内部支出、新产品开发经费、研发人员折合全时当量这三项指标用于衡量创新活动的投入；专利申请数量、新产品销售收入这两项指标用于衡量创新活动的产出。

表4-1 **高技术产业创新效率投入与产出指标**

<table>
<tr><th>投入变量</th><th>产出变量</th></tr>
<tr><td>R&D经费内部支出</td><td rowspan="2">专利申请数量</td></tr>
<tr><td>新产品开发经费</td></tr>
<tr><td>研发人员折合全时当量</td><td>新产品销售收入</td></tr>
</table>

4.1.3 数据来源说明

考虑到数据的可得性以及基于DEA的Malmquist指数法对数据的要求，本书将东北地区三个省作为决策单位，由三个省的数据组成分析东北地区高技术产业技术创新效率的样本，并选择了1996—2016年的数据作为分析样本。本书的数据来自《中国高技术产业统计年鉴》和《中国统计年鉴》。在开始分析之前，要对数据进行相应的处理。首先要对相关变量进行价格平减处理来消除价格因素波动的影响，其次是考虑到研发投入作用于研发产出需要一定的时间，需要设置研发产出相对于研发投入的滞后期。

（1）R&D经费内部支出和新产品开发经费支出的平减处理

本书将朱平芳与徐伟民（2003）建立的R&D价格指数作为平减依据，用消费者价格指数PI_c同固定资产投资价格指数PI_i的加权平均值得出R&D价格指数PI_{in}，两者权重分别为0.55和0.45，即R&D价格指数$PI_{in}=0.55*PI_c+0.45PI_i$，平减处理方法如下：

$$x_{in} = \frac{x_{in}^*}{PI_{in}} \tag{4-7}$$

其中，x_{in}^*是名义R&D投入统计指标，x_{in}是实际R&D投入统计指标，PI_{in}为测算的R&D投入价格指数（以1995年为基期，$PI_{in}=100$）。把1996年当作基期，分别对三个省的高技术产业R&D经费内部支出与新产品开发经费支出进行平减处理。

（2）新产品销售收入的价格平减处理

把地区工业产品出厂价格指数PI_p当作平减依据，对三个省份的高技术产业新产品销售收入进行平减处理。处理方法如下：

$$x_{out} = \frac{x_{out}^*}{PI_p} \tag{4-8}$$

其中，x_{out}^*代表名义高技术产业新产品销售收入，x_{out}表示实际高技术产业新产品销售收入，PI_p为地区工业产品出厂价格指数（以1996年为基期，$PI_p=100$）。把1996年当作基期，对三个省份的高技术产业新产品销售收入进行平减。

(3) 设置滞后期

在高技术产业进行创新活动的相关投入后，其产出并不能在短时间内得到，而是具有一定的滞后性。因此，本书参考大部分研究人员的解决办法，把滞后期设为两年。相应地，在选择自变量时，使用1996—2014年的研发投入数据；在选择因变量时，则用1998—2016年的产出数据。利用DEAP 2.1软件来对东北三省高技术产业的创新效率进行测算。

4.2 高技术产业技术创新投入与产出情况

本书在进行数据搜集与整理的过程中，关注重点放在了研发人员投入、研发经费支出这两项数据上。如上文所示，参考已有的研究并考虑到数据的稳定性以及获取难度，选择专利申请数、新产品销售收入这两项指标来衡量创新产出。

4.2.1 以研发人员衡量的技术创新投入

R&D全时人员是指全年从事研发活动的累计时间占所有工作时间的比例达到90%及以上的人员；R&D人员全时当量（人年）则是指R&D全时人员的工作量与非全时人员依据实际工作时间折算后的工作量之和。

(1) 东北地区研发投入规模快速增长

从表4-2可以看出，1996—2014年，东北地区高技术产业的R&D人员全时当量得到了快速增长，从7 634人年增至17 115人年，增长了1.24倍，年均增长率为4.59%，最大同比增长率分别为82.51%和80.18%。

表4-2　东北三省高技术产业研发人员投入情况

年份	R&D人员折合全时当量（人年）	同比增长率
1996	7 634	—
1997	13 755	80.18%

续表

年份	R&D人员折合全时当量（人年）	同比增长率
1998	7 082	-48.51%
1999	8 281	16.93%
2000	7 106	-14.19%
2001	12 969	82.51%
2002	11 499	-11.33%
2003	9 689	-15.74%
2004	8 315	-14.18%
2005	12 219	46.95%
2006	11 525	-5.68%
2007	12 118	5.15%
2008	12 470	2.90%
2009	12 194	-2.22%
2010	10 615	-12.95%
2011	13 481	27.00%
2012	17 195	27.55%
2013	16 629	-3.29%
2014	17 115	2.92%
年均增长率	4.59%	

资料来源：根据历年《中国高技术产业统计年鉴》的相关数据计算得出。

（2）东北地区各省规模差异显著，辽宁省占优势

如图4-1所示，1996—2014年，黑龙江省高技术产业R&D人员全时当量占全国总量的比重处于波动的状态，但总体呈现上升的趋势；吉林省的比重呈现出平缓的发展趋势，总体来说略有上升；辽宁省的比重在三省中优势非常明显，远高于其他两省，但呈现出缓慢下降的趋势，从1996年的63.54%降至2014年的49.41%。综合而言，东北各省高技

术产业R&D研发人员投入差异较大，但有减小的趋势，辽宁省的优势依然很明显。

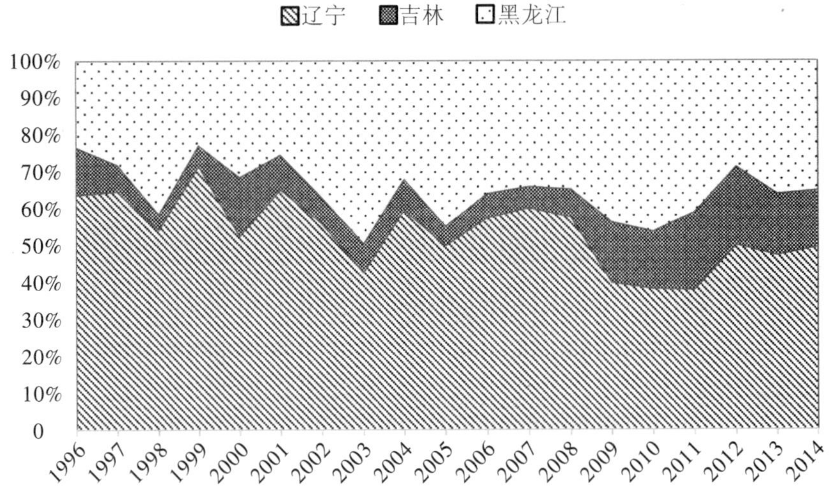

图4-1 东北三省高技术产业R&D人员全时当量比重变化

数据来源：《中国高技术产业统计年鉴》（1997—2015）。

4.2.2 以研发经费支出衡量的技术创新投入

在衡量“研发经费支出”这一指标时，可以参考《中国高技术产业统计年鉴》的做法，使用“R&D经费内部支出”和“新产品研发经费支出”这两项统计数据作为对“研发经费支出”指标的衡量。其中，“R&D经费内部支出”是指企业用于内部R&D的支出，除了企业直接投入到R&D活动的直接支出，还包括一些与R&D活动相关的间接支出，如货物管理费用、基本建设费用和服务费用。“新产品研发经费支出”是指企业在开发新产品过程中，由于进行开发、设计、测试等一系列活动等而产生的费用支出。根据统计数据，能够得到如下结论：

（1）东北地区支出总量迅速增长，始终处于强劲上行通道

图4-2展示了1996年至2014年东北地区高技术产业R&D经费内部支出情况。整体而言，R&D经费内部支出总量呈现迅速攀升的态势。按照当年价的方式计算，从1996年至2014年，R&D经费内部支出从29 393万元攀升至510 538万元，年均增长率达到了17.19%，增长了

16.4倍，同比增长率最高达到了66.04%，呈现出非常强劲的涨势。

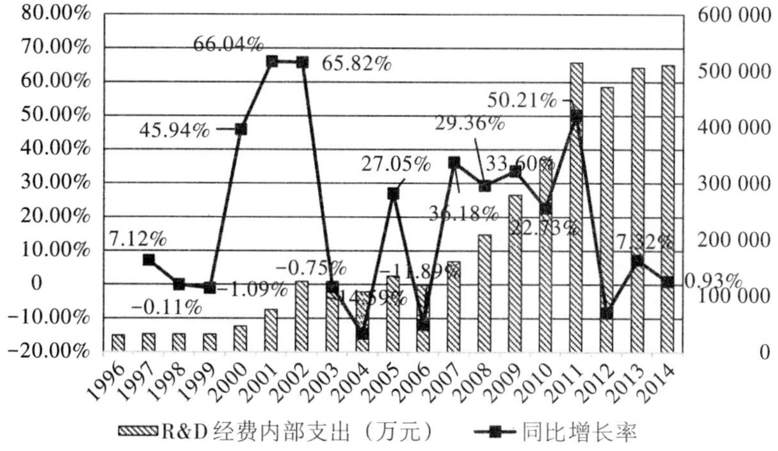

图4-2 东北地区高技术产业R&D经费内部支出变化情况

数据来源：《中国高技术产业统计年鉴》（1997—2015）。

图4-3则展示了1996年至2014年间东北地区高技术产业新产品开发经费支出情况。整体而言，新产品开发经费支出总量同样呈现迅速攀升的态势。按照当年价的方式计算，从1996年至2014年，新产品开发经费支出从24 243万元攀升至501 825万元，年均增长率达到了18.33%，增长了19.7倍，同比增长率最高达到了106.64%，稳居强劲上行通道。

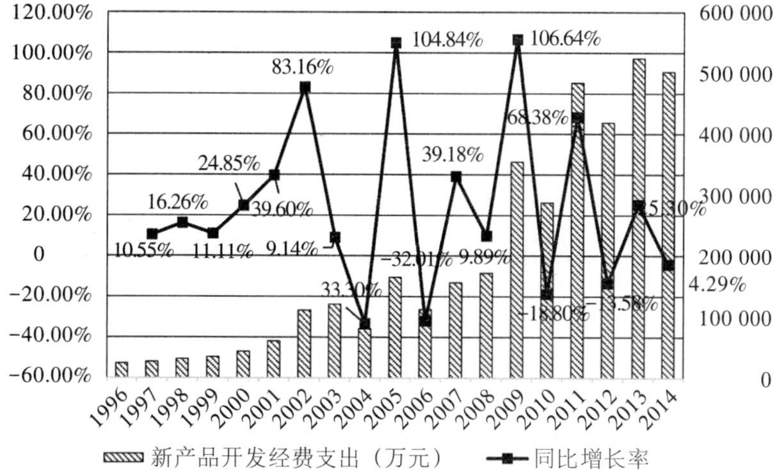

图4-3 东北地区高技术产业新产品开发经费支出变化情况

数据来源:《中国高技术产业统计年鉴》(1997—2015)。

(2) 东北各省R&D支出规模差距明显

1996—2014年,辽宁省高技术产业R&D内部经费支出占有绝对优势,按当年价格计算年均增长率达16.09%,黑龙江省和吉林省相应的年均增长率分别为21.15%、16.15%,可以看出,东北三省中黑龙江省的年均增长率最高。辽宁省的高技术产业R&D经费内部支出始终占据绝对优势,总体来说其比重的变化并不明显。此外,黑龙江省的占比略有提高;吉林省则始终处于劣势地位,其比例也没有较明显的变化。东北三省的支出规模差异一直都很大。东北三省高技术产业R&D经费内部支出的比重变化如图4-4所示:

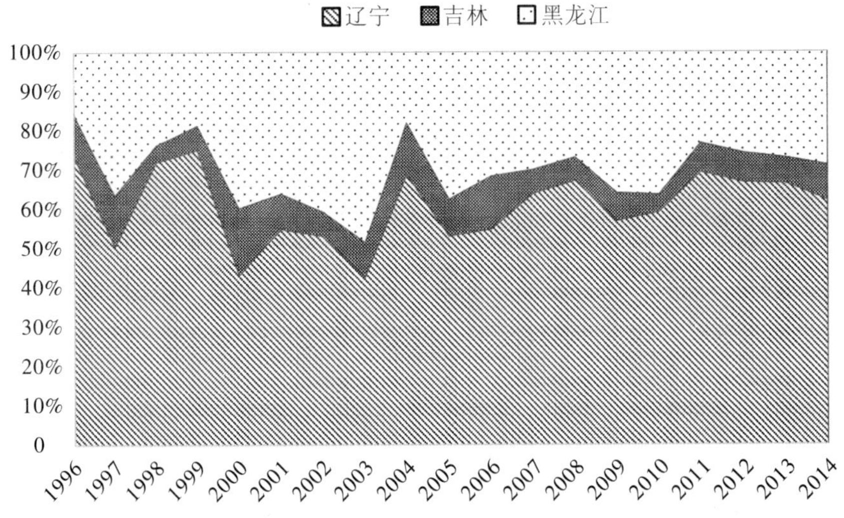

图4-4 东北三省高技术产业R&D经费内部支出的比重变化

数据来源:《中国高技术产业统计年鉴》(1997—2015)。

按当年价格计算,1996—2014年,从新产品开发经费的年均增长率来看,黑龙江省与辽宁省和吉林省相比相对较高。按照占比来看,虽然辽宁省占东北地区总量的比重变化不大,但辽宁省在东北地区的占比具有绝对优势。黑龙江省和吉林省相对于东北地区的占比虽然有波动变化,这种变化却并没有明显影响总体占比。同时,就研发经费支出而言,辽宁省、黑龙江省和吉林省的相对规模自始至终都保持着较大的差距。

总体而言，在R&D经费内部支出方面和新产品开发经费支出方面，辽宁省、黑龙江省和吉林省之间始终存在较为明显的差距。在这两项支出方面，辽宁省在规模上稳居绝对领先的地位，而吉林省则一直处在落后追赶的位置。在高技术产业创新方面，黑龙江省和吉林省需要加大投入力度，为本省高技术产业创新提供更加强有力的支持。东北三省高技术产业新产品开发支出的比重变化如图4-5所示：

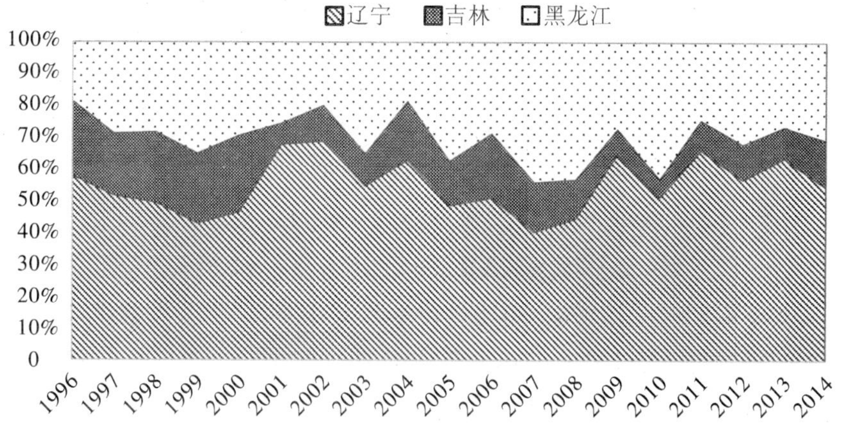

图4-5　东北三省高技术产业新产品开发支出的比重变化

数据来源：《中国高技术产业统计年鉴》（1997—2015）。

4.2.3　以专利申请数衡量的技术创新产出

在衡量技术创新产出方面，由于专利的申报和审批具有一套严格的规范和标准，专利的申报和获得在衡量技术创新产出方面更具有可靠性和参照性，因此本书采用专利相关的指标来衡量技术创新产出。在《中国高技术产业统计年鉴》中，专利相关的指标有“发明专利申请数”和“拥有发明专利数”两项，根据前文已经说明的原因，采用“发明专利申请数”对技术创新产出进行衡量。因为发明专利在技术含量、创新价值方面具有绝对的优势，最能为企业提供核心竞争力，因此发明专利最适合用来衡量自主创新能力。

如图4-6所示，1998—2016年，东北三省高技术产业发明专利申请数从79件增加至2 658件，增长了32.65倍，年增长率为21.6%；除了2001年、2006年和2015年之外，发明专利申请数在其余的年份都处于增长的态势，2004年同比增长率最高，达到167%。

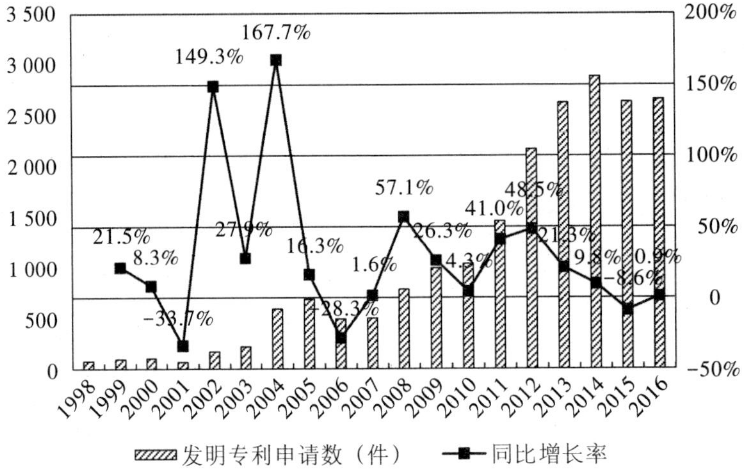

图4-6 东北地区高技术产业发明专利申请数情况

如图4-7显示，1998—2016年，东北三省高技术产业专利申请数量向辽宁省倾斜，辽宁省专利申请数从34件增加到1 645件，年均增长率为24.0%，高于吉林省和黑龙江省，使得辽宁省的高技术产业专利申请数占东北地区的比重从43.04%增长至61.89%，扩大了近19个百分点。吉林省的专利申请数从26件增加到了241件，年均增长率为13.2%，远低于辽宁省和黑龙江省，使得吉林省的高技术产业专利申请数占东北地区的比重从32.91%缩小至9.07%，缩小了近24个百分点。黑龙江省的专利申请数从19件增加至772件，年均增长率为22.9%，黑龙江省的高技术产业专利申请数占东北地区的比重从24.05%增长至29.04%，扩大了近5个百分点。区域分布不均衡性存在加剧趋势。

4.2.4 以新产品销售收入衡量的技术创新产出

专利所代表的知识还需要通过商业化转化为经济利益，并不是所有的专利都能转化为经济利益。此外，不同的产业与企业对待专利申请的态度也有所不同，有的企业甚至会为了保护自身的核心技术而选择不去申请专利。所以，用专利申请数来代表企业的技术创新产出是有一定局限性的。专利申请数最能代表的是研发产出，而技术创新的核心特征则是首次商业化。因此，本书进一步采用新产品销售收入来考察东北地区的高技术产业技术创新产出情况。

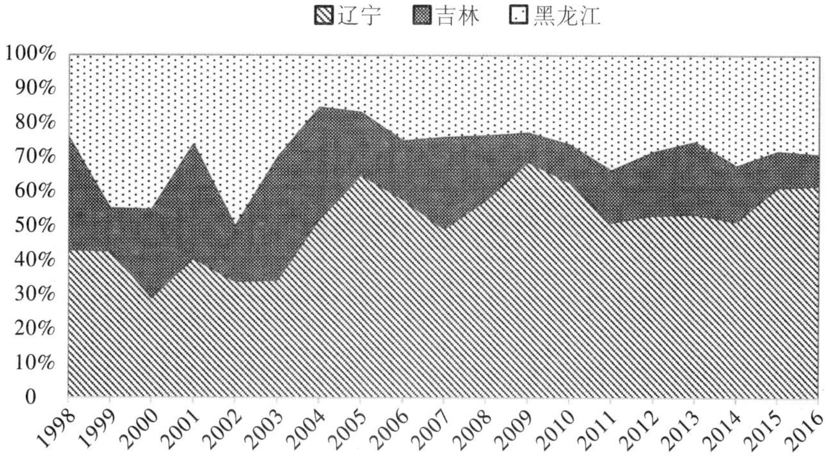

图 4-7　东北三省高技术产业发明专利申请数的比重变化趋势

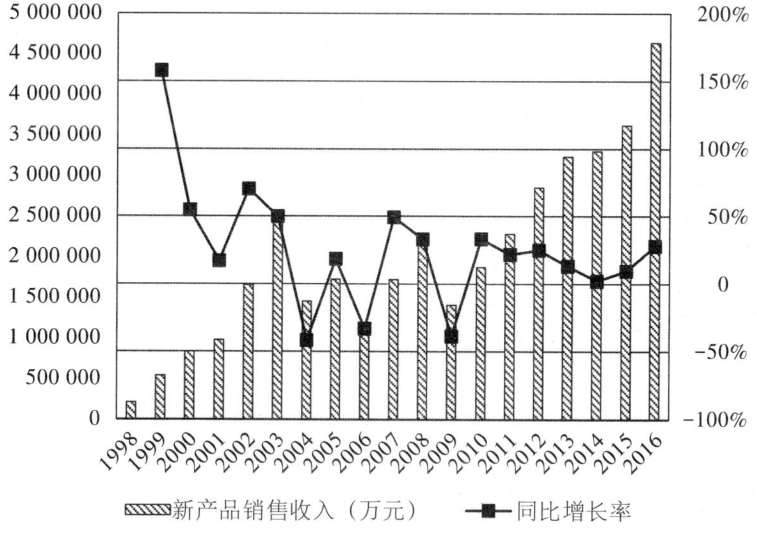

图 4-8　东北地区高技术产业新产品销售收入情况

如图 4-8 所示，以 1996 年为基期来进行计算，1998—2016 年，东北地区高技术产业新产品销售收入从 209 607.95 万元增加到了 4 636 570.67 万元，增长了 21.12 倍，年均增长率为 18.4%。新产品销售收入呈现出稳定增长的态势，除了 2004 年、2006 年与 2009 年其同比增长率为负之外，其他年份的同比增长率均为正。如图 4-9 所示，1998—

2016年，辽宁省的新产品销售收入占东北地区的比重稍微有所下降，从66.92%减少至62.86%，下降了近4个百分点。吉林省的高技术产业新产品销售收入占东北地区的比重略微增加，从21.15%增加至29.02%，增加了近8个百分点。黑龙江省的高技术产业新产品销售收入占东北地区的比重略微下降，从11.93%减少至8.13%，下降了近4个百分点。其中，2016年黑龙江省的高技术产业新产品销售收入占东北地区的比重是8.13%，远小于当年其高技术产业专利申请数占东北地区的比重29.04%，这也从侧面反映了仅仅以专利申请数代表技术创新产出所具有的局限性。东北三省高技术产业新产品销售收入的比重变化趋势如图4-9所示：

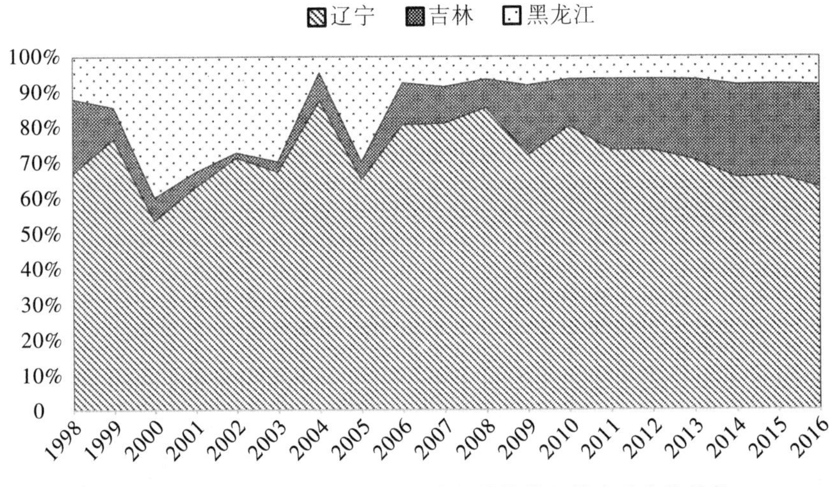

图4-9 东北三省高技术产业新产品销售收入的比重变化趋势

4.3 技术创新效率测算结果分析

4.3.1 数据统计分析与检验

为了对研究样本进行初步了解，首先将选取的研究样本中的投入与产出指标进行了描述性统计。除此之外，为了确定投入指标与产出指标存在正相关关系，从而符合使用DEA模型对技术创新效率测算的要求，将相关系数进行了整理，并得出了高技术产业技术创新投入与产出指标相关系数，见表4-3。

表4-3　东北地区高技术产业技术创新投入与产出的描述性统计

	专利申请数量（件）	新产品销售收入（亿元）	R&D经费内部支出（亿元）	新产品开发经费（亿元）	研发人员全时当量（人年）
均值	354.8947	671 271.1	67 490.84	65 026.68	3 892.836
标准差	419.2228	725 468.3	86 143.83	78 072.01	2 389.692
最大值	1 645	2 914 373	357 064.9	333 105.3	8 889
最小值	12	24 401.95	1 332.532	3 994.614	296
变量			相关系数		
专利申请数量			0.9566***	0.9351***	0.5647***
新产品销售收入			0.7549***	0.7214***	0.6076***

注：***表示在1%水平上显著。

4.3.2　区域高技术产业技术创新效率总体变动分析

本书选用1998—2016年东北地区高技术产业的相关数据作为变量，使用DEAP2.1软件，对东北地区高技术产业的创新效率和分解效率进行测算，测算结果如表4-4所示。由表4-4可以看出，测算结果包含技术效率、技术进步、纯技术效率、规模效率和全要素生产率等。这五种结果中，纯技术效率与规模效率的乘积得到的结果是技术进步，而技术效率与技术进步的乘积得到的结果则是全要素生产率。对于这五种结果来说，值等于1均表示没有变化。对于技术效率来说，值大于1代表正向增长，值小于1代表负向增长。对于技术进步来说，值大于1表示技术进步，值小于1表示技术退步。对于规模效率来说，值大于1表示规模报酬递增，值小于1代表规模报酬递减。对于纯技术效率来说，值大于1表示在规模报酬既定的前提下，技术效率表现出增长趋势，值小于1表示在规模报酬既定的前提下，技术效率表现出降低趋势。

表4-4 **东北地区高技术产业TFP变动及其分解**

期间	技术效率	技术进步率	纯技术效率	规模效率	全要素生产率
1998—1999	1.024	1.151	1.000	1.024	1.178
1999—2000	1.000	2.164	1.000	1.000	2.164
2000—2001	1.000	0.813	1.000	1.000	0.813
2001—2002	0.912	1.234	1.000	0.912	1.125
2002—2003	1.096	1.139	1.000	1.096	1.249
2003—2004	0.664	0.875	0.824	0.805	0.580
2004—2005	1.345	0.850	1.132	1.188	1.143
2005—2006	1.120	0.796	1.072	1.045	0.892
2006—2007	0.696	1.073	0.720	0.966	0.746
2007—2008	1.291	1.284	1.308	0.987	1.658
2008—2009	0.951	0.853	0.924	1.029	0.811
2009—2010	1.002	0.976	1.103	0.908	0.978
2010—2011	1.081	1.096	1.042	1.037	1.185
2011—2012	0.846	1.964	0.817	1.035	1.661
2012—2013	1.069	0.728	1.081	0.990	0.779
2013—2014	1.196	0.819	1.133	1.056	0.979
2014—2015	1.000	0.860	1.000	1.000	0.860
2015—2016	1.000	0.999	1.000	1.000	0.999
平均值	1.001	1.043	1.000	1.001	1.044

整体而言，东北地区高技术产业在1998年至2016年的发展中，在技术效率、技术进步和全要素生产率等方面都存在明显的波动。其中技术效率波动较为平缓，而技术进步率与全要素生产率则呈现出较为明显的波动趋势（见图4-10）。1998—2016年间，东北三省高技术产

业全要素生产率的均值是1.044，年均增长率是4.4%；技术效率均值是1.001，年均增长率是0.1%；技术进步率均值为1.043，年均增长率为4.3%；纯技术效率均值为1.000，规模效率均值为1.001，年均增长率为0.1%。可以看出，五项指标的值均大于或等于1。综合上述分析，东北地区高技术产业在发展过程中，拥有良好的创新水平。然而，在推动东北地区全要素生产率提升的过程中，技术进步率起到主要的动力作用，技术效率对全要素生产率提升的动力作用相对薄弱。需要依靠纯技术效率和规模效率一同发挥作用提升技术效率，从而进一步推动全要素生产率的提升。

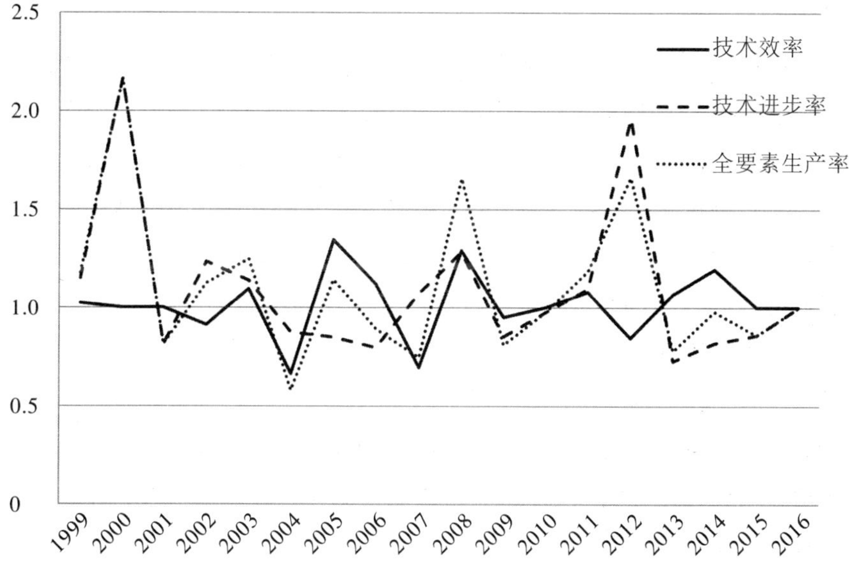

图4-10　东北地区高技术产业技术创新效率变动及指标分解

从高技术产业全要素生产率来看，2000年东北地区高技术产业全要素生产率最高，达到了2.164。通过观察表4-4可知，2000年技术进步的提升是全要素生产率提高的支柱力量；2004年东北地区高技术产业全要素生产率最低，降至0.580；整体均值为1.044。由此可见，18年来东北地区高技术产业的全要素生产率呈现平缓上升的态势，意味着东北地区对高技术产业的发展逐步重视，其间制定的宏观经济政策也起到了积极作用。

从高技术产业技术效率来看，2005年东北地区高技术产业技术效率最高，达到了1.345；2004年东北地区高技术产业技术效率最低，降至0.664；整体均值为1.001。由此可见，18年来东北地区高技术产业的技术效率提升相对平缓。

从高技术产业技术进步来看，2000年东北地区高技术产业技术进步率最大，达到了2.164；2013年东北地区高技术产业技术进步率最小，降至0.728；整体均值为1.043。由此可见，18年来东北地区高技术产业技术进步较为明显，是推动全要素生产率提升的主要动力。

从纯技术效率和规模效率来看，纯技术效率的均值为1.000，同时规模效率的均值为1.001，说明基本保持不变，实现了不明显的规模收益递增。

通过分析可以发现，要推动东北地区高技术产业进行技术创新，除了要坚持推动技术进步，还要进一步加强管理，提高技术效率。为了实现这一目标，首先，需要加快建立更为全面的科技投入体系，通过更加多元化和更多渠道的科技投入助力高技术产业技术创新的发展。通过激发企业的创新动力，让企业从被动创新变为主动创新，逐渐发展为创新资源投入的主体；通过重视财政科技投入保障高技术产业的技术创新，稳步增加财政科技投入，并保证其远远高于财政经常性收入的增幅；通过引领各种类型的商业金融机构，为支持高技术产业科技创新、产业化增添动力源泉；通过信贷支持助力国家级和省级高新技术项目和成果转化项目；通过建立健全信用担保制度鼓励中小型企业进行高技术产业中的技术创新和产业化。

其次，需要加强企业的自主创新能力。企业是推动区域创新效率提高的中坚力量，通过施行企业创新能力培育科技工程加强企业自主创新能力，是提升创新效率的有效手段。要引导企业建立和发展研发中心，借助平台力量将科技创新和产学研用相结合；要率先培育一部分创新型企业作为科技创新的先锋，建立企业拥有自主知识产权的核心技术，并能够通过持续创新保持竞争力。在此基础上，引导其他企业以这些先锋企业为标杆，逐渐发展为创新驱动型企业；要通过合理的配置保证企业拥有充分的社会资源和创新要素来进行自身的科技创新，不断提高自身的自主创新能力，从而提升东北地区的科技创新效率。

最后，需要培育科技创新人才梯队。人才是进行科技创新的主体，为了加快发展东北地区的高技术产业科技创新，需要建设一支科学技术领军人才队伍、一支自主创新队伍和一支创新型科技人才骨干队伍；要创建能够吸引优秀人才入驻的优待政策、事业发展、人才待遇和就业环境等，吸引优秀的人才，并加强高层次科技人才的引进；要破除论资排辈的氛围，让优秀的年轻科技创新人才能够快速地脱颖而出，大胆地给予青年才俊发挥的平台，从而建设能够留住青年科技人才的发展环境。

4.3.3 东北地区高技术产业技术创新效率总体变动分析

为了进一步分析东北地区高技术产业技术创新效率的发展规律，本部分对东北地区各省份高技术产业全要素生产率、技术效率、技术进步率、纯技术效率与规模效率进行比较分析。表4-5是东北三省高技术产业TFP的变动及其分解。

表4-5 1998—2016年东北三省高技术产业TFP的变动及其分解

省份	技术效率	技术进步率	纯技术效率	规模效率	全要素生产率
辽宁	1.000	1.078	1.000	1.000	1.078
吉林	1.000	1.045	1.000	1.000	1.045
黑龙江	1.004	1.007	1.000	1.004	1.011
平均值	1.001	1.043	1.000	1.001	1.044

在对东北三个省份各自的高技术产业全要素生产率的分析中，可以看出其全要素生产率均大于1，整体呈现出良好的发展形势。将三个省份按照全要素生产率由高到低排序为：辽宁、吉林、黑龙江，全要素生产率分别为1.078、1.045和1.011。从技术进步来看，东北三省的技术进步对全要素生产率的贡献都要大于技术效率的贡献度，这说明近年来技术进步在东北地区高技术产业的发展中发挥着至关重要的作用。另外，三个省份的技术效率变化、纯技术效率变化与规模效率变化的值均大于或等于1，说明东北三省在我们的研究单元中是属于有效率的。

4.3.4 东北地区高技术产业全要素生产率变动分析

东北三省高技术产业全要素生产率的变动趋势如表4-6及图4-11所示，在观察期内，三个省份高技术产业全要素生产率都呈现上下波动的趋势。总体来看，吉林省全要素生产率相对较高，而辽宁省则较低。但三个省份的全要素生产率均值都大于1，这表明在观察期内，东北地区的高技术产业的创新效率都有正向的增长率，整体上具有上升趋势。然而，三个省份的全要素生产率的增长所表现出的特点不同。1999—2004年，吉林省的效率值变动极大，之后趋于平稳。黑龙江省的效率值在2004—2009年出现了较大的波动，其余时间较为平稳。而辽宁省的效率值一直较为稳定。在所有全要素生产率变动数据中，最高值是2000年吉林省的效率值3.859，最低值是2004年黑龙江省的效率值，仅为0.181。

表4-6 东北三省高技术产业全要素生产率变动

年份 \ 省份	辽宁	吉林	黑龙江
1999	2.081	0.702	1.119
2000	1.744	3.859	1.506
2001	1.052	0.627	0.814
2002	1.727	0.517	1.594
2003	0.662	3.204	0.919
2004	0.716	1.509	0.181
2005	1.210	0.591	2.092
2006	0.773	0.707	1.298
2007	1.063	1.301	0.301
2008	1.690	0.983	2.742
2009	0.754	0.910	0.777
2010	0.989	0.885	1.068
2011	1.047	1.136	1.398

续表

年份 \ 省份	辽宁	吉林	黑龙江
2012	1.621	2.192	1.289
2013	0.800	0.599	0.986
2014	0.681	0.957	1.441
2015	0.995	0.877	0.728
2016	1.068	0.971	0.962
均值	1.078	1.045	1.011

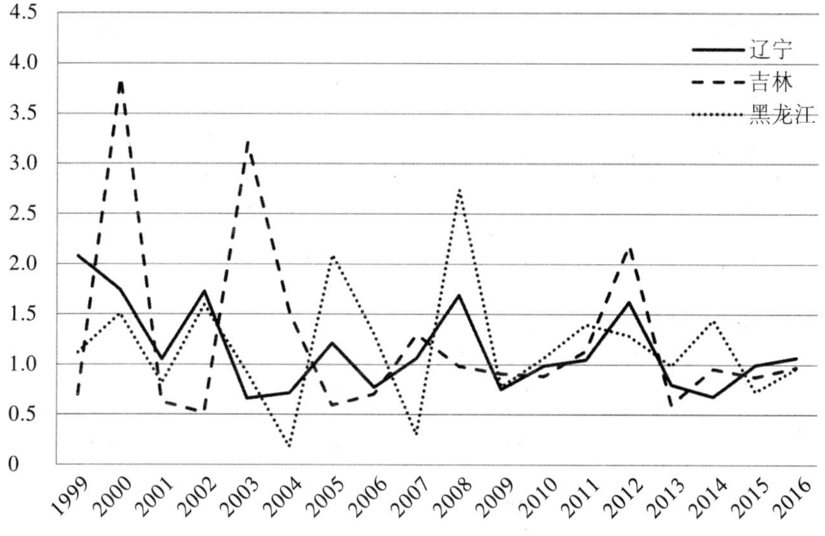

图 4-11　东北三省高技术产业全要素生产率变动

4.3.5　东北地区高技术产业技术效率变动分析

1999—2016年间东北地区各省份高技术产业技术效率变动趋势如表4-7所示。在此期间，辽宁省的技术效率值一直保持在1.000，十分稳定；吉林省的技术效率值也较为稳定，除2002年和2003年的数值外，其余都为1.000；黑龙江省的该项数值则呈现出较为明显的上下波动趋势，以上分析表明东北地区三个省份的高技术产业技术效率整体发展趋势比较平缓，主要是因为我国各省份高技术产业的纯技术效率与规模效率都处于较为稳定的态势，而上述两项数值则构成了高技术产业的技术效率。这也说明了东北地区三个省份在技术创新效率方面拥有极大的潜力，可以在管理效率和资源配置等方面探索突破的方向。

表4-7　　1999—2016年东北三省高技术产业技术效率变动

年份＼省份	辽宁	吉林	黑龙江
1999	1.000	1.000	1.073
2000	1.000	1.000	1.000
2001	1.000	1.000	1.000
2002	1.000	0.759	1.000
2003	1.000	1.318	1.000
2004	1.000	1.000	0.292
2005	1.000	1.000	2.432
2006	1.000	1.000	1.407
2007	1.000	1.000	0.337
2008	1.000	1.000	2.150
2009	1.000	1.000	0.860
2010	1.000	1.000	1.005
2011	1.000	1.000	1.264
2012	1.000	1.000	0.605
2013	1.000	1.000	1.223
2014	1.000	1.000	1.710
2015	1.000	1.000	1.000
2016	1.000	1.000	1.000
均值	1.000	1.000	1.001

4.3.6 东北地区高技术产业技术进步率变动分析

从表4-8和图4-12中可以看出，在1999—2016年，东北三个省份的高技术产业技术进步率值呈现上下波动的趋势。吉林省1999—2004年的效率值变动极大，最高为2000年的3.859，最低为2001年的0.627，之后的效率值趋于平稳。辽宁省和黑龙江省的效率值则一直较为平稳。在三个省份中，高技术产业技术进步率最高的是辽宁省，其效率均值为1.078，年均增长率为7.8%。黑龙江省尽管最低，但也达到1.007。这表明整体来看，东北三省高技术产业技术进步率呈现出较好的发展态势。

表4-8　1999—2016年东北三省高技术产业技术进步率变动

省份	辽宁	吉林	黑龙江
1999	2.081	0.702	1.043
2000	1.744	3.859	1.506
2001	1.052	0.627	0.814
2002	1.727	0.682	1.594
2003	0.662	2.431	0.919
2004	0.716	1.509	0.619
2005	1.210	0.591	0.860
2006	0.773	0.707	0.922
2007	1.063	1.301	0.894
2008	1.690	0.983	1.276
2009	0.754	0.910	0.904
2010	0.989	0.885	1.063
2011	1.047	1.136	1.107
2012	1.621	2.192	2.131
2013	0.800	0.599	0.807
2014	0.681	0.957	0.843
2015	0.995	0.877	0.728
2016	1.068	0.971	0.962
均值	1.078	1.045	1.007

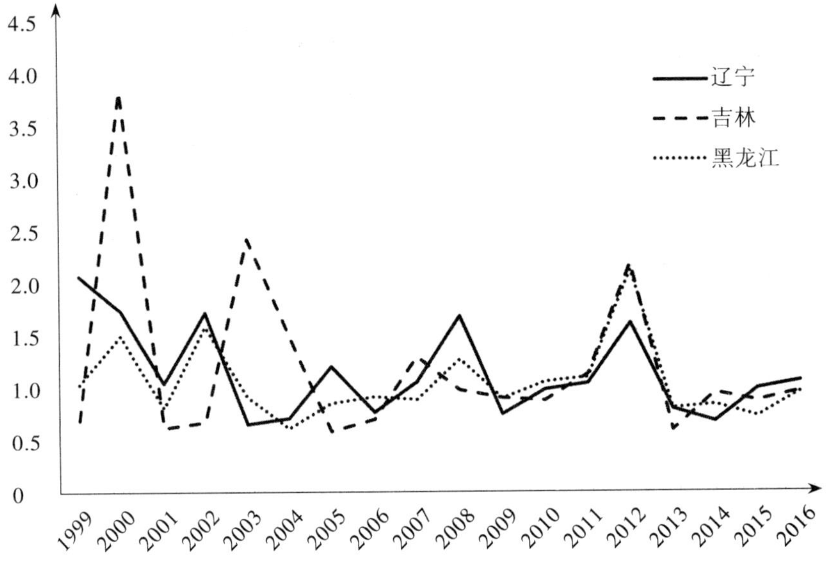

图4-12 1999—2016年东北三省高技术产业技术进步率变动

在本章中，首先介绍了分析数据所用的研究方法，之后将高技术产业创新投入和创新产出相关的一些变量作为分析数据，测算了东北地区三个省份的高技术产业的全要素生产率、技术效率和技术进步。根据分析结果，东北地区高技术产业在1999—2016年间的全要素生产率均值是1.044，年均增长率是4.4%；技术进步率均值为1.043，年均增长率为4.3%；技术效率是1.001，年均增长率是0.1%；纯技术效率为1.000，规模效率为1.001，年均增长率为0.1%。东北地区高技术产业技术创新的这五项指标值均大于或等于1，这意味着东北地区高技术产业的技术创新处于稳定增长的态势。除此之外，技术进步是东北地区高技术产业的全要素生产率提升的主要动力，技术效率对全要素生产率的提升则相对薄弱。

4.4 本章小结

本章首先采用基于数据包络分析的Malmquist指数法，选定衡量投入和产出的五个测度指标测度了高技术产业技术创新效率，并具体分析了各指标的技术创新投入与产出情况；在此基础上，对区域高技术产业技术创新效率的总体变动和东北各省高技术产业全要素生产率变动、技术效率变动、技术进步率变动等方面进行了深入剖析。

研究发现：①无论是以研发人员、研发经费衡量的技术创新投入，还是以专利申请数量、新产品销售收入衡量的技术创新产出，东北地区投入规模与支持总量都在迅速增长，且区域内各省差异较大，而辽宁省所占比重较高。②东北地区高技术产业在1999年至2016年的发展中，技术效率、技术进步和全要素生产率三个方面都存在明显的波动，其中技术效率波动较为平缓，而技术进步率与全要素生产率则呈现出较为明显的波动趋势。③东北地区高技术产业的技术创新处于稳定增长的态势，其中技术进步是东北地区高技术产业的全要素生产率提升的主要动力，技术效率对全要素生产率的提升则相对薄弱，而且东北地区三个省份在技术创新效率方面拥有极大的潜力，技术进步率也呈现出较好的发展态势。

本章对高技术产业技术创新效率进行有效测度，并具体分析东北地区高技术产业技术创新效率的变动情况，为后文实证检验提供基础。

5 高技术产业创新要素结构对技术创新效率的影响

创新要素在现代经济体系中占据着非常重要的位置，其禀赋以及协同度的表现会直接反映在产业技术创新上，从而显著决定了东北三省高技术产业的发展方向和潜力。目前，东北三省在高技术产业方面还存在着很多亟需解决的问题，主要表现在创新要素和资源等方面，要素的供需明显不均衡，且缺乏合适的匹配，对资源的调度存在“短板”，这些问题使得当按比例投入相应的创新要素时，无法得到同等的或者更多的产出，具体来说就是尽管有足够的投入，但并没有促进技术进步的显著提升。本书认为导致以上问题的深层次原因为创新要素供给存在结构性问题，导致与需求的不适配，从而与产业结构升级相冲突，达不到想要的水平，结构性问题也就是要素在规模以及比例上，尤其是在组合方式上的问题，这也是为什么要研究创新要素结构所发挥的作用。本章研究的创新要素结构主要包括创新基础要素结构与创新关键要素结构两部分，其中创新基础要素结构又可分为劳动力、资本要素，创新关键要素则可分为技术、人才要素。

5.1 创新要素结构配置

5.1.1 基础要素结构的配置

基础要素结构由资本要素与劳动力要素结构两部分组成，资本要素偏重物质资本方面，因此对资本要素的度量主要从物质资本这一方面出发，将其简称为W。资本要素结构中实收资本等对资产的支持度，即充实度与深化度是正向关系，当物质资本处于一定的程度时，能够有效促进技术创新充分发挥资源优势，从而使产业结构向更有利的方向转化。创新物质资本要素结构W用企业R&D经费内部支出占总R&D经费内部支出的比重来衡量：

$$\text{创新物质资本要素结构(W)} = \frac{\text{企业R\&D经费内部支出}}{\text{总R\&D经费内部支出}}$$

劳动力要素结构。劳动力要素的结构可以用L替代，劳动力能够有效影响经济的提升，只有在劳动力结构处于良好状态下才能达到创新的目标。本书借鉴Henderson（1995）提出的关于创新要素的计算公式，得出以下结果：

$$\text{劳动力要素结构(L)} = \frac{\text{省年末从业人员数}}{\text{全国年末从业人员数}}$$

考虑数据的可获得性，将劳动力用省域年末从业人员数占全国年末从业人员数表示。

$$\text{劳动力要素结构(L)} = \frac{\text{省域高技术就业人数/工业总就业人数}}{\text{省域全部就业人数/全国总就业人数}}$$

指标测度数据来自《中国高技术产业统计年鉴》（1999—2017）和《中国工业经济统计年鉴》（1999—2017）。数据样本采用“年份×省份”的面板数据，考察高技术产业创新要素结构中的基础要素结构。

从表5-1中可以看出，东北三省的基础创新要素结构指数的变化趋势不容乐观，逐年呈现下降趋势，作为重要的老工业基地，创新主体本身的地位并不突出。三个省份中黑龙江省和辽宁省在2003年以前对劳

表5-1 **1998—2016年东北三省高技术产业基本创新要素结构指数**

省份	要素结构	1998	1999	2000	2001	2002	2003	2004	2005	2006	2007	2008	2009	2010	2011	2012	2013	2014	2015	2016
黑龙江	L	0.024	0.023	0.021	0.022	0.017	0.018	0.012	0.012	0.010	0.009	0.008	0.008	0.007	0.006	0.006	0.006	0.006	0.006	0.005
	W	0.013	0.009	0.017	0.018	0.028	0.028	0.007	0.015	0.009	0.010	0.011	0.016	0.016	0.013	0.011	0.011	0.011	0.008	0.009
吉林	L	0.026	0.022	0.020	0.020	0.017	0.014	0.011	0.009	0.008	0.008	0.009	0.011	0.009	0.011	0.012	0.012	0.011	0.011	0.012
	W	0.002	0.003	0.007	0.004	0.004	0.005	0.005	0.004	0.004	0.002	0.002	0.003	0.002	0.004	0.003	0.003	0.003	0.003	0.004
辽宁	L	0.055	0.052	0.046	0.041	0.037	0.029	0.025	0.025	0.023	0.023	0.021	0.022	0.020	0.017	0.017	0.017	0.016	0.014	0.013
	W	0.041	0.035	0.018	0.027	0.036	0.025	0.027	0.022	0.016	0.022	0.027	0.025	0.027	0.039	0.029	0.027	0.023	0.014	0.013

数据来源：《中国工业经济统计年鉴》（1999—2017）和《中国高技术产业统计年鉴》（1999—2017）。

动力、物资投入占比保持在较高水平，而在2004—2016年间基本没发生变化，且一直保持在低水平。相比之下，吉林省在基础要素投入方面除了劳动力在开始几年能处于中等水平外，物质资本要素的投入较低。考虑到经济状况可以发现，经济发展水平相对落后的地区创新要素结构水平不甚理想。从整体来看，1998年至2016年，东北三省高技术产业创新意图不够强烈，且缺乏相应的动力，由于经济发展受限，不致力于在技术创新方面进行过多的资金投入，影响创新活动的推进。

从图5-1的劳动力要素结构变化趋势来看，黑龙江省和吉林省的投入基本处于持平状态，黑龙江省1998—2016年间一直呈下降趋势，而吉林省则从2007年开始呈现较缓慢的上升趋势，辽宁省的劳动力要素结构最初处于较高水平，从1998年开始一直呈现较快的下降趋势，截至2016年已与吉林省持平。

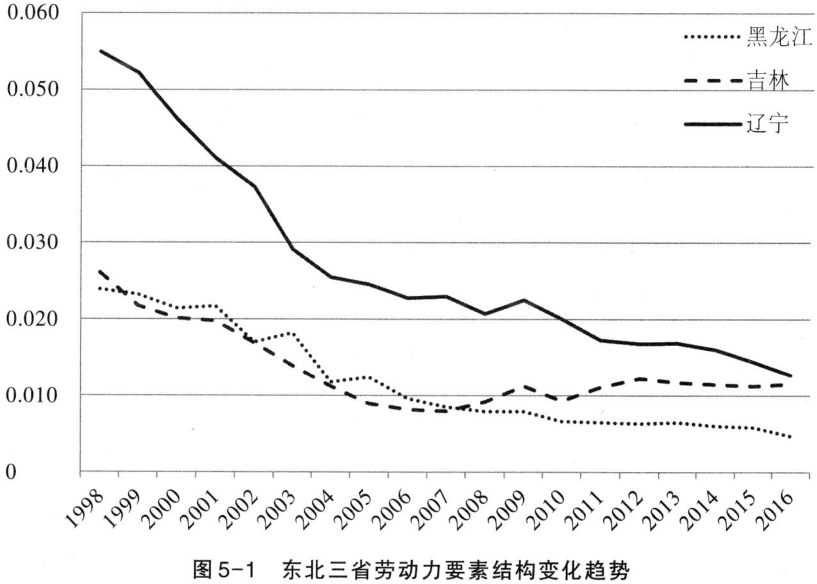

图5-1　东北三省劳动力要素结构变化趋势

从图5-2的物质资本要素结构变化趋势来看，辽宁省的波动最大，1998—2000年经历了急速下降，此后几年又呈现出上升、下降再上升的趋势，整体来看，仍处于下降趋势，由最初的0.041降至0.013。黑龙江省在1998—2006年期间一直处于较大波动状态，自2006年以后逐渐呈现缓和之势。吉林省在物质资本这一方面基本没有变化，截至2016年，三省份的要素结构基本达到差距最小。总的来说，目前东北三省在基础创新要素结构方面的配置不够合理，还有待改进，尤其是辽宁省的经济发展趋势不容乐观。

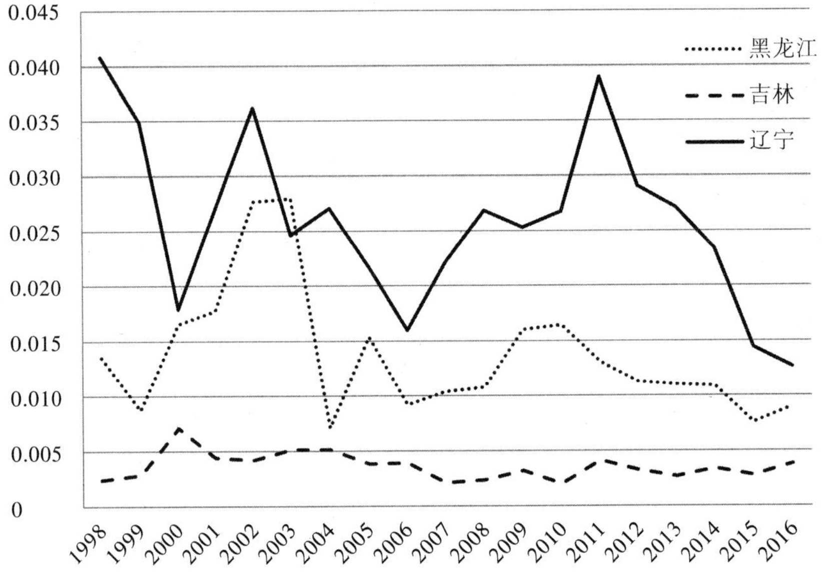

图5-2　东北三省物质资本要素结构的变化趋势

5.1.2　关键要素结构的配置

创新关键要素结构主要是从创新技术要素及人才要素这两个方面出发。查阅相关资料发现人才要素的测度基本选用研发人员数、研发人员全时当量以及科技活动人员数三类，由于所选的指标要能够反映出人才的实际工作量，本书从以上三种测量指标中选取研发人员全时当量来更全面地表现人才要素结构。即：

$$创新人才要素结构(H)=\frac{企业R\&D人员全时当量}{总R\&D人员全时当量}$$

创新技术要素是提升企业技术创新效率的必要元素，通过以往的研究可以发现，前人对于技术创新的衡量常采用专利数据，有效的专利数量可以体现企业或产业的技术创新程度，本书采用企业有效发明专利数对总有效发明专利数的占比测算创新技术要素结构。即：

$$创新技术要素结构(T)=\frac{企业有效发明专利数}{总有效发明专利数}$$

指标测度数据来自《中国高技术产业统计年鉴》（1999—2017）和《中国工业经济统计年鉴》（1999—2017）。数据样本采用“年份×省份”的面板数据，考察高技术产业创新要素结构中的关键要素结构。

从图5-3、图5-4和表5-2、表5-3中可以看出东北三省近20年来创新关键要素的结构指数变化趋势。

创新人才要素方面，辽宁省的创新人才投入总体上优于吉林省和黑龙江省，吉林省的创新人才结构比重持续保持在0.01左右的水平，增长和下降都比较平缓，可能与吉林省实施较为温和的人才政策相关。人才是促进技术创新的关键要素，当地政府应积极制定相应的吸纳人才政策，保持人才的良性流动。辽宁省和黑龙江省在2002年创新人才投入达到峰值，但均为地域0.1，整体投入水平偏低，说明东北三省对于创新人才的投入力度不够，区域对于R&D人员的吸引力亟须加强。

创新技术要素方面，辽宁省和黑龙江省在1998年后的技术要素投入逐年增多，有呈指数型增长的趋势，并于2000年技术要素投入达到峰值，之后有不同的下降趋势，但投入状态持续波动，有不同的上升和下降趋势。吉林省的技术要素投入状态相对平稳，在2006年达到近20年来的峰值，但总体投入水平偏低。在2008—2016年间，创新人才的投入绝对数量相较于之前有所提升，但占全国的创新技术投入比例却逐年走低，说明在现代化经济体系中，其他地区已经为创新活动提供了大量的人才、技术支持，东北三省与其他地区尤其是珠三角、长三角的差距进一步增大。

东北三省作为老工业、重工业基地，企业结构以国有为主，虽然企业的经济实力雄厚，但对于创新主体的重视不够，企业缺乏创新意愿，缺少足够的动力去创新，也不愿投入过多的资金进行技术创新，由此可以看出，东北三省的创新关键要素配置有很多不合理之处。

表5-2 1998—2016年东北三省高技术产业关键创新要素（创新人才要素）结构指数

省份	1998	1999	2000	2001	2002	2003	2004	2005	2006	2007	2008	2009	2010	2011	2012	2013	2014	2015	2016
黑龙江	0.042	0.021	0.025	0.030	0.036	0.038	0.022	0.032	0.022	0.017	0.015	0.017	0.012	0.013	0.009	0.011	0.011	0.010	0.008
吉林	0.004	0.005	0.012	0.011	0.007	0.006	0.006	0.004	0.004	0.003	0.003	0.006	0.004	0.007	0.007	0.005	0.005	0.004	0.004
辽宁	0.054	0.064	0.041	0.076	0.054	0.032	0.041	0.035	0.035	0.029	0.025	0.015	0.010	0.012	0.016	0.014	0.015	0.013	0.009

表5-3 1998—2016年东北三省高技术产业关键创新要素（创新技术要素）结构指数

省份	1998	1999	2000	2001	2002	2003	2004	2005	2006	2007	2008	2009	2010	2011	2012	2013	2014	2015	2016
黑龙江	0.009	0.025	0.059	0.033	0.015	0.007	0.009	0.008	0.011	0.007	0.005	0.004	0.004	0.005	0.004	0.003	0.003	0.003	0.003
吉林	0.025	0.008	0.013	0.007	0.008	0.008	0.009	0.005	0.015	0.011	0.006	0.005	0.002	0.003	0.004	0.004	0.003	0.003	0.002
辽宁	0.016	0.039	0.054	0.027	0.024	0.017	0.022	0.014	0.023	0.014	0.006	0.013	0.005	0.009	0.008	0.010	0.009	0.010	0.009

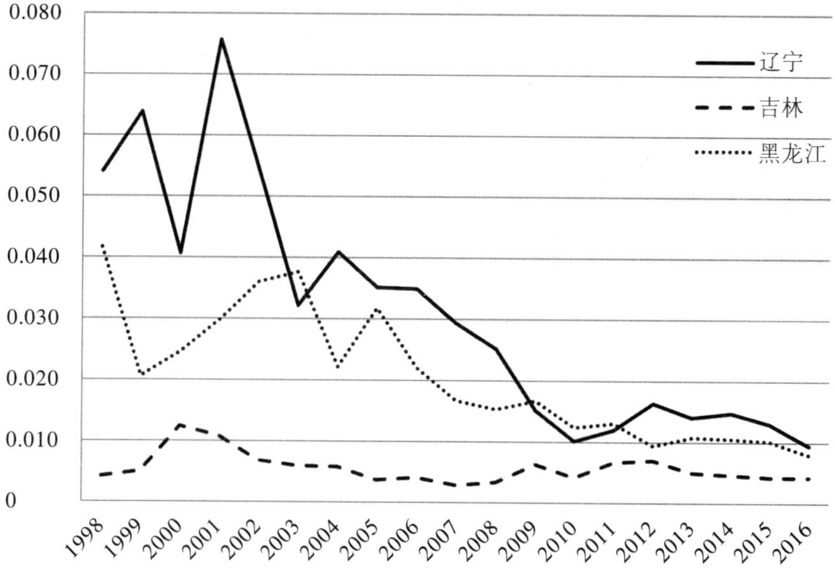

图 5-3　东北三省创新人才要素结构的变化趋势

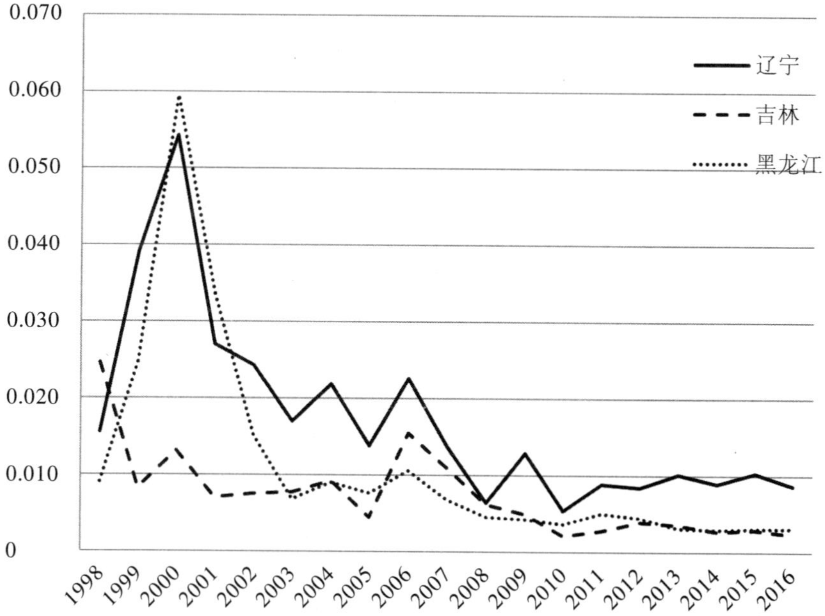

图 5-4　东北三省创新技术要素结构的变化趋势

5.2 创新要素结构对技术创新效率的影响

5.2.1 计量模型的设定

为了检验基础要素结构和关键要素结构对技术创新效率的影响，本书基于Cobb-Douglas函数，提出了以下的生产模型：

$$Y_{it} = A_{it}K_{it}^{\alpha}L_{it}^{\beta} \tag{5-1}$$

该模型中的Y指的是创新产出，K指的是在资本方面的投入，L指的是在劳动力上的投入，A则指的是技术进步效率函数。通过以上模型可以得到想要的技术创新效率。对以上函数做进一步调整，把要测量的基础创新要素和关键创新要素带入，将L、W替代原本的K，T、H替代原本的L所得到的函数关系式如下：

$$I_{it} = A_{it}\left(L_{it}W_{it}\right)^{\alpha}\left(T_{it}H_{it}\right)^{\beta} \tag{5-2}$$

在以上关系中I指技术创新能力，L指劳动力结构，W指物质资本结构，T指技术要素结构，H指人力资本结构，且在该函数中$\alpha+\beta=1$。

对模型左右两侧分别取对数：

$$\ln I_{it} = \ln A_{it} + \alpha \ln W_{it} + \alpha \ln L_{it} + \beta \ln H_{it} + \beta \ln T_{it} \tag{5-3}$$

基于以上对创新效率的测度公式，拓展出以下公式来计算分析各创新要素结构对技术创新效率的作用：

$$TFP_{it} = M + \theta_1 L_{it} + \theta_2 W_{it} + \theta_3 T_{it} + \theta_4 H_{it} + \sum_{j=1}^{n}\theta_j X_{it}^{\ j} + \mu_{it} \tag{5-4}$$

$$EFFCH_{it} = M + \theta_1 L_{it} + \theta_2 W_{it} + \theta_3 T_{it} + \theta_4 H_{it} + \sum_{j=1}^{n}\theta_j X_{it}^{\ j} + \mu_{it} \tag{5-5}$$

$$TECH_{it} = M + \theta_1 L_{it} + \theta_2 W_{it} + \theta_3 T_{it} + \theta_4 H_{it} + \sum_{j=1}^{n}\theta_j X_{it}^{\ j} + \mu_{it} \tag{5-6}$$

在以上的公式当中，TFP是指高技术产业全要素生产率，EFFCH是指技术效率，TECH是指技术进步率，L、W属于基础创新要素结构指数，T、H属于关键创新要素结构指数，这四种要素结构均为自变量；而$\sum_{j=1}^{n}\theta_j X_{it}^{j}$是控制变量，本书选取市场环境作为控制变量，$\mu$是随机误差项。

5.2.2 变量选择与数据描述

在创新要素结构对高技术产业技术创新效率的影响研究中，有效测度高技术产业的技术创新效率是本书的核心内容。

对于因变量，各省份的全要素生产率、技术效率及技术进步率本书采用上一章测算出的东北三省的相关数据指标ρ_i来衡量。

对于自变量，主要是基础创新要素结构和关键创新要素结构这两个方面的五个相关指标。数据来源于上一小节中计算出的东北三省劳动力要素结构、物质资本要素结构、人力资本要素结构、技术要素结构及创新要素结构指数。

市场环境是影响创新的重要因素，当市场环境向成熟发展时，更便于企业的自由发挥，带动产业创新效率的增加，所以在控制变量的选择上，主要以市场环境概括，由于市场环境的测度较为困难，以技术市场成交额来作为具体指标进行测量，所需数据均取自《中国统计年鉴》。

本书通过搜集1998—2016年间的东北三省及全国的数据，计算了高技术产业的TFP、基础要素结构、关键要素结构指数，并以此得到基础要素结构、关键要素结构指数与高技术产业TFP之间的关系。根据19年东北三省高技术产业的285个样本面板数据建立回归模型，表5-4是对因变量、自变量的描述性统计分析。

表5-4　**相关指标描述性统计**

检验方法	均值	标准差	最大值	最小值
TFP	1.193	0.674	3.859	0.181
EFFCH	1.045	0.317	2.432	0.292
TECH	1.14	0.5778	3.859	0.591
L	0.017	0.011	0.055	0.005
W	0.014	0.011	0.041	0.002
T	0.012	0.012	0.06	0.002
H	0.019	0.017	0.076	0.003
M	0.225	0.0176	0.0645	0.0027

变量的平稳性是在正式做回归之前的必要步骤，以此来确定是否有“伪回归”这一现象，也就是是否存在非平稳的时间序列。然后继续检测创新结构要素与技术创新效率之间的关系。为了验证方程是否有单位根，首先构建以下面板回归方程：

$$y_{it} = \rho_i y_{i,t-1} + z'_{it} y_i + \varepsilon_{it} \tag{5-7}$$

以上方程中 $i = 1, 2 \cdots n$ 指的是横截面的观测变量，$t = 1, \cdots, T$ 指的是时间，ε_{it} 指的是平稳的随机误差项，$y_{i,t-1}$ 指的是因变量滞后一年的项，ρ_i 指的是自回归系数，$z'_{it} y_i$ 是个体效应和时间趋势。以假设“H_0: $\rho_i = 1$”来检测该方程的单位根，表示 y_{it} 不平稳，而备择假设“H_1: $\rho_i < 1$”表示 y_{it} 是平稳的。

本书的假设分为两类，一类假设认为各面板单位的自回归系数相同，即 $\rho_i = \rho$，另一类假设则认为 ρ_i 不同，针对不同的假设有不同的检验方法，结合需要，采取LLC、IPS与费雪式检验三种方法来对面板单位根检验，检验对象为1998—2016年间我国东北三省要素结构及高技术产业的TFP。表5-5的检验结果表明，原假设的每个变量都存在单位根，LLC、IPS及Fisher-ADF检验的统计量都通过了1%和5%的显著性水平检验，即面板数据是平稳的序列。

表5-5 **面板单位根检验结果**

检验方法	LLC	IPS	Fisher-ADF
TFP	-10.172***	-5.3867***	34.8831***
L	-3.021***	-1.3394*	3.10998***
W	-6.305***	-3.2159***	13.1206***
T	-6.014***	-2.9947**	11.3040***
H	-5.489***	-2.7579**	9.04126***

注：*表示在10%水平上显著，**表示在5%水平上显著，***表示在1%水平上显著。

5.2.3 估计结果分析

针对面板数据进行估计的方法包括混合回归、固定效应模型、随机效应模型及广义最小二乘法，下面分别统称为OLS、FE、RE、FGLS，本书选择了FGLS这种方法来对面板数据进行估计分析，具体原因是OLS、FE、RE这三种方法都有一定的缺陷，其中OLS在一定程度上会遗漏个体异质性，FE、RE虽然考虑了异质性，却又分别导致自相关及异方差，FGLS则将这些误差全都避免了，保证了最终估计的效率。当截面数小于变量系数的数量时无法展开随机效应估计，鉴于此，只将OLS、FE的两种估计结果选作比较对象。

表5-6的结果显示了模型的估计值。从OLS和FE这两种方法得到的估计结果来看，劳动力结构的回归系数分别是-0.5751，-0.3220，全都小于0，并且都通过了10%的显著性假设检验，所以我们说劳动力结构与高技术产业全要素生产率之间是负相关的，具体来说随着劳动力结构的增大会导致全要素生产率越来越小；物质要素结构的回归系数均为正值，OLS估计通过了1%的显著性假设水平检验，FE估计通过了5%的显著性假设水平检验，这意味着物质要素结构与高技术产业全要素生产率的关系是同方向的；技术要素结构的回归系数都是负的，OLS和FE估计都通过了1%显著性假设水平检验，这意味着技术要素结构保持和高技术产业全要素生产率同方向的变化，认为提高技术要素结构能促进全要素生产率的提升；人力要素结构的回归系数为正值，OLS和FE估计均通过了1%的显著性假设水平检验，表明人力要素结构与全要素生产率同方向变动。鉴于选取的面板数据时间跨度为19年，且根据相关估计已知随机干扰项之间存在自相关，为了消除这种影响进行了FGLS估计。

如表5-6最后一列所显示，对模型的估计结果与OLS和FE的回归结果趋势大致是一致的。首先，劳动力要素结构的回归系数是-0.5289，通过了5%的显著性假设检验，这一结果表明劳动力结构对高技术产业创新具有负效应，意味着随着高技术产业的劳动力结构水平提高，产业技术创新效率反而会降低。理论上，高技术产业在发展过程中从业人数的增加会导致结构失衡，出现人员冗余，不利于社会网络的发展，基础从业人数的增加并不会给该行业带来更多的知识要素，反而不利于和同类企业的竞争，从而降低技术创新效率。徐妍（2013）认为我国高技术产业的发展主要由政府进行规划，是自上而下的政策制定与执行，相关

表5-6 **基础要素结构、关键要素结构对高技术产业创新效率影响的估计结果**

被解释变量	全要素生产率（TFP）		
解释变量	混合回归OLS	固定效应FE	广义最小二乘估计FGLS
劳动力结构	-0.5751* (-1.94)	-0.3220* (-1.95)	-0.5289** (-2.07)
物质要素结构	1.0930*** (5.04)	0.5825** (2.11)	1.1606*** (6.16)
技术要素结构	-0.8393*** (3.95)	-0.8149*** (-4.65)	-0.6049*** (-3.19)
人力要素结构	-1.138*** (4.23)	-0.8066*** (-2.71)	-1.4232*** (-6.36)
市场环境	-0.311** (-1.98)	-0.1357* (-1.93)	-0.3575** (-1.99)
常数项	-2.0072	-3.5085	-2.0082

注：*表示在10%水平上显著，**表示在5%水平上显著，***表示在1%水平上显著。括号内为t值。

服务体系和政策还不是特别健全，劳动力结构并不会对企业间的知识交流互动产生过多正向影响，甚至当劳动力结构过高时会影响创新产出，不利于创新的发展。我国高技术产业的劳动力结构与创新之间应该存在“倒U形”关系，当劳动力结构增长但未达到一个特定值时，随着从业人数的增加有利于创新的开展，然而超过某一极限后则会滋生从业人员的懒惰心理，甚至从业人员间的攀比心理会消耗过多资源，从而限制创新。

其次，物质要素结构的回归系数是1.1606，通过了1%显著性假设检验，并且R&D内部经费支出占比每增加1%会导致技术创新效率提高6.16%左右，从回归系数的大小来看，物质要素结构对提升高技术产业创新效率的作用较为明显。这说明东北三省目前对物质要素的投入已经较为完善，该地区本土企业R&D能力比较强、经费比较雄厚且政府支持力度较大，物质要素结构的提高增加了企业间信息交流和技术协同，从而带来高技术企业创新效率的提升。苏屹等（2019）指出物质资本要素作为创新活动投入的重要组成部分，可以为创新活动提供大量的资金支持，保证科学实验的开展和科技成果的转化，进一步验证了本书的结果。

接下来，技术要素结构的回归系数为-0.6049，通过了1%的显著性假设检验，理论上来说技术要素结构的累积促进技术进步，进一步提升全要素生产率。然而，东北三省的总体数据显示技术要素结构与高技术产业全要素生产率呈反向变化，这说明东北三省的创新投入和技术水平仍然处于较低层次，目前东北三省的开放程度还不够高，不能及时引进先进的技术导致竞争力逐渐下降，且东北三省基本自成体系，与其他省份的技术对口合作活动很少，技术要素作为保持技术创新能力对产业效率提升的根本保障，要求各省份对其足够重视，累积到一定的水平以促进技术提升。

最后，人力要素结构的回归系数为-1.4232，通过了1%的显著性假设检验，从回归系数来看，人力要素结构与高技术产业的创新效率呈反向变化，但事实是人力要素的提升会带来创新效率的相应提升，人力资本要素作为创新成果的创造者和传播者，其所占比例越大，越有利于新知识和技术的产生，从而带来技术的进步，人力当中的一些从事研发等高级工作的人员为了自身更好地发展，更偏向于寻找能充分发挥自身才能的舞台，且经济越发达的城市越有可能更快实现这些知识分子的追求，正是由于这种现象致使东北三省在新兴技术等方面的人才缺乏，创新活动也相应减少，因而技术创新水平也不够高。除此之外，从人才就业的相关政策来说，东北三省采取的促进就业的措施并未到位，人才也没有在短时间内聚集，这也体现了目前人才要素结构的不完善引起了人才流失。

由表5-6得到的估计结果可知，市场环境与创新效率的回归系数为-0.3575，这表明两者之间是负相关关系，也就是说由于经济的迅猛发展，东北三省有限的创新资源达不到目前创新行为所需要的层次，需要借助要素的流动性能来促进要素之间的相互碰撞，使创新模式变得更加开放，更加有吸引力，东北地区拥有较为完善的地域单元与经济板块，具备开放式创新空间所必需的条件，在地理区位邻接性、经济互补性、与社会文化意识相似性方面具有优势，能够加快创新要素的流动，为了提高东北三省高技术产业技术创新效率，要在短时间内迅速提高要素的市场制度创新，弥补市场的不足，以保障要素的自由流动及市场的一体化进程。

为了保证能更完整体现基础要素结构、关键要素结构与高技术产业技术创新效率之间的关系，本书基于整体回归深入分析了黑龙江省、吉林省、辽宁省三个省份的数据，得到每个省份的基础要素结构、关键要素结构对全要素进步率所起的作用。

表5-7 **基础要素结构、关键要素结构对高技术产业全要素生产率影响分区域估计结果**

被解释变量	全要素生产率（TFP）			
解释变量	整体样本	黑龙江省	吉林省	辽宁省
劳动力结构	−0.5289** (−2.07)	−1.0056* (−1.94)	−0.3449*** (−3.30)	−0.6138** (−1.78)
物质要素结构	1.1606*** (6.16)	0.6253*** (3.26)	−0.5947** (−1.97)	0.6170*** (3.16)
技术要素结构	−0.6049*** (−3.19)	−0.1368** (−2.88)	−0.9662** (−2.53)	−0.0422* (−1.74)
人力要素结构	−1.4232*** (−6.36)	−0.7508** (−1.99)	0.1300* (1.73)	−0.6597*** (−3.77)
市场环境	−0.3575** (−1.97)	0.2075* (1.69)	−0.8024** (−1.98)	−1.6872*** (−5.51)
常数项	−2.0082	−1.6569	−9.7335	−3.8122

注：*表示在10%水平上显著，**表示在5%水平上显著，***表示在1%水平上显著。括号内为t值。

表5-7为不同省份基础要素结构和关键要素结构对高技术产业技术创新效率影响的回归结果。从回归结果来看：

首先，黑龙江省、吉林省、辽宁省三个省份的劳动力结构对高技术产业的全要素生产率的影响为负。黑龙江省的劳动力结构回归系数为-1.0056，通过了10%的显著性假设检验，吉林省劳动力结构回归系数为-0.3449，通过了1%的显著性假设检验，而辽宁省的为-0.6138，通过了5%的显著性假设检验，比较发现辽宁省的回归系数和整体样本所得出的-0.5289相差很小。导致这种现象的缘由可能是薪资等方面的吸引力导致多数劳动力都趋向于在经济发展态势好的省份发展，而发展相对较弱的东北三省便显现出在技术市场上的劣势，如此恶性循环带来的结果是技术创新效果越来越不理想，劳动力也越来越少，技术创新的力度被显著降低。

其次，黑龙江省、吉林省和辽宁省的物质资本要素结构对高技术产业全要素生产率的影响有正有负，其中黑龙江省和辽宁省的物质资本要素结构的回归系数分别是0.6253、0.6170，均为正值，与整体样本回归的系数保持一致，通过了1%的显著性假设检验；而吉林省的物质资本要素结构回归系数为-0.5947，表明吉林省的物质要素结构与高技术产业的全要素生产率呈反向变化，原因可能是吉林省不愿意过多投入资金和设施进行技术创新，即使需要进行设备改造等工作也往往涉及严格的审批程序，致使创新活动无法有序推进，从而抑制技术创新效率。通过比较分析可以看出黑龙江省和辽宁省的物质要素结构对高技术产业全要素生产率的影响大体一致，并没有特别明显的区域差异，物质要素结构每提高1%，导致高技术产业全要素生产率提高6%左右。

接下来可以看出，黑龙江省、吉林省和辽宁省的技术要素结构对高技术产业全要素生产率的回归系数分别是-0.1368、-0.9662、-0.0422，黑龙江省和吉林省的技术结构要素回归均通过了5%的显著性假设检验，理论上技术要素结构与高技术产业的全要素生产率应存在正向影响；观察辽宁省的回归系数发现负效应不明显，基本接近0，说明辽宁省的技术要素结构问题并没有另外两个省严重。东北三省的样本数据得出的结果表明，目前东北三省在技术要素上的配置明显存在改善空间，技术水平还处于较低程度，创新投入也还不够，掌握核心创新技术才是促进经济发展的关键，一切模仿都不是技术创新的源泉，在这方面东北三省还有很长的路要走。

再次，黑龙江省、吉林省和辽宁省的人力要素结构对高技术产业的全要素生产率的回归系数分别为-0.7508、0.1300、-0.6597，其中黑龙江省和辽宁省的人力要素结构回归系数与总体样本回归保持一致，而吉林省的人力要素结构回归系数为正值，说明人力要素结构与高技术产业的全要素生产率存在正效应。和技术要素结构类似，理论上人力要素结构与全要素生产率之间应正相关，而回归系数为负说明东北三省的创新人才仍然占少数，需要制定相应措施来为创新活动输入大量人才支持。

最后，东北三省的市场环境对高技术产业的全要素生产率的影响整体上看为负，而黑龙江省的市场环境回归系数为0.2075，表明黑龙江省目前建立了较好的市场规则，经济体系市场完善程度较好，为技术创新活动提供了环境支持。而吉林省和辽宁省的市场环境回归系数分别是-0.8024、-1.6872，突出了东北三省在市场环境上的问题，由计划经济向市场经济的转化过程中，东北三省出现了一系列不适应转轨的问题，不利于创新要素结构的合理化。

为了进一步分析基础创新要素结构和关键创新要素结构对高技术产业创新效率的影响，本书在回归全要素生产率的基础上，接下来分别研究基础和关键要素结构对技术效率和技术进步率的影响，回归结果见表5-8。

首先，在基础要素结构和关键要素结构对高技术产业技术效率的影响方面，劳动力要素结构、技术要素结构和人力要素结构对高技术产业技术效率的影响都为负，但统计结果并不是很显著，这说明基础要素结构和关键要素结构对高技术产业全要素生产率的影响渠道主要通过改善技术进步率来实现。

表5-8 **基础要素结构、关键要素结构对高技术产业创新效率影响的估计结果**

变量	全要素生产率	技术效率	技术进步率
劳动力结构	-0.5289** (-2.07)	-0.5019 (-1.47)	0.6580* (1.74)
物质要素结构	1.1606*** (6.16)	0.5693 (1.31)	1.4060*** (5.10)
技术要素结构	-0.6049*** (-3.19)	-0.5537** (2.27)	-0.6649** (-2.46)
人力要素结构	-1.4232*** (-6.36)	-1.1060** (-2.53)	-0.6448* (-1.89)
市场环境	0.3575** (1.98)	0.1321 (0.29)	0.5767** (2.14)
常数项	-2.0082	-2.8393	1.6472

注：估计方法为FGLS。*表示在10%水平上显著，**表示在5%水平上显著，***表示在1%水平上显著。括号内为t值。

其次，在基础创新要素结构和关键创新要素结构对高技术产业技术进步率的影响方面，技术要素结构和人力要素结构的回归系数分别为-0.6649、-0.6448，分别通过了5%和10%的显著性假设检验，这一结果不支持关键要素结构对技术进步率有正向影响，表明东北三省的关键要素结构对高技术产业技术进步率的影响具有负效应，这意味着东北三省的技术要素结构和人力要素结构存在问题，亟待改善。而劳动力和物质要素结构的回归系数为正，分别是0.6580、1.4060，说明目前基础要素结构对提升高技术产业创新效率的作用比较明显。关键要素结构的正向效应还没有显现，充分说明东北三省在技术创新方面的投入仍有待增加。

综上所述，我们可以发现基础要素结构及市场环境对技术进步率存在正向影响，而关键要素结构对技术进步率存在负向影响，且在统计结果上也显著，接下来需要加强对关键要素结构的重视和优化来提升东北三省的高技术产业技术创新效率。

5.3 创新要素结构对技术创新效率影响的门限特征

本书就基础要素和关键要素结构对我国东北地区高技术产业技术创新效率的影响进行了分析，并实证检验了基础要素和关键要素结构对高技术产业全要素生产率增长率的影响机制和路径。基于以上研究发现，创新基础要素和高技术产业技术创新效率之间明显正相关，创新关键要素却对高技术产业技术创新效率呈现出负效应。进一步的研究发现，创新基础要素对技术进步率的正向作用显著，而对技术效率却只有轻微的影响，说明在高技术产业全要素生产率的研究中，要素结构主要通过提升技术进步率来发挥影响。在该部分，将对基础要素与全要素生产率进行门限回归分析。

阅读相关文献后发现，学者们试着从不同角度出发研究创新要素，虽然对创新要素形成统一的定义，但其本质是相似的，就是区域内的创新要素是创新活动实现的必要资源，其在创新过程中起着关键性的作用，决定并限制着创新的过程，其中重要的要素就是人才、资本和技术，对应本书中的创新人才要素、创新劳动力要素、创新物质资本要素和创新技术要素。

创新基础要素和创新关键要素结构对高技术产业创新效率的影响引发了学者们的大量研究。朱苑秋等（2007）将创新要素划分为直接要素（技术、人力资本、资金）和间接要素（基础设施、社会环境、宏观政策），分析了长三角大都市圈的创新要素整合。万勇（2014）将创新要素划分为资本创新要素、产业创新要素和人才创新要素，从空间角度分析了三种创新要素的空间分布以及要素对经济增长的正向影响。李培楠等（2014）将创新要素划分为人力资本、内部资金、外部技术和政府支持，针对中国制造业和高技术产业数据实证检验了创新要素对两阶段产业创新绩效的影响。苏屹等（2019）从基础条件、市场条件及环境条件三个方面出发，将创新要素结构划分为创新要素间结构和创新要素内结构，系统分析了东北三省现代经济体系中创新要素结构的影响因素。在我国东北地区，老工业聚集，国有企业成群，技术创新效率相对较低，创新主体地位不突出，究其原因是现代化经济体系创新要素结构不合理，创新要素配置不均衡，因此研究东北地区创新要素对高新技术企业的技术创新效率的影响有重要意义。

高技术产业相比于制造业具有天然的创新特性，对于传统制造业而言，创新基础要素和关键要素结构对于产业技术创新效率的影响具有非线性特征，那么对于高技术产业来讲，创新基础要素结构和关键要素结构对于产业技术创新效率的促进作用是否也具有非线性特征呢？下文将使用面板门限回归（Panel threshold regression）方法，对创新基础要素和关键要素对产业创新效率增长的促进作用的门限特征进行考察，进而解决这一问题。门限面板回归作为一种非线性的计量方法，在技术上具有显著的优点：能估计求出具体的门槛值以及对样本进行内生分组，可以避免外生分组和交叉项检验等方法的缺陷。

5.3.1 门限回归模型的设定

门限回归模型的常用公式是：

$$y_{it} = C + \theta_1 x_{it} + u_{it} q_{it} \leqslant \gamma \tag{5-8}$$

$$y_{it} = C + \theta_2 x_{it} + u_{it} q_{it} > \gamma \tag{5-9}$$

其中，i表示地区，t表示年份，y_{it}是公式中的因变量，x_{it}是公式中的自变量，u_{it}是公式的残差项，q_{it}是公式的门限变量，γ为门限值，γ将观察样本归为情形，$q_{it} \leqslant \gamma$，选择回归方程（5-8），$q_{it} > \gamma$，选择回归方程（5-9）。

设置指向函数$Z(q_{it} \leqslant \gamma)$，$q_{it} \leqslant \gamma$时，Z=1；$q_{it} > \gamma$时，Z=0。因而上述方程可以转化为：

$$y_{it} = C + \theta_1 x_{it} Z\left(q_{it} \leqslant \gamma\right) + \theta_2 x_{it} Z(q_{it} > \gamma)\mu_{it} \tag{5-10}$$

对上式使用最小二乘法进行估计，当给定某一门限值γ，残差平方和公式如下：

$$S_1(\gamma) = e(\gamma)^T e(\gamma) \tag{5-11}$$

借由式（5-11），求出对应的门限值，如

$$\gamma = \arcmin S_1(\gamma) \tag{5-12}$$

参照门限值γ，求得残差平方项和斜率的估计值，得到斜率方程如下：

$$\theta = \theta(\gamma) \tag{5-13}$$

而残差平方方程如下：

$$\sigma^2 = \frac{e(\gamma)^T e(\gamma)}{T} = \frac{S_1(\gamma)}{T} \tag{5-14}$$

接下来，对得到的门限值进行检验，先检验门限效应是否显著，然后检验估计值与真实值是否相同。根据上述讨论，检验已得到的门限值。第一步，确认是否产生了明显的门限效应；第二步，核对估计值与真实值是否一致。

检验门限模型的基本假设是：H_0：$\theta_1 = \theta_2$，对立假设是H_0：$\theta_1 \neq \theta_2$，若$\theta_1 = \theta_2$，代表该模型不具备显著的门限效应，模型是线性的：

$$y_{it} = C + \theta_i x_{it} + \mu_{it} \tag{5-15}$$

若对立假设成立，即H_0：$\theta_1 \neq \theta_2$，则说明本模型中门限效应的存在，此时，继续建构检验统计量：

$$F = \frac{S_0 - S_1(\gamma)}{\sigma^2} \tag{5-16}$$

上式中，S_0是在原假设H_0：$\theta_1 = \theta_2$情形下得出的残差平方和，因为结构上具有突变点，模型中存在干扰项，所以该项检验统计F没呈现出标准正态分布。汉森（1999）利用Bootstrap自主抽样法，解决了统计量分布不标准的难题。自主抽样法的核心思想是通过计算检验统计量的渐进分布检验是否存在门槛效应。具体过程如下：①随机选择所观察的样本数据。利用重复可放回的抽取方式，保证样本数据的时序特质，此时以横截面为单位。②通过样本数据估计模型的原假设和对立假设。所抽样本为经验样本，但经验样本与原始样本间不会完全一致。所以，有必要利用经验样本估计原始假设和对立假设情形的模型，得到S_0和$S_1(\gamma)$，

从而求得σ^2的估计值及F统计量。③将以上过程重复N次，可求得N个F统计量。④将求得的N个F统计量数值大于原始样本情形下F值的数目，记为N1，将P值设为N1与N的比值。

Hansen（1999）认为若存在门限效应，采用上述方法得到的门限估计值y应该与门限的真实值γ具有一致性。汉森研究表明，当门槛效应存在时，利用自主抽样法得到的门限估计值和真实值基本一致。所以，原始假设为H_0：$\theta_1 = \theta_2$，进一步可以得出所估计门限值和真实门限值的似然比统计量(LR)，然后利用计量(LR)的分布情况设置门限估计值的有效渐进置信区间，因为有额外参数的存在，似然比统计量也是呈现非正态分布的。汉森采取下述公式计算出似然比统计量(LR)可接受的分布区间，即$LR \leqslant c(\beta)$时，接受原始假设H_0：$\theta_1 = \theta_2$，式中的$c(\beta) = -2\ln\left(1 - \sqrt{1-\beta}\right)$，$\beta$为显著性水平。

本书依据经典的门限回归模型构建方程，把创新基础要素量设置为门限变量，以此研究创新关键要素和高技术产业技术创新效率之间的具象关系。

起始设定出门限回归模型，继而检查门限数量，目的是找到准确的门限数量，核定门限值之后进行回归分析。建立方程如下：

$$TFP_{it} = C + \theta_1 Labor_{it} Z(Labor_{it} \leqslant \gamma) + \theta_2 Labor_{it} Z(Labor_{it} \geqslant \gamma) + \sum_{j=1}^{n} \theta_j X_{it}^j + \mu_{it} \tag{5-17}$$

其中，i表示地区，t表示年份，TFP代表各地区高技术产业全要素生产率，Labor表示各区内劳动力水平，γ为待估计的门限值，Z为指示性函数，$\sum_{j=1}^{n}\theta_j X_{it}^j$则表示的是其余的控制变量。本研究将上一章中的创新人才要素、创新物质资本要素、创新技术要素设定为控制变量，θ_1、θ_2和θ_j表示的是自变量的系数，μ代表随机误差项。

5.3.2 变量选择与指标说明

对于被解释变量，选取上一章测算出的1998—2016年间东北三省的高技术产业全要素生产率（TFP）相关数值。

对于解释变量，选取创新结构要素的相关数值。如前所述，本书的创新劳动力要素指标是通过省域年末从业人员数占全国年末从业人员数来衡量。

对于其他解释变量，选取企业R&D人员全时当量占总R&D人员全时当量的比重、企业有效发明专利数占总有效发明专利数的比重等来衡量。

对创新基础要素和创新关键要素结构，其数据来源为上一小节中所测算的我国东北三省高技术产业内要素结构占全国对应创新要素投入比重；对于创新物质资本要素，选用企业R&D经费内部支出占总R&D经费内部支出的比重来衡量。对于创新物质资本要素，研发经费越多，越有助于高技术产业创新效率的提升。该解释变量的相关数据来源于1998—2016年的《中国统计年鉴》。

总结起来，某一地区内研发人员数量越多，越有利于知识和技术的传递，进而促进区域创新，所以会对技术创新效率产生积极的作用；而对于创新物质资本要素，随着R&D经费的投入的增多，促进了高技术产业创新效率的提升。自变量的数据来源为1998—2016年的《中国统计年鉴》。

5.3.3 门限特征分析

检验门限效应是分析面板门限模型的重要过程，由此可检验出模型是否为线性。当门限效应存在时，表明模型具有非线性特质；而不存在门限效应时，则可表明所设的门限回归模型具有线性特征。以此为基础，则可以确定有几个门限值。只有一个门限值时，表明该模型是单一门限面板回归模型；当两个门限值存在时，则模型为双重门限面板回归模型。

本书利用汉森提出的“自助抽样法”检验门限效应是否存在。设定的原假设为不存在门限效应、存在一个门限、存在两个门限、存在三个门限。利用Stata11.0软件对模型进行估计，得到待检验模型的多项统计值，见表5-9：

表5-9 创新基础要素对高技术产业全要素生产率增长影响的门限检验

模型	F值	P值	Bootstrap次数	1%	临界值5%	10%
单一门限	4.799	0.067	1 000	11.445	4.996	3.109
双重门限	2.509	0.222	1 000	14.578	7.668	5.245
三重门限	2.342	0.154	1 000	11.896	7.453	5.676

观察上表发现，检验单一门限时，假设没有门限的情形下，F统计量是4.799，而自主抽样法得到的P值是0.067，该数值说明在10%的显著水平下拒绝原始假设，接受对立假设，表明在此中存在一个门限。继续做双重门限检验，得到F统计值为2.509，自主抽样法求得P值为0.222，表示无法拒绝原假设，所以接受原假设，此模型中不存在双重门限。再对模型进行三重门限检验，所得P值为0.154，不能通过门限检验，表明此模型中不存在三重门限。综上，经过门限检验分析知道，创新基础要素对高技术产业全要素生产率增长存在单一门限效应影响。

分析过门限效应之后，Bai（1997）主张利用序贯估计法求解门限值。汉森依据序贯估计法，得到求解门限值置信区间的方法。参考汉森及连玉君（2012）的方法，借由Statal1.0软件分析，此研究得到单一门限的门数值为0.816，在95%显著水平上置信区间为［0.805，1.132］。似然比函数图描绘了门限变量和似然比之间的关系。当LR为0时，门限变量的取值即为所求门限值。图5-5中纵轴为LR值，横轴为创新劳动力要素的门限参数。

通过门限检验，求出门限值后，分析了模型回归分析的结果。表5-10是求得的相关回归参数。当创新基础要素——劳动力小于0.816门限值时，创新关键要素对高技术产业全要素生产率的影响系数为5.6057；当关键要素水平超过门限值时，对高技术产业全要素生产率的影响系数就降至4.6051。由此得出：在创新基础要素超过门限值时，即劳动力水平数值超过0.816时，创新关键要素对高技术产业全要素生产率增长的正向作用受到抑制。

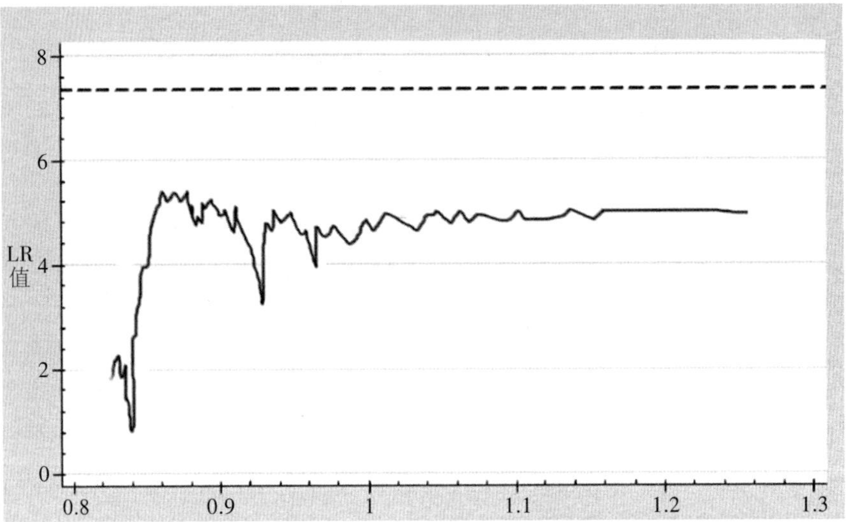

图5-5 基础要素对高技术产业全要素生产率增长影响的门限检验

表5-10 关键要素对高技术产业全要素生产率增长影响的门限回归

解释变量	系数	标准误差	T值	P值
劳动力（γ<0.816）	5.6057	3.2066	1.75	0.078
劳动力（γ ≥0.815）	4.6051	3.0097	1.53	0.132
物质资本	-0.8692	0.7687	-1.13	0.345
技术要素	0.3978	0.3524	1.12	0.397
人力要素	0.8967	3.2345	0.28	0.542
常数项	-2.3843	2.4563	-0.94	0.403

表5-10的相关结论与理论上的预期相一致，以往的研究显示，当创新要素（包含基础要素和关键要素）结构水平提高时，创新基础要素对全要素生产率增长率的促进效果会受到限制。观察中国区域工业关键要素水平发现，2012年黑龙江省、吉林省的创新劳动力要素指数分别是0.78、0.65，该数值低于门限值0.816，而辽宁省的创新基础要素水平较高。所以，相较于辽宁省而言，提升黑龙江省、吉林省的产业基础要素数值可以大幅提升高技术产业全要素生产率。

5.4 本章小结

本章重点实证考察东北地区高技术产业创新要素结构对技术创新效率的影响。在将创新要素结构分为基础要素结构和关键要素结构的基础上，实证分析了两种创新要素结构对技术创新效率的影响，并采用门限回归模型考察了该影响效应的门限特征。

研究发现：①目前东北三省在基础创新要素结构方面的配置不够合理，对于创新主体的重视不够，中小企业缺乏创新意愿，缺少足够的动力去创新。②基础要素结构和关键要素结构对高技术产业全要素生产率的影响渠道主要通过改善技术进步率来实现。③东北三省的技术要素结构和人力要素结构存在问题，基础要素结构对提升高技术产业创新效率的作用比较明显，关键要素结构的正向效应还没有显现，东北三省在技术创新方面的投入仍有待增加。

6　东北地区高技术产业创新要素结构优化：案例分析与政策导向

针对实证研究得出的东北地区存在创新要素结构扭曲并导致高技术产业创新效率低的问题，本章从理顺供给侧结构性改革与创新要素结构调整的关系切入，结合新型原材料、人工智能两个具有典型特征的高技术产业，从创新要素结构合理化评价出发，通过对典型产业发展现状进行分析，探究了这些产业中创新要素结构配置的特点，并对其技术效率进行了定量测算。在此基础上，从产业培育发展路径、技术创新方向选择、如何促进创新要素结构优化以及现有政策与创新要素结构优化之间的匹配度进行综合研判，从而提出东北地区高新技术产业要壮大主导产业、培育新动能的政策导向，并进一步从人才、资金以及知识产权保护等方面对东北地区高新技术产业发展提出建议。

6.1 基于供给侧结构性改革的创新要素结构优化方向

6.1.1 供给侧结构性改革的主要方向

我国经济长期保持稳定高速增长，很大程度上得益于要素驱动和投资驱动。但经济进入新常态后，传统要素红利渐行渐远，旧的增长模式难以为继，供给侧原有的要素投入模式导致中低端产能过剩、高端产品和服务供给不足，发展的质量和效益有待进一步提升。为此，国家提出新一轮的经济改革方向——供给侧结构性改革，重点对目前社会资源尤其是经济资源进行重新配置调整，特别是对创新要素结构的改革，以期推动新旧动能转换，激发创新发展内生活力。

（1）供给侧结构性改革的内涵和主要内容

供给侧结构性改革是相对于需求侧改革而言的，需求侧主要包含投资、消费、出口三种形式，相应的供给侧主要指劳动力、土地、资本、创新等用于生产创造过程的各种要素。有研究认为，制度供给也是一大要素，考虑到制度供给与创新的密切关系，制度供给融入创新要素供给之中。供给侧结构性改革的重点是对创新要素结构的改革，强调用改革的办法提高供给要素的质量，需要用增量改革推动存量调整，在增加要素投入的同时考虑优化要素投入结构，推进供给要素的结构调整，从而矫正要素配置扭曲问题，扩大要素有效供给，提高全要素生产率，提升供给结构对需求变化的适应性，以更好满足社会经济发展的需要，推动经济社会持续健康发展。

2017年，中央经济工作会议以“破”“立”“降”对供给侧结构性改革的深化方向定了调：“破”的核心要义是化解过剩产能；“立”的核心要义是强化科技创新；“降”的核心要义是降低实体经济成本。本书认为供给侧结构性改革的内涵仍在不断探索中，从最初的“三去一补一降”再到“破、立、降”，实践发展层面供给侧结构性改革在逐步落地。2020年3月，《中共中央 国务院关于构建更加完善的要素市场化配置体制机制的意见》出台，旨在对劳动力、土地、资本、技术和信息等创新要素全面发力，进而推动创新要素结构的深度调整，达到创新驱动目的，最终实现经济内涵式高质量发展。

①聚焦供需关系改革。在经济快速发展的背景下，我国重工业产业出现亏损严重、利润下降、产能严重过剩的问题，而这些问题体现的关键在于我国出现的供需关系结构性失调的严重问题，供需关系错位成为我国经济可持续发展的主要阻碍，因此要保证我国经济的持续健康发展必须通过市场结构中供给端进行有效的调整，淘汰落后的、过剩的产能，同时通过生产结构的调整实现供给端从低端向高端过渡，从而优化市场供给结构，实现高效可持续发展。供需关系的改革主要是从供需关系上解决目前经济结构中存在的中低端产品供给过剩，而高端产品供给严重不足的现状，重新激发经济发展活力。

②关键在结构性改革。结构性改革旨在解决目前我国经济存在的区域结构、产业结构、要素投入结构、经济增长动力结构、排放结构和收入分配结构等六个方面的结构性问题。结构性问题与供给侧结构之间存在密切的关系，要素结构的合理与否直接导致了供给结构的合理与否，因此结构性改革在优化经济结构的同时，有助于解决供给侧结构不合理的问题。结构性改革的主要内容是加大高附加值产业、绿色低碳产业在产业结构中的比重，转变现有的经济发展模式。

总之，供给侧结构性改革本质上是在尊重市场的供需规律以及市场对资源配置决定性作用的前提下，政府通过公共政策的主动干预以改善市场配置资源过程中产生的偏差与不经济，实现特定阶段经济的持续健康发展。供给侧结构性改革同时也体现了在市场规律基础上对政府权力的规范运用。供给侧结构性改革的主要方向是通过对需求端的深刻分析和认识，基于需求端的分析有针对性地进行供给端的调整，主要是通过改革的方式，减少低端供给、扩大中高端供给，同时增强供给结构对需求端结构的适应性，以更好地参与市场竞争。

（2）东北地区供给侧结构性改革的主要方向

东北地区作为中国实体经济的重要代表地区，长期的发展模式使其成为此轮供给侧结构性改革的重点区域。目前，东北地区作为中国老工业基地所面临的问题被概括为体制性衰退、资源性衰退和结构性衰退，供给侧结构性改革是解决上述三种衰退的有效路径。其中，资源性衰退对于东北地区而言是发展过程中面临的客观现实，一方面体现为煤炭、石油等矿藏资源的日益枯竭，另一方面体现为人才和知识资源流失。资源存量的衰减迫使东北地区必须寻求新的经济增长方式，在已有工业基础上实现更加精细的发展模式。相对于资源性衰退的客观性，结构性衰退和体制性衰退可以通过有效的政策、制度等从供给侧结构性改革的视角实现逆转。

关于东北地区供给侧结构性改革的方向问题，国内不同领域的学者提出了不同的意见。其中，贾康提出了东北地区供给侧结构性改革的“四大关键”和“七大抓手”，即：观念转变、制度供给、赶超战略以及创新文化“四大关键”和制度供给、规划供给、科技供给、人才供给、物流供给、环境供给以及观念文化转型“七大抓手”。其中，科技供给主要强调在自主发展高技术产业的同时，进一步加大国外先进技术的引进；人才供给主要强调留住人才的同时激发人才智力贡献。著名经济学家林毅夫通过对东北地区经济客观现实的分析也提出了解决东北问题的方法和路径，虽然受到了一定的质疑，但如何解决东北地区问题通过学者和专家们的深入讨论已经逐渐聚焦：生产要素的结构性优化是解决目前东北地区问题的重要路径之一，生产要素尤其是与创新相关的生产要素的重新组织，对于深入改善东北地区经济现状的意义深远。

尽管不同的学者之间存在观点上的差异，但是总体而言，学者们均强调了由传统制造产业向高新技术产业转变是目前东北地区供给侧结构性改革的主要方向。而对于如何实现这种产业的转换，学者们所强调的制度、人才、科技等要素的调整本质上就是对于东北地区主要创新要素的结构性调整。创新要素的结构性调整主要从上述要素入手，围绕产业发展需要进行新一轮的产业结构调整。2016年，国务院批复颁布的东北振兴“十三五”规划，明确提出通过实施创新驱动发展战略到2020年实现东北地区“创新驱动发展能力明显增强”，需要更加高效的创新要素配置，提高人民受教育程度以及创新人才培养水平，完善区域创新体系，提升自主创新和科技成果转化能力；特别是在投资结构上，研发经费投入达到2.1%，每万人口发明专利拥有量达到6.9件，重要技术创新与研发基地建设取得阶段性进展。因此，对于创新要素的结构性调整是实现东北地区供给侧结构性改革的主要措施。

综上所述，创新要素之间与创新要素内部的结构性转换，对于东北地区结构性改革具有重要意义，这种结构性改革体现为在已有产业基础上的结构性变革，以及已有产业向新动能转换过程中的结构性变革。东北地区供给侧结构性改革的重点在于如何突破现有产业结构不合理的问题，关键在于如何实现传统产业到高科技产业的动能转变，在解决如何实现动能转变的基础上，企业需要进一步对创新要素目前的结构性现状进行解析。

6.1.2 创新要素结构的合理化评价指标

（1）创新要素结构测量指标构建

创新要素主要体现在创新人才要素、创新资本要素和创新技术要素这三个方面，现有研究中对于这三个创新要素的测量主要考虑从三种要素之间以及各自数量比重的分析和对比来分析。东北地区的创新要素结构现状分析遵从现有的研究范式，将东北地区与北京、上海、广州等经济发达省份和城市的相关统计数据进行横向对比，通过东北地区发展过程中近10年的纵向数据分析，从横向和纵向两个方面明确目前东北地区创新要素现状。其中，创新人才要素分析主要考察R&D人员的数量以及R&D人员全时当量两个指标。R&D人员全时当量主要强调的是R&D人员的实际工作量，实际测量中主要采用R&D全时人员与非全时人员工作量折算的总和。创新资源要素主要考察R&D研发投入量，创新产出要素则主要考察地区有效发明专利数量。在具体的测度过程中主要从创新要素间结构以及创新要素内部结构两个方面进行分析和比较，以更加全面描述东北地区创新要素结构的现状。

①创新要素之间结构测度：主要考察地区总体环境中的上述三种创新要素的构成。创新人才要素、创新资本要素与创新技术要素之间存在一定的因果关系，因此，对于创新要素间结构测度，我们选择相对比例

和绝对数量两个方面进行测量。其中，相对比例的测度主要以三种创新要素与创新技术要素（总有效发明专利数）之间的比值来表示，通过绝对数量的分析，可以更加直观地体现平均单位技术创新要素的产生需要投入多少人才要素和资本要素。绝对数量则简单比较三种技术创新要素的绝对数量。

②创新要素内部结构测度：创新要素内部结构测度主要以企业为主要边界分析上述三种创新要素在企业与非企业之间的结构情况，考察企业的创新资源要素投入与总的社会创新资源要素投入之间的比例关系。其中，创新人才要素结构主要采用研发人员全时当量与总的研发人员全时当量之间的比值表示；创新资源要素结构则主要采用企业研发经费内部支出与总研发费用支出的比值来表示；创新技术要素则用企业的发明专利数与地区总的发明专利数之间的比值来表示。

（2）创新要素结构合理化标准

创新要素结构合理化主要指区域内创新要素以及创新要素之间关系的合理性，以达到相互促进、配合、适应的协同过程。要素结构合理的主要表征是各个创新要素本身能够友好地支持创新活动的具体要求，同时创新要素之间以及创新要素内部能够达到合理的配置与协同。创新要素在发展过程中，不断优化资源配置，协调各个创新要素之间的关系，使得创新要素在不同区域得到高效利用，主要反映创新要素结构的综合协调性。

创新要素结构合理性的主要衡量标准包括：创新要素间比例的协调性、创新要素本身的功能完整性、创新要素的绝对增长以及配置效率三个方面。其中，①创新要素间比例协调性主要强调创新要素之间是否保持合理的比例关系，创新要素之间合理的比例关系有助于创新要素整体功能的发挥以及创新效率的提高；②创新要素功能完整性主要从功能的角度评价区域创新要素结构的合理性水平，如果创新要素自身功能的完整性出现问题，必然会影响区域整体创新要素功能的发挥。创新要素的功能主要体现在资金支持、人才支持和技术支持三个方面；③创新要素的绝对增长以及配置效率主要强调创新要素绝对数量的相应增长，以保证区域创新活动的持续提升，创新要素的配置效率主要强调的是创新投入要素的产出效率，即创新投入要素与创新产出要素之间的比值，创新要素配置效率也是区域创新要素结构合理性的重要衡量标准之一。创新要素结构指标体系见表6-1：

表6-1 **创新要素结构指标体系**

<table>
<tr><th>创新要素</th><th>创新人才要素</th><th colspan="2">创新资本要素</th><th>创新技术要素</th></tr>
<tr><td>要素内部结构测度</td><td>研发人员全时当量与总的研发人员全时当量之间的比值</td><td colspan="2">企业研发经费内部支出与总研发费用支出的比值</td><td>企业的发明专利数与地区总的发明专利数之间的比值</td></tr>
<tr><td rowspan="2">要素之间结构测度</td><td colspan="4">创新人才要素、创新资本要素与创新技术要素之间存在一定的因果关系</td></tr>
<tr><td colspan="2">绝对数量：比较三种技术创新要素的绝对数量</td><td colspan="2">相对比例：三种创新要素与创新技术要素（总有效发明专利数）之间的比值</td></tr>
<tr><td rowspan="4">结构合理化标准</td><td colspan="4">创新要素间比例的协调性：强调创新要素之间是否保持合理的比例关系</td></tr>
<tr><td colspan="4">创新要素本身的功能完整性</td></tr>
<tr><td>人才支持</td><td colspan="2">资金支持</td><td colspan="2">技术支持</td></tr>
<tr><td colspan="4">创新要素的绝对增长以及配置效率：创新要素绝对数量的相应增长以保证区域创新活动的持续提升，创新投入要素的产出效率</td></tr>
</table>

（3）**东北地区创新要素结构现状**

①创新要素内部结构现状。

东北地区创新要素结构的分析，主要基于已有的统计数据对东北地区主要的创新要素结构指标评价体系中的指标进行分析。本书主要基于《中国科技统计年鉴》（2010—2018）和《中国统计年鉴》（2010—2018）中的经济数据，对东北地区2009—2017年的创新要素结构现状进行分析。东北地区创新要素的内部结构现状分析主要考察东北地区创新要素的绝对数量和相对比例两个方面。其中：在创新要素绝对数量上，东北地区基本保持持续增长的状态，但在2015年，其人才要素和资本要素在绝对数量上均出现了小幅的下滑。绝对数量的降低在一定程度上折射出东北地区在创新要素存量以及创新要素结构上已经出现了一定的问题。在创新要素结构现状比较上，引入上海、浙江、江苏为代表的长三角地区作为参照组，更加直观地明确东北地区在创新要素结构上存在的问题。通过对比可以明显发现，东北地区在创新绝对数量上与长三角地区相比存在明显的差距，并且二者之间的差距正在不断扩大。

在创新要素相对数量上，东北地区在技术创新过程中，单位创新成果的人才和资本消耗量均在不断减少，创新要素的使用效率在不断提升。在此背景下，与长三角地区的横向对比可以发现，其单位创新要素的产出明显要高于东北地区，但是二者之间的差距正在逐步缩小。

总体而言，在创新要素内部结构中，东北地区虽然在创新要素的配置效率上不断提升并接近发达地区，但是在创新要素存量上仍然存在明显差距，存量上的差距也反映了目前东北地区人才流失、经济发展相对落后的现实情况。由此可见，东北地区创新要素结构并不合理，无论是存量上还是创新要素配置效率均需要进一步改善。东北地区与长三角地区人才要素对比如图6-1所示：

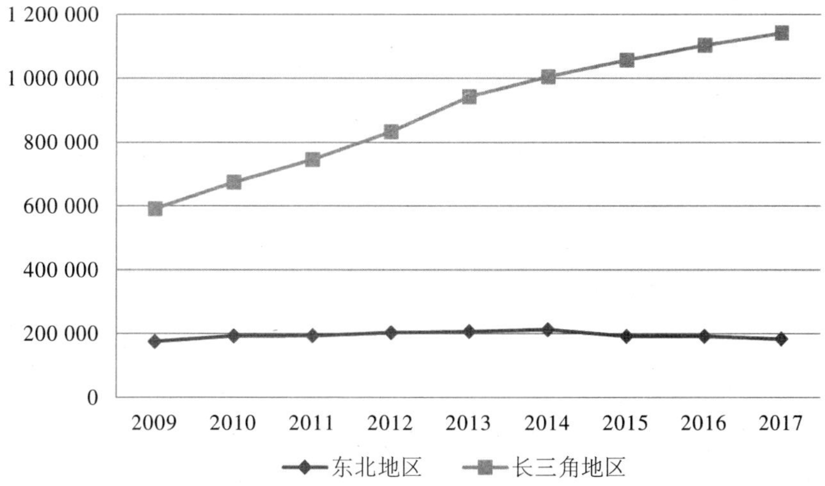

图6-1　东北地区与长三角地区人才要素对比（单位：人）

东北地区与长三角地区资本要素对比如图6-2所示：

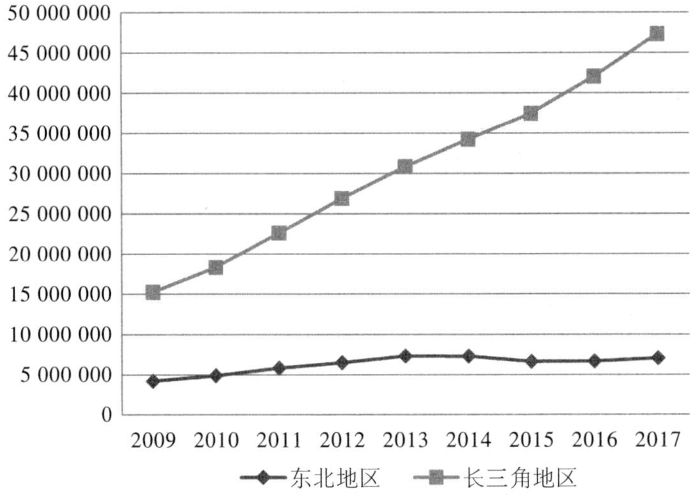

图6-2 东北地区与长三角地区资本要素对比（单位：万元）

东北地区与长三角地区技术要素对比如图6-3所示：

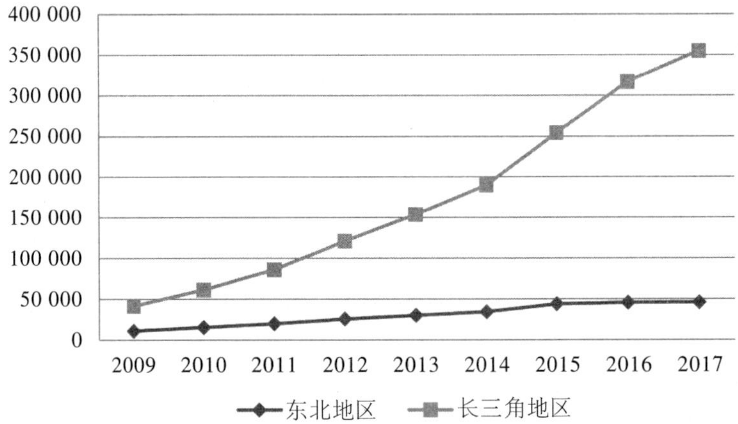

图6-3 东北地区与长三角地区技术要素对比（单位：万元）

②创新要素间结构现状。

在创新要素间结构方面，重点考察创新资源要素的相对比重。通过分析人才要素、资本要素及技术要素结构发现：在创新人才要素结构上，东北地区企业创新人才比重基本保持在50%左右，企业创新人才比重居中在一定程度上反映了东北地区企业作为创新主体的地位并不突出。与东北地区形成鲜明对比的是以上海、浙江和江苏为代表的长三角地区企业，其新人才比重达到80%左右的水平。

此外，在创新资本要素结构上，东北地区在企业创新资本所占比例方面，基本上均低于长三角地区。在创新技术要素上的比例，东北地区与长三角地区的差距尤为突出。从创新人才要素、创新资本要素以及创新人才要素与长三角地区的对比可以看出，目前东北地区在创新要素间结构仍然不合理，这种不合理极大限制了东北地区的经济发展，尤其是在高新技术产业发展上。

目前，东北地区正面临着供给侧结构性改革的巨大挑战，虽然东北地区作为老工业基地拥有较为丰富的重工业资源，但是创新要素结构的不合理仍然极大制约了东北地区的经济转型。要扭转这一现状，应抓好两方面：一方面，需要从创新要素存量上进行优化，加大创新要素的投入，特别是加大资金、人才以及技术等要素在重点领域的集聚；另一方面，在已有技术创新要素存量基础上，进一步优化创新要素结构配置，重点针对区域内重点产业发展布局，对已有创新要素进行集中优化调整，以期实现“以少胜多”的战略效果。东北地区与长三角地区人才要素间结构比较如图6-4所示：

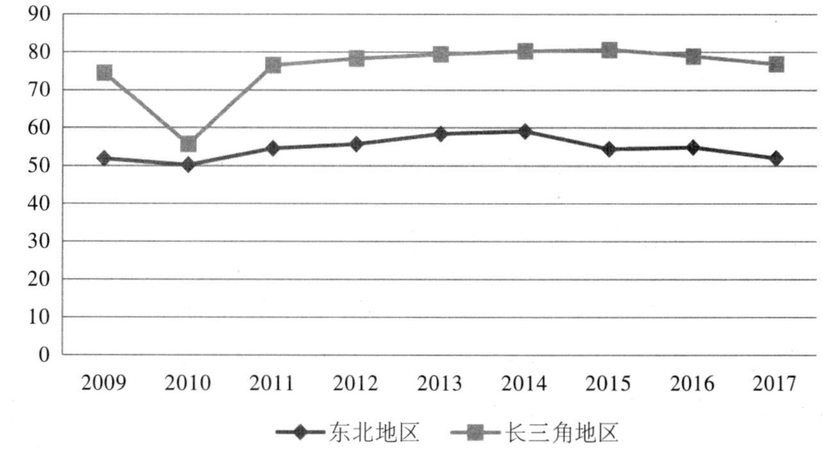

图6-4 东北地区与长三角地区人才要素间结构比较

东北地区与长三角地区资本要素间结构比较如图6-5所示：

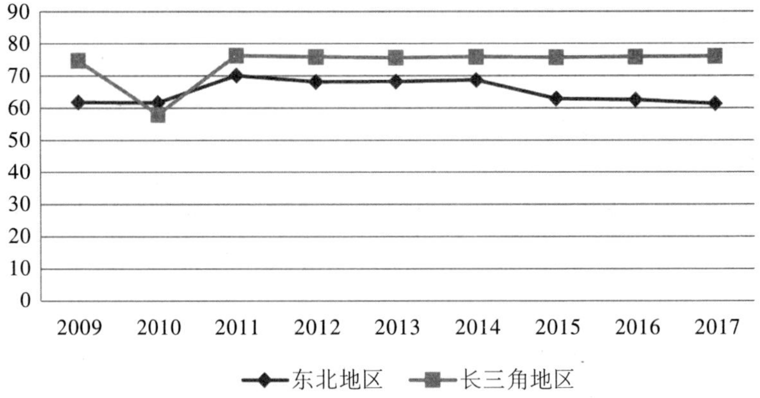

图6-5 东北地区与长三角地区资本要素间结构比较

东北地区与长三角地区技术要素间结构比较如图6-6所示：

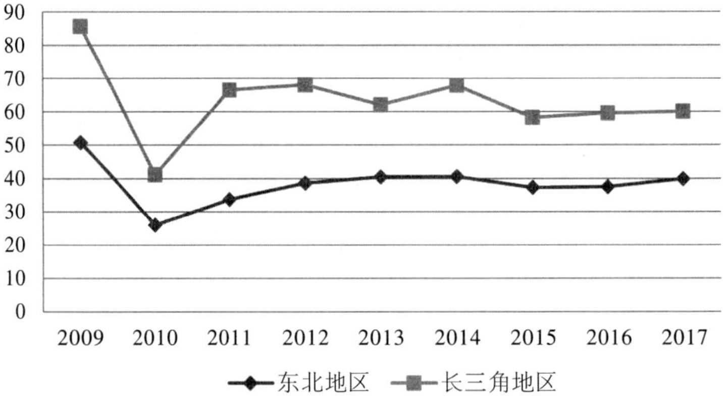

图6-6 东北地区与长三角地区技术要素间结构比较

6.1.3 创新要素结构的优化方向

基于以上分析可以看出，目前东北地区在基础创新要素存量方面具有较好的比较优势。但在创新要素结构上，不论是创新要素内部结构的合理性，还是创新要素之间结构的合理性，与长三角地区相比仍然存在较大差距。考虑到东北地区在创新要素存量上的优势和结构上的劣势，其创新要素结构优化方向坚持供给侧结构性改革的思路，可以从壮大优势主导产业和培育新动能两个方面，在创新要素结构分析的基础上，从创新产出最大化、创新能力最大化的目标角度进行调整和优化。其中，将创新产出和创新能力皆视为产出。

（1）壮大主导产业的创新要素配置结构

东北地区产业升级的关键在于如何利用已有创新要素存量进一步提升创新要素质量，并提高创新要素之间的协同水平。现有东北地区传统优势产业在人才、技术和资源上，均拥有相对丰富和充足的创新要素，因此东北地区的创新要素结构优化方向首先是盯住“存量”，以围绕壮大现有主导产业为主攻方向，从而更加有效地提升区域整体的创新要素结构合理性。

东北地区创新要素存量更多集中于传统优势产业，其主要集中在装备制造、汽车制造、石油化工等传统的制造业领域，传统主导产业转型升级也是我国工业化进程的基本要求，通过已有创新要素的变革重组，更加高效地实现创新要素配置的合理化。特别是从创新要素结构入手，主导产业创新要素结构配置过程，也是传统产业升级改造、产品升级换代的过程，通过创新要素的重新结构配置这一内生层面发力，能够快速实现主导产业的迭代升级，自然能够为东北振兴提供新的动力。

（2）培育新动能的创新要素配置结构

为更加充分地推动区域经济发展，还需要在做强主导产业的基础上，进一步培育经济发展新动能。培育新动能需要在现有产业要素基础上，一方面通过新创新要素的引入和发展以支持新动能的发展，另一方面可以通过对已有创新人才、创新资源和创新技术要素的重新配置，为新动能发展提供必要的创新要素保障。新动能培育过程需要通过必要的制度支持，以促进创新要素在新领域的快速集聚，通过创新要素集聚从而实现新产业的发展。

新动能培育离不开传统主导产业支持。在主导优势产业基础上，利用已有创新要素进行新动能培育，本质上是依托主导产业、聚焦传统产业的高端领域进行新动能的培育，可通过创新要素的重新优化配置来实现，比如通过产学研结合的方式，以创新人才要素为核心，通过人才引领的基础实验室成果，辅以必要的创新资源要素支持，推动实现区域内部新动能的培育和发展。

无论是壮大主导产业的创新要素结构配置，还是培育新动能产业的创新要素配置，都是未来东北地区创新要素配置的两大主要方向。具体而言，壮大主导产业的创新要素配置，主要在已有相对丰富创新要素基础上进行重新优化重组，例如新材料工业的培育和发展。新动能的培育作为创新要素结构配置的主要方向，具体可以通过已有主导产业相关创新要素的组织和以人才为核心的创新要素培育来实现，例如人工智能制造产业的培育和发展。

6.2 壮大主导产业的创新要素配置结构：以新型原材料工业为例

6.2.1 新材料产业发展现状

新型原材料工业作为21世纪的支柱性产业之一，是世界各国战略竞争的重要组成部分，各国纷纷参与到新兴原材料工业的市场竞争中，尤其是技术的竞争。对新型原材料工业的培育发展路径分析，首先要基于对全球、我国以及东北地区新材料工业发展现状分析作出相应的判断。

（1）全球新材料产业发展现状

世界新材料市场规模始终保持较快的增长速度，2010年到2016年全球新材料市场的年增长速度均保持在10%以上。即便是在全球经济形势低迷的阶段，新材料产业仍然保持稳中有升的发展趋势。随着世界经济的不断发展和各国产业的不断升级，未来全球市场中新型工业材料的需求将不断扩大，新材料领域的技术创新和产品更新速度也将不断加快，从而推动产业迅速发展。

全球新材料技术创新的主体是美国、日本、欧洲发达国家及地区，其对应的大型跨国公司在技术能力、研发能力及市场份额等方面占据绝对优势，处于全球市场的垄断地位。但是其间也存在一定差异，欧洲的主要优势在于光学、光电材料以及结构材料，日本的主要优势在于电子信息材料以及纳米材料，美国则是在整个新材料领域均处于领先地位。相对于美国、日本和欧洲，中国处在相对比较有优势的第二梯队，同处于相似地位的有韩国、俄罗斯等。其中，俄罗斯主要聚焦航空航天材料，韩国主要聚焦显示和存储材料，我国则主要聚焦在半导体材料、稀土永磁材料及人工晶体材料等方面。

整体上来看，全球绝大部分发展中国家仍然处在新材料行业的末端。在整体市场规模和完善程度上，欧洲以及北美市场相对于亚太地区具备明显优势，但未来随着新兴经济体的快速发展，新材料市场逐渐从北美、欧洲市场向亚洲市场转移，给亚洲及发展中国家提供了巨大的发展机遇。尤其是在新材料领域创新要素配置上，也面临着重新配置的机遇和挑战，必将进一步增加全球在新材料领域发展的差异性。

新材料产业发展呈现两个特征：一是国际合作、产业链联系不断紧密；二是高端材料的垄断程度不断提高。主要体现在新材料企业战略合作不断深入，促进了多部门、多产业间的联合，战略联盟等形式在一定程度上促进了产品开发应用，加强了不同学科、部门的联系。同时，著名材料企业的国际合作，尤其是兼并重组及产业生态系统的构建，促进了行业中寡头的出现，在一定程度上把持了全球高端材料。例如，GE塑料、韩国LG等大型跨国公司，在加剧行业垄断的同时也成为高端新材料市场的主导者。

新材料领域的技术创新和研发，需要以基础学科技术创新为基础，随着该领域技术突破及其他学科的交叉融合，新材料领域技术创新周期不断加快，研发思路和方法的限制因素在新的技术情境下不断被突破，新的数据库技术、大数据技术的支持及材料基因组工程的发展，都极大推动了新材料行业产业、工艺研发及技术变革，大大缩减了研发周期和成本，加快了新材料行业的技术创新与迭代速度。

（2）我国新材料产业发展现状

近几年，我国新材料产业也得到长足发展，尤其是新型基础材料、前沿材料等方面，均达到甚至超越国际先进水平。2012年以来，我国新材料总产值年均增速达到27.6%，2017年我国新材料产业市场规模达3.1万亿元，预计到2022年其规模将达9.5万亿元。其中，2017年到2022年，年均增长率高达25.07%，增长速度高出世界平均水平近15个百分点。技术创新成果及应用水平不断提高，碳纤维材料、高性能玻璃纤维材料、稀土材料、石墨烯改性材料等均取得了突破性进展。其中，泰山玻纤建成年投产16万吨高性能玻璃纤维智能制造项目，标志着我国玻纤生产达到国际先进水平；中复神鹰千吨级高强度碳纤维项目，部分指标超过已有的T800等。

同时，在制度供给保障支持上，国家和各级政府也不遗余力，推出诸多产业发展扶持政策。比如，我国在产业顶层设计方面，组建了国家新材料产业发展专家咨询委并编制了行业发展的重点集聚区、重点企业及重点产品目录；协同创新方面，建立了石墨烯制造业创新中心，打造石墨烯产业协同创新样板；产品应用方面，推出了《国家新材料生产应用示范平台、测试评价平台建设方案》《新材料产业标准化工作三年行动计划》，为新材料发展创造良好环境。未来，国家还将新材料产业作为中国制造2025产业发展基金的重点支持领域，加快推进新材料生产应用示范平台、资源共享平台及新材料制造业创新中心建设等工作。

（3）东北地区新材料产业发展现状

经过几十年的发展，东北地区新材料产业实现了从无到有，在体系建设、产业构建、技术进步等方面取得了明显成效，具备良好的产业发展基础，为经济建设和国防建设作出了重大贡献。以辽宁省新材料产业为例，主要概括为以下特征：

①产业体系初步建成。

辽宁省新材料研发应用发端于国防科技工业领域，经过多年发展，在国民经济、国防工业领域应用不断扩大。金属新材料产业在全国具有较强的优势地位，化工新材料产业近年来也得到较快发展，无机非金属材料、电子信息制造业材料、先进功能材料及前沿新材料具备一定规模的产业基础，初步形成了包括研发、设计、生产和应用门类较为齐全的产业体系。

②产业规模不断壮大。

截止到2015年，辽宁省涉及新材料研发和生产的企业超过百户，新材料产业总产值达920亿元，孕育了鞍钢、本钢、东北特钢、中铝沈加、辽宁忠旺、营口康辉石化等新材料重点骨干企业，开发生产的应用于航空航天装备、海洋工程装备、高技术船舶（舰船）、兵器、新建轨道交通装备、汽车等的金属新材料及工程塑料、特种合成橡胶等在全国具有一定影响力。

③创新能力不断增强。

东北地区新材料领域的基础研究、工程化研究、科技成果转化取得了实质性进展，新材料领域的研发已形成鲜明特色，在先进钢铁材料、高温合金、铝合金、钛合金、镁合金、工程塑料、特种橡胶等领域达到国内先进水平，部分领域已经达到国际先进水平。创新平台建设也得到加强，辽宁省有新材料国家级工程技术中心2个，省级工程技术研究中心122个；国家级重点实验室3个，省级重点实验室65个；产业共性技术创新平台4个，产业专业技术创新平台24个；省级以上企业技术中心82个。

④应用水平持续提升。

东北地区承担了多项国家军工和应用重大科技专项，高质量参与并完成了载人航天、航空、跨海大桥、水利枢纽、高铁列车、核电等重大工程关键材料攻关。近五年来，仅辽宁省就获得国家级科技奖29项，获得了较高的行业声誉。东北地区在新材料产业取得了较为突出的成就，尤其是在钢铁、化工等传统产业基础上的新材料处于国内领先水平。

但也必须看到，东北地区新材料产业发展总体水平仍然不高，相对于国内部分沿海地区仍然存在明显差距。主要表现在：一是先进基础材料方面的优势正在减弱，市场份额逐渐减少；关键战略材料方面没有形成规模，竞争力不强；先进功能材料及前沿新材料起步晚，缺少领军企业及领军产品。二是新材料研发投入不足，企业研发经费占比低，企业资助研发能力薄弱，产学研用合作不紧密，新材料推广应用难。三是新材料产业缺乏统筹规划和政策引导，产业布局不合理，低水平重复建设多，低端品种产能过剩。四是新材料领域人才不足，尤其是高端人才严重缺乏。

6.2.2 东北地区新型原材料工业的创新要素结构配置特征

在当前复杂的全球经济形势下，全球新材料竞争格局也发生了重大变化，推动信息、能源、生物等高技术产业不断融合，大数据、数字仿真等互联网技术在新材料研发设计中的作用不断突出，出现了“互联网+”、材料基因组计划、增材制造等新技术新模式。为了突出在新材料领域的竞争优势，原本技术领先的美国、英国、日本、德国等国家更是纷纷加大新材料发展力度，导致新材料领域国际竞争日趋激烈。

新材料产业关乎国民经济持续发展和国家战略安全，是我国确定的面向未来必争的战略领域之一，在政策指导下，多个省份将新材料作为地区经济的重要增长点进行扶持，全国新材料产业得到了快速发展。其中，长三角地区发展最为突出，据统计新材料产业产值已经突破数千亿元，相比之下，东北地区技术水平和产业规模都相形见绌。

东北地区是全国重要的原材料供应基地，但传统材料产业正面临产能过剩及资源、能源、环境约束日益加剧等问题，需要大力发展新材料相关产业，加快推进材料工业转型升级。东北地区的新型原材料工业培育，重点突破一批关键材料技术，集中力量发展健全新材料产业体系，推动新材料产业支撑东北地区经济转型，成为经济发展新的增长点。东北地区新材料产业的发展应坚持优化结构、创新驱动、市场主导、融合发展的基本原则，以此进行新材料产业发展的战略布局。

①在优化结构方面，东北地区既要立足现有冶金、石化等存量产业优势，努力做大做强先进钢铁材料、先进有色金属和先进化工材料等产业，依托新材料创新成果布局发展一批前沿新材料产业，壮大一批新材料产业聚集区或产业集群，培育一批“专、精、特、新”的新材料企业。

②在创新驱动方面，东北地区应始终强调创新在新材料产业发展中的核心作用，不断健全完善有利于创新的制度和政策环境，建立政产学研用相结合的有效机制，整合现有科技创新资源，强化企业创新主体地位，实现联合攻关、协同创新，从而突破一批新材料领域的关键和共性技术。

③在市场主导方面，坚持遵循市场经济发展规律，重视对新材料的推广应用和消费市场的培育，着重把握现有新材料产业发展趋势，发挥

好政府部门在改善市场环境中的作用。

④在融合发展方面，进一步推进新材料产业军民融合，推动军民共用新材料技术双向转移转化，特别是大力促进信息技术与新材料融合发展，推动新材料设计、加工、制造及测试过程中的数字化和智能化运用，强调利用互联网技术加强新材料产业的供需对接，力求发展与新材料相关的新模式新业态。

在上述原则和路径指引下，东北地区逐步建立起了特色鲜明、规模较大、产业配套齐全、具备较强自主创新能力的新材料产业体系，成为全国重要的新材料地区。以辽宁省为例，新材料建设正聚焦先进钢铁材料、有色金属材料和化工材料等重点领域，打造多个创新能力强、具有核心竞争力、销售收入超过200亿元的综合性龙头企业，培育多个新材料销售收入百亿规模的专业性骨干企业，建成多个主业突出、产业配套齐全、新材料产值超50亿元的新材料产业基地和产业集群。

6.2.3 新型原材料工业的技术效率分析

对于技术创新效率的测量，本书主要遵循已有技术创新效率测量工具，通过对产业内主要企业的投入与产业的数据分析，最终得出产业的技术创新效率。当前研究中，对于技术创新效率的测量主要采用Deap2.1软件，通过计算不同数值得出样本企业的技术创新和Malmquist指数分析结构。基于已有的研究惯例，新材料产业的技术创新数据主要来源于行业内已有上市公司的公开数据，计算指标主要包括创新投入与创新产出。其中，创新投入主要包括资本投入和劳动投入，资本投入主要选取企业固定资产净额，劳动投入选取年末员工人数来衡量；创新产出的衡量主要选取企业的营业收入作为指标。

样本选择上，为更加突出体现新材料行业的技术效率情况，在企业样本选择上主要选取了在我国新材料行业A股上市的47家企业作为行业代表，同时考虑到数据的完整性和一致性，选取了2013—2018年投入产出数据作为分析数据基础，最终计算得出了新材料产业主要样本企业的技术效率以及Malmquist指数分解结果，见表6-2：

表6-2 **我国新材料行业技术效率分析**

序号	企业	2013	2014	2015	2016	2017	2018
1	金发科技	1.000	1.000	1.000	1.000	1.000	1.000
2	康得新	0.372	0.324	0.513	0.747	0.825	0.522
3	方大炭素	0.334	0.338	0.317	0.297	1.000	1.000
4	格林美	0.274	0.257	0.338	0.443	0.465	0.548
5	横店东磁	0.295	0.350	0.537	0.542	0.599	0.493
6	博威合金	0.535	0.458	0.594	0.550	0.622	0.511
7	安泰科技	0.294	0.258	0.296	0.324	0.357	0.318
8	云海金属	0.533	0.452	0.520	0.552	0.663	0.507
9	有研新材	0.150	1.000	1.000	0.826	1.000	1.000
10	中科三环	0.713	0.709	0.750	0.562	0.643	0.478
11	索通发展	0.257	0.247	0.313	0.236	0.425	0.333
12	中兵红箭	0.243	0.205	0.189	0.349	0.439	0.372
13	易成新能	0.204	0.266	0.270	0.303	0.184	0.231
14	中航高科	0.318	0.187	0.372	0.414	0.453	0.314
15	黄河旋风	0.123	0.113	0.132	0.165	0.193	0.158
16	天通股份	0.172	0.155	0.200	0.217	0.254	0.201
17	沃尔核材	0.312	0.343	0.352	0.304	0.323	0.275
18	诺德股份	0.156	0.131	0.179	0.226	0.279	0.179
19	新纶科技	0.428	0.357	0.209	0.232	0.267	0.262
20	宁波韵升	0.534	0.277	0.306	0.255	0.321	0.255
21	豫金刚石	0.092	0.080	0.113	0.123	0.162	0.097
22	东材科技	0.200	0.209	0.179	0.199	0.216	0.158
23	英洛华	0.577	0.380	0.350	0.305	0.366	0.353
24	国瓷材料	0.193	0.163	0.186	0.134	0.227	0.241

续表

序号	企业	2013	2014	2015	2016	2017	2018
25	正海磁材	0.300	0.356	0.438	0.306	0.248	0.292
26	中钢天源	0.328	0.353	0.232	0.081	0.271	0.262
27	西部材料	0.153	0.151	0.159	0.166	0.216	0.183
28	四通新材	1.000	0.769	0.777	0.427	0.785	0.563
29	光威复材	0.127	0.129	0.141	0.116	0.192	0.231
30	东方钽业	0.271	0.240	0.160	0.122	0.159	0.231
31	深圳新星	0.713	1.000	0.368	0.167	0.226	0.184
32	银河磁体	0.230	0.261	0.272	1.000	0.322	0.388
33	岱勒新材	1.000	1.000	1.000	0.044	0.173	0.089
34	石英股份	0.197	0.163	0.157	0.095	0.134	0.119
35	博云新材	0.122	0.124	0.106	0.103	0.120	0.095
36	江丰电子	0.158	0.208	0.289	0.100	0.154	0.139
37	三超新材	0.143	0.410	0.275	1.000	0.222	0.154
38	菲利华	0.215	0.249	0.354	0.101	0.128	0.142
39	坤彩科技	0.387	0.469	0.598	0.086	0.107	0.115
40	碳元科技	0.690	0.455	0.332	0.164	0.395	0.433
41	金石资源	0.144	0.141	0.101	0.061	0.077	0.098
42	北矿科技	0.252	0.480	0.532	0.093	0.224	0.288
43	四方达	0.148	0.173	0.169	0.042	0.181	0.191
44	乐凯新材	0.194	0.307	0.344	0.337	1.000	1.000
45	开尔新材	0.347	0.737	0.754	0.083	0.116	0.111
46	中飞科技	0.907	0.317	0.280	0.029	0.034	0.031
47	合金投资	0.140	0.110	0.066	0.098	0.218	0.280

其中，从我国新材料产业中A股上市公司的数据分析来看，在技术创新效率方面，除少部分企业，如金发科技、乐凯新材等出现技术效率达到1.000，其他大部分企业技术效率均处于1以下，并且同一企业在不同的年份中也会出现较大的技术创新效率波动，例如，康得新2013年的技术效率仅为0.372，但2017年其技术效率达到了0.825的水平，而2018年其技术效率又下降到0.522。尽管部分企业出现了较大的技术效率波动，但总体而言，新材料行业的技术效率是不断提升的，这也表征了行业不断发展不断进步的特点。我国新材料产业Malmquist指数分解年平均值见表6-3：

表6-3 **我国新材料产业Malmquist指数分解年平均值**

序号	企业	技术效率变化指数effch	技术进步指数Techch	纯技术效率变化指数pech	规模效率变化指数sech	全要素生产率变化指数tfpch
1	金发科技	1.011	1.064	1.000	1.011	1.076
2	康得新	0.914	1.064	0.934	0.978	0.972
3	方大炭素	0.723	1.064	0.803	0.900	0.769
4	格林美	0.883	1.064	0.871	1.014	0.939
5	横店东磁	0.838	1.064	0.902	0.928	0.891
6	博威合金	0.922	1.064	1.009	0.914	0.981
7	安泰科技	0.946	1.064	0.984	0.961	1.006
8	云海金属	0.903	1.064	1.010	0.894	0.961
9	有研新材	0.555	1.064	0.684	0.811	0.590
10	中科三环	0.961	1.064	1.083	0.887	1.022
11	索通发展	0.848	1.064	0.949	0.893	0.902
12	中兵红箭	0.856	1.064	0.918	0.933	0.911
13	易成新能	0.890	1.064	0.976	0.911	0.946

续表

序号	企业	技术效率变化指数 effch	技术进步指数 Techch	纯技术效率变化指数 pech	规模效率变化指数 sech	全要素生产率变化指数 tfpch
14	中航高科	0.895	1.064	1.002	0.892	0.952
15	黄河旋风	0.943	1.064	0.952	0.991	1.003
16	天通股份	0.900	1.064	0.969	0.929	0.958
17	沃尔核材	0.958	1.064	1.026	0.934	1.019
18	诺德股份	0.900	1.064	0.974	0.925	0.958
19	新纶科技	1.026	1.064	1.104	0.929	1.091
20	宁波韵升	1.022	1.064	1.159	0.882	1.088
21	豫金刚石	0.921	1.064	0.991	0.929	0.979
22	东材科技	0.943	1.064	1.049	0.899	1.003
23	英洛华	0.972	1.064	1.103	0.881	1.034
24	国瓷材料	0.875	1.064	0.957	0.915	0.931
25	正海磁材	0.869	1.064	1.005	0.865	0.925
26	中钢天源	0.918	1.064	1.046	0.877	0.976
27	西部材料	0.857	1.064	0.965	0.888	0.911
28	四通新材	1.276	1.064	1.122	1.138	1.358
29	光威复材	0.752	1.064	0.888	0.847	0.800
30	东方钽业	0.824	1.064	1.033	0.798	0.876
31	深圳新星	1.197	1.064	1.311	0.914	1.274
32	银河磁体	0.809	1.064	0.900	0.899	0.861
33	岱勒新材	1.359	1.064	1.622	0.838	1.446
34	石英股份	0.943	1.064	1.105	0.853	1.003

续表

序号	企业	技术效率变化指数 effch	技术进步指数 Techch	纯技术效率变化指数 pech	规模效率变化指数 sech	全要素生产率变化指数 tfpch
35	博云新材	0.881	1.064	1.052	0.837	0.937
36	江丰电子	0.880	1.064	1.026	0.857	0.936
37	三超新材	1.021	1.064	0.985	1.036	1.086
38	菲利华	0.934	1.064	1.086	0.860	0.994
39	坤彩科技	1.182	1.064	1.275	0.927	1.257
40	碳元科技	1.173	1.064	1.098	1.068	1.248
41	金石资源	0.947	1.064	1.082	0.876	1.008
42	北矿科技	0.903	1.064	0.973	0.928	0.961
43	四方达	0.867	1.064	0.951	0.912	0.922
44	乐凯新材	0.854	1.064	0.721	1.185	0.908
45	开尔新材	1.145	1.064	1.256	0.911	1.217
46	中飞科技	1.774	1.064	1.960	0.905	1.887
47	合金投资	0.967	1.064	0.871	1.110	1.028

从Malmquist指数分解年平均值可以看出，目前新材料行业技术进步指数是大于1的，行业整体技术进步指数极为相似，均处于1.604左右的水平，大部分样本企业的规模效率变化指数、技术效率变化指数等其他指标均处在1以下的水平，所以总体而言新材料行业的技术效率仍然需要进一步提升。同时需要注意的是，尽管技术效率变化指数、纯技术效率变化指数等指数多数处于1以下，但是基本均处在接近1的水平，由此可以看出，目前新材料产业仍然处于仍有极大发展空间和潜力的发展阶段，其技术创新效率有望进一步提升。现有的东北地区新材料A股上市公司相对于长三角和珠三角仍然占比过少，从产业整体发展上，东北地区仍然需要进一步支持和促进新材料产业的发展。

6.2.4 促进新型原材料工业创新要素结构优化的政策镜鉴与选择

(1) 世界主要国家和地区新材料产业相关政策

鉴于材料的战略性和基础性作用，新材料技术成为各国竞争的热点之一。为此，全球主要国家均制定了相应的新材料发展战略和研究计划。

①美国。

美国作为超级发达国家，在高新技术领域一直处于领先地位，对于新材料领域的发展一直保持密切关注，美国新材料领域的快速发展很重要的一方面原因是得益于政府的长期支持。其新材料主要聚焦于国防领域，产品和研发也主要集中在航空航天技术、国防及核能领域、计算机信息技术等行业。自1991年以来，克林顿、小布什、奥巴马等多届政府均将新材料发展上升到国家战略高度，其中在已发表的国家关键技术报告中，新材料被列为对国家安全和经济范围至关重要的6个关键领域的首位，可见美国对新材料行业的重视程度。美国明确提出，通过改进材料制造工艺、提高材料性能来达到加强国家安全、提高工业生产率、提高国民生活质量的目的，并通过军民结合战略，促进新材料由国防军工领域向民用领域转移。美国主要新材料相关政策见表6-4。

表6-4 美国主要新材料相关政策

时间	政策名称
2010.12	《关键材料战略》
2011.6	“制造业伙伴关系计划”
2011.12	《2011关键材料战略》
2012.2	“先进制造业国家战略计划”
2012.2	“国家纳米计划”
2014.4	“材料基因组计划战略规划”
2016	《国家制造业创新网络战略规划》

②德国。

德国工业4.0的提出被认为是新一轮工业革命的开始，而新材料工业作为工业4.0的重要组成部分，德国从国家政策到行业规划均极为重视新材料相关产业的发展，尤其是对高端材料的技术研发。在从上到下的政策推动过程中，德国从一般企业到社会公众均认为新材料发展对经济发展极为重要，因此也会踊跃参与到新材料产业建设中，推动新材料行业不断发展。德国主要新材料相关政策见表6-5：

表6-5 **德国主要新材料相关政策**

时间	政策
2003	“材料技术MaTech”
2004	“为工业和社会而进行材料创新WING”
2012.6	《纳米材料安全性》
2012.11	“原材料经济战略”科研项目
2013.4	《关于实施工业4.0战略的建议》白皮书
2016.3	《数字战略2025》(Digital Strategy 2025)

③日本。

日本新材料发展相关政策与日本第五期科学技术基本计划密切相关。1994年以来，日本将“科技重新立国”作为其新的国家战略，并在此国家战略基础上连续实现多个“科学技术基本计划”，直接推动了整个国家的技术创新和科技进步。在2011年推出的第四期“科学技术基本计划”中，以新材料为代表的高新技术被特别强调，并提升到了国家发展战略的重要地位，明确了新材料产业在日本的发展方向。

④韩国。

韩国对新材料产业的支持主要体现在国家层面的科技规划上，比较有代表性的是“纳米融合2020项目”和“科学技术基本计划”等。其中，对“纳米融合2020项目”，韩国将投入5 130亿韩元（约合人民币28.2亿元）支持其施行，重点支持纳米新材料研发及与其他产业的技术融合。在2013年推出的第三次“科学技术基本计划”中，重点推进5个领域120个项目的国家战略技术，先进技术材料是30个重点技术项目之一。此外，韩国还推出了“未来增长动力计划”，重点推进新一代半导体、生态材料、高性能结构材料等重点领域的新材料技术攻关。3D打印是韩国政府重点关注的新材料领域，其在2014年以来先后推行了“3D技术产业发展的总体规划”，促进3D打印领域的技术开发、设施建设、人才培育和法规完善。

⑤俄罗斯。

2012年4月，俄罗斯全俄航空材料研究所与各政府部门联合发布了《2030年前材料与技术发展战略》，将18个重点材料战略列为发展方向，包括智能材料、金属间化合物、纳米材料及涂层、单晶耐热超级合金、含铌复合材料等，同时制定了新材料产业主要应用领域的发展战略。俄罗斯科学院于2015年发布了《俄罗斯联邦至2030年科技发展预测》，内容包括7个科技优先发展方向，即信息通信技术、生物技术、医疗与保障、新材料与纳米技术、自然资源合理利用、交通运输与航天系统、能效与节能等。

从以上国家新材料的政策梳理可以看出，各国在聚焦各自不同发展重点的同时，表现出重视产业融合、人才培养以及技术研发的共同特点。其中，产业融合方面主要体现在重视新材料行业与其他制造业领域的融合和交互。在政策制定过程中均关注了行业整体的相互影响，鼓励中小企业参与以及合作伙伴关系的建立，通过加强产业之间的融合，更好地推动区域技术攻关合作，促进产业整体水平的提升。

人才培养作为新材料行业发展的基础，几乎每个国家在新材料发展战略中均强调了对关键技术人才的支持和鼓励。其中，欧盟在“地平线2020计划”中，专门制订了对专业技术人才的培训计划；日本更是注重对一线制造工人以及技术人员的培养和支持，通过政府出资的形式，鼓励技术专家参加技术传承和培训；美国在“先进制造业国家战略计划”中，明确提出提高制造业企业的劳动力技能是其中重要的目标之一，具体提出了学习计划、员工培训以及职业教育相关的人才培养制度。

鼓励和支持技术研发是各国新材料战略及政策制定的核心。实现新材料产业发展的关键在于技术研发，美国政府直接通过加强税收减免力度、甚至永久性免除税收的手段直接刺激技术研发；日本新材料相关政策的制定围绕的核心在于技术创新，通过技术创新实现关键技术领域的突破，从而树立国家在新材料对应领域中的领军地位。

（2）我国及东北地区新材料政策

除了人才政策，现有相关政策对新材料产业发展路径也作出了清晰说明。例如，2015年9月发布的《中国制造2025重点领域技术路线图》中指出新材料已经成为中国制造2025的重点领域之一，其对新材料领域的先进基础材料、关键战略材料以及前沿新材料的具体发展路径、发展目标、发展重点、战略支撑和保障等方面进行充分说明。该技术路线图也成为指导地方新材料产业发展极具操作性的指南。我国新材料相关政策见表6-6：

表6-6 我国新材料相关政策

时间	政策
2007.5	高新技术产业“十一五”规划
2010.10	《关于加快培育和发展战略性新兴产业的决定》
2011.12	国家中长期新材料人才发展规划（2010—2020）
2012.7	“十二五”国家战略性新兴产业发展规划
2012.12	《新材料产业“十二五”发展规划》
2014.10	关键材料升级换代工程实施方案
2015.9	中国制造2025重点领域技术路线图
2016.10	稀土行业发展规划（2016—2020年）
2016.10	有色金属工业发展规划（2016—2020年）
2016.12	《“十三五”国家战略性新兴产业发展规划》
2016.12	关于成立国家新材料产业发展领导小组的通知
2017.1	新材料产业发展指南
2018.4	《关于印发国家新材料产业资源共享平台建设方案的通知》

在国家新材料发展框架下，东北地区作为老工业基地，也成为新材料产业发展极具优势的地区。东北地区依托自身在石化、冶金等传统制造业领域中的产业和技术积累，大力推进新材料产业的转型升级，新材料产业的发展成为新形势下东北地区经济振兴的重要抓手。在此背景下，东北地区先后出台了符合地区特点的新材料发展规划及实施方案。

2019年初，辽宁省提出了辽宁省新材料产业发展规划，明确了新材料产业发展的主要聚焦领域，并进一步制订了具体的新材料基地建设的实施方案——《辽宁省建设国家新型原材料基地工程框架实施方案》，明确提出到2020年初步实现新材料工业的结构升级以及产业结构优化，实现年均增长8.7%，强调不断提高新材料在原材料工业中的比重，促进新旧动能的转化，尤其加强化工新材料——石墨烯等非金属新材料方面的技术革新，将其作为辽宁省新材料产业的重点领域。

黑龙江省则在2009年就发布了《黑龙江省新材料产业发展规划》，强调了自身在新材料产业发展中的比较优势，包括矿产资源优势、产业基础、较强的科研优势及不断增长的市场需求优势等，将金属新材料、纤维及复合材料、化工新材料、光电材料、纳米材料、石墨及深加工等作为新材料产业发展的重点领域，规划也从人才资金等方面对新材料产业发展提供了保障和支持。

总体而言，我国及东北地区的新材料政策在整体规划及发展策略上，均体现了对新材料产业发展的重视，但对于产业发展过程中可能存在的具体问题并没有给出明确的解决措施，因此可能导致政策在实际执行过程中发展不平衡不充分、创新能力不适应高质量发展要求等结构性问题的产生。

（3）政策述评

从以上政策梳理可以看出，作为全球制造业新的竞争领域，各国及各级政府均在不遗余力地促进新材料产业的发展，这种政策的刺激极大地传递到产业现实发展过程中。基于上述政策的梳理描述，我们通过与美国等发达国家和地区的政策对比，进一步解析我国及东北地区现行新材料相关政策的优势与劣势。

①金融政策

直接的资金支持是目前中美两国对新材料企业的主要支持手段，但通过与美国政策相比，中美在资金支持额度、资金使用方式和限定上仍存在较大差异。在直接金融支持数额上，美国在新材料领域的资助额度达上千亿美元，而我国在该领域的资金支持预算在2018年仅为30亿元人民币，分摊到不同的省份和新材料领域，对于新材料的发展相对而言显得捉襟见肘。在资金具体资助方向上，我国更加注重新材料的技术开发及产业化应用，相关政府机构如工信部、财政部等会对资金的使用情况进行相对灵活的检查；美国同样关注企业的资金使用情况，重点在新材料研发以及商业化应用。事实上，美国政府除了相对丰富的资金支持外，还通过政府资金的大量投入来引导民营资本向新材料产业转移，从而形成相对健全成熟的资源市场和资本市场，进一步支持创新成果产出及创新成果的有效商业化。相对于美国国有资本与民间资本相结合的直接资金支持模式，目前我国在民间资本参与上仍然较为薄弱，东北地区民间资本参与相对于沿海地区差距更加明显。以纳米技术为例，我国2011—2016年纳米技术所获的风险投资金额不及美国的1%，美国为25亿美元，而中国仅为0.02亿美元。因此，现有政策需要在现有资金支持的基础上，促进民间和社会资本的加入，补充国家单一的资金支持相对不足的现状，同时进一步激活我国新材料资本市场的活力。

间接融资支持主要强调的是商业贷款的支持力度，对于中小型的新材料企业而言尤为重要。美国在对新材料企业的金融支持体系中也强调了对中小企业商业贷款的扶持，美国的小企业管理局通过对中小企业融资担保等，将社会资本引入中小企业的投资中，有效解决了中小型新材料企业融资难的问题。我国及东北地区的新材料资金支持政策中，没有出台直接针对中小型新材料企业融资的相关政策，政府担保贷款和小额贷款的实际执行情况并不理想。间接融资支持的不完善在一定程度上限制了中小型新材料企业的技术创新和快速成长。近年来美国新材料领域主要资金政策见表6-7：

表6-7　　近年来美国新材料领域主要资金政策

时间	政策	直接资金支持数额
2001	国家纳米计划	4.62亿美元（2001）；17亿美元（2010年至今）
2002	国家半导体照明研究计划	5亿美元/年
2003	21世纪纳米技术研究开发法案	37亿美元（2005—2009）
2003	氢燃料电池研究计划	30亿美元（2003—2008）
2011	先进制造伙伴关系计划	5亿美元
2013	国家制造业创新网络	10亿美元
2014	材料基因组计划战略规划	追加1亿美元

近年来我国新材料领域主要资金政策见表6-8：

表6-8　　近年来我国新材料领域主要资金政策

政策	支持金额
航空航天用特种玻璃纤维精细织物产业化	不超过1 000万元人民币
国家新材料产业资源共享平台建设方案	不超过1亿元人民币
科技部重点基础材料技术提升重点专项	13.149亿元人民币
材料基因工程关键技术专项	2.20亿元人民币
纳米科技重点专项	1亿元人民币
战略性先进电子材料重点专项	1.514亿元人民币

②人才培养。

为了促进新材料产业的发展，各国均不遗余力地通过各种优惠政策来吸引新材料相关领域的高水平人才，而在实际政策运用过程中，不同国家也会存在明显的差异。中国和美国在人才培养上的差异主要体现在对本土人才培养的重视程度上。美国作为老牌的发达国家有着天然的人才吸引优势，在通过优惠政策的制定吸引外部优秀人才加入的同时，加强本土人才的培养，并注重对基础人才以及一线工人的培养。相对于美国而言，我国强调国际人才引进的同时，对本土人才的自主培养重视程度并不高。

高端人才的吸引和培养离不开科研平台的建立和完善。我国在人才吸引上更多强调经济上直接的物质激励，而对于科研平台的构建以及科研条件的支持相对较弱，这使得我国在实际人才培养上存在一定的不可持续性。西方发达国家尤其是美国，在经济激励的同时，不断加大对科研平台的建设，通过科研氛围和科研平台的搭建，更加可持续地实现人才的吸引和培养。

③专利保护。

新材料产业是典型的高新技术产业，强调技术创新的同时，需要加强对创新成果技术专利的保护。新材料产业相关扶持政策的完善，需要进一步关注对知识产权和技术专利的保护。相比美国等发达国家，在专利保护的政策体现和保护力度上，我国仍然存在较为明显的不足。

在新材料专利保护方面，美国通过相应的法律法规等手段，直接对新材料等领域中的知识产权进行保护。具体而言，美国在专利保护上已经建立了相对完善的覆盖大学、实验室以及企业的各个层次的技术成果转化体系和政策，通过国家层面的专利政策，对新材料知识产权进行相应的战略部署。我国在专利保护上也具备相对完整的专利保护法律体系，但知识产权保护仍不够完善，一方面体现为我国专利数量上的差异，另一方面体现在新材料领域专业标准的成熟度上。特别是在行业标准制定上，美国通过国家层面的标准协会，自下而上推动行业标准的制定；我国主要以政府主导，采用自上而下的方式推动行业标准的建立，标准制定的国家程度和市场适应性仍然不高。

6.2.5 东北地区基础创新要素结构优化的政策导向

(1) 金融政策支持

①加大商业银行信贷支持。

新材料产业的发展离不开资金的支持，除了政府给予的财政性直接的资金支持，也需要充分发挥商业银行在整个金融体系的重要作用。在已有金融政策基础上，要进一步刺激商业银行对新材料产业的信贷支持力度。商业银行通过细致的市场分析，积极响应国家对新材材产业的支持政策，根据不同地区、不同新材料产业的特点及发展阶段，选择本地区具有特色的新材料行业，拓展相应的信贷支持力度和信贷支持范围。

商业银行对新材料项目有针对性地进行金融产品和服务模式的创新，既开发出适用于新材料行业中关键技术企业的金融信贷模式，也关注到核心企业周边配套的中小型新材料企业和项目，积极创新金融担保模式，提高地区新材料产业的金融服务质量。商业银行自身也应加强对新材料项目的评审工作，邀请行业专家参与项目评估，提高项目投资的科学性论证，尽可能降低商业银行的信贷风险。

②加强社会资本的引入。

我国在新材料金融支持方面普遍缺少社会资本的有效引入，新材料领域金融支持压力就集中到了政府。因此，政府与企业之间通过第三方产业投资基金的设立，对于政府和行业的可持续发展均具有重要意义。政府可出资引导社会资本进入创业投资企业，通过专业的投资机构的管理和操作，让不同的基金投入到不同的新材料项目中，实现“集合投资，专家管理，分散风险，运作规范”。

通过社会资本的引入重点支持新材料领域中的新创企业，加大对资助创新与创业的基金支持，进一步关注区域性的自主创业，并同第三方资金的引入刺激资金向政府支持的产业流动，促进新材料项目的建设和发展。第三方基金可以通过开放融资的优势向社会募集更多的资金，依托自身专业的资深运作实现良好的盈利能力，最终推动中小型新材料企业的发展。对中小企业资金的支持，一方面能够保证中小企业的顺利成长，另一方面可以通过对中小企业的激励促进产业集群的形成，最终形成大型企业集团与中小企业协同发展的局面。

③强化金融资源创新。

金融创新主要强调在已有传统的金融支持方式背景下，引入专业金融机构，从产品、制度以及服务模式上，对新材料行业企业进行有针对性的金融服务改革，通过新材料金融来适应新材料行业的技术创新特点，保障新材料行业的发展。具体而言，可以从资金融通、资源整合和价值增值三个方面来探讨新材料金融在金融产业与新材料产业之间的互动。将金融产业与新材料产业的不同发展阶段相结合，以尽可能全面地解决新材料企业发展中的资金问题。在金融创新的基础上，进一步通过新材料创业板市场、证券和股票市场的引入，拓展新材料产业的融资渠道和融资方式。

（2）关键技术人才培养与吸引

新材料领域技术水平的提升离不开关键人才的培养。有研究预测，截止到2025年，我国在新材料领域中的人才缺口可能达到400万人左右，这也就使得新材料领域的人才培养和人才吸引成为促进新材料技术创新的关键创新要素之一。

①人才吸引。

目前，国家以及各级政府已经开始重视对新材料领域中高端人才的吸引。人才吸引手段主要以直接的经济激励为主，同时给予高端人才在住房、医疗、子女教育等方面的优惠和保障政策。我国整体上人才吸引政策相对单一，这种单一的人才政策也使得东北地区的人才政策相对于全国其他地区更加没有优势。因此，除了必要的有竞争性的经济激励条件之外，政府可以从基础设施建设，尤其是科研基础设施、科研团队以及科研氛围等方面进行支持和完善，以吸引更多的优秀人才的加入。

此外，在现有政策基础上，加强对海外优秀人才的吸引，建立全球化的人才战略布局。目前的人才政策尽管强调了对海外人才的吸引，但在实际的政策推行过程中，海外人才的吸引对于东北地区而言仍然是难度较大的，一方面东北地区在经济发展程度上不如北上广等经济发达地区，另一方面受到城市发展程度的约束，北上广等发达地区在人才吸引上的优势更为明显。在种种不利因素下，就需要东北地区在现有人才政策基础上，进一步优化海外人才吸引力度。比如，政府可以与高等院校合作，依托高等院校以及科研院所的资源优势，采取相对灵活的海外人才聘用方案，创新人才合作以及引进模式，进而实现海外优秀人才的智力资源引进。

②人才培养。

在外部人才吸引的同时，需要下大力气加强本土人才的培养。在人才培养上，现有政策可以从高端人才吸引、基础人才培养两个方面着手进行优化。

高端人才吸引。2018年，国家外国专家局办公室、工业和信息化部办公厅发布了《关于选派中青年技术骨干参加新材料人才培养计划（第二批）的通知》，在现有人才储备基础上，通过技术培训以及新材料相关领域的人才培养，实现现有人才存量向新材料领域转化。高端人才吸引除了必要的物质补贴之外，也需要从创新氛围、实验条件等方面给予大力支持，为高端人才提供良好的科研氛围和充分的科研基础，从而形成更加全面的人才引进体系。

基础人才培养。一方面加强高校的学科建设，促进新材料人才的积累。另一方面注重对新材料技术人才的培养，鼓励大型企业与高校、职业院校建立人才培养合作基地，为基础人才提供一定的实习条件，实现人才培养理论与实践结合。同时，也需要强化对人才智力产出的保护，加强新材料专利申请的评估、审核，提升专利质量；注重专利直接转让与专利资本化转化相结合，探索拍卖、股权资本化等批量转化方式，促进知识产权向资产转变。

③人才资源整合。

东北地区虽然具备新材料产业发展的基础以及矿产资源方面的比较优势，但是对于人才吸引和培养，与北上广等发达地区相比优势并不明显，受近年来东北经济形势的影响，东北地区甚至成为人才流出地区。因此需要采用更加创新性的人才引进和合作形式，促进人才资源的整合。东北地区可以牵头与其他地区建立产业联盟，促进区域之间的人才资源共享，通过加强区域间的人才交流，实现知识的有效汇聚，进而支持本地区的新材料产业的发展。

（3）注重新材料产业体系的完善

①完善组织体系。

在新材料产业的发展过程中，东北地区应进一步强化地方政府对本区域新材料产业发展的统筹协调作用，落实政府各部门对地区新材料产业计划、规划、项目支持等工作，在各部门之间形成工作合力。注重行业协会的建立以及行业专家咨询委员会的作用，大力支持和鼓励各地区成立新材料行业协会，并在核心地区成立行业专家咨询委员会，在政策制定过程中充分发挥行业专家委员会的咨询作用，鼓励行业专家为企业以及行业发展进行有效跟踪诊断，保证企业运行以及行业发展的科学性。除了专家为主的行业委员会之外，鼓励更多行业中介组织的设立，例如新材料产业联盟，在产业联盟基础上鼓励成立相应的产业协会。通过政府牵头成立新材料产业领导小组、民间组织的行业委员会以及产业协会等基层组织，实现新材料产业组织结构的逐步完善，保障行业内以及行业与政府之间的信息畅通。

②完善产业架构。

我国以及东北地区已初步建成了新材料相关的技术创新体系，包含高等院校、国家重点实验室、实验中心等，但在产业发展架构上仍需进一步完善。具体而言，政府可以牵头设立资源共享平台、数据平台等资源共享体系，实现企业和科研院所的数据、设备以及人才等资源的共享，推动企业与科研院所之间的知识、人才、资本的合理化配置。新材料作为新兴的高科技行业，其行业标准的制定，也需要政府出台相应的举措与企业一起提高新材料标准以及设计规范性。此外，在现有政策基础上，完善新材料领域的开发应用、资金使用等方面的考核评价，尤其是对科研院所及政府资助项目的监督考核。以产业技术创新体系、资源共享体系、行业标准体系以及考核评价体补充完善现有政策，更加有效地推进新材料产业发展的规范性，从创新要素集聚角度促进产业快速可持续发展。

6.3 培育新动能的创新要素配置结构：以人工智能产业为例

6.3.1 人工智能产业发展现状

人工智能（AI）指研究、开发用于模拟、延伸和扩展人的智能的理论、方法、技术及应用系统的一门新的技术科学。近年来，随着计算机性能的提升，深度学习以及机器学习的相应算法逐渐成熟，人工智能相关理论及产品开始参与并影响人们的生活，形成了新兴的产业形态。随着人工智能产业的发展，其对人们生产方式的变革主要体现为人工智能与制造业的融合，进而实现智能制造。工业机器人是智能制造的重要代表，通过工业机器人实现工业数据的集成，实现不同工业环节数据的整合和交互传递，最终形成覆盖制造、研发、物流、营销以及守候服务的数据链。

（1）我国人工智能发展现状

人工智能作为全球新一轮工业革命的核心，成为新一轮国际市场竞争的重要领域，因此我国对于人工智能领域的发展提供了极大的支持。2017年，我国发布了《新一代人工智能发展规划》，从国家战略层面对我国人工智能产业发展进行了规划和部署，并且在2018年和2019年的政府工作报告中均明确提出：推动人工智能领域的技术创新，培育新一代新兴产业集群，壮大我国的人工智能以及数字经济的发展。2012年以来，深度学习与互联网数据的爆炸式增长，推动了人工智能产业的商业化应用以及产业落地，尤其是深度学习算法在视觉和语音识别上的突破，进一步为人工智能的发展奠定了重要技术基础，人工智能领域也成为资本追逐的对象。在资本和技术的共同支持下，中国人工智能产业获得快速发展。2018年，中国人工智能领域融资额达到1 311亿元，比2017年增长677亿元；2018年的融资数量相对于2012年的融资数据则呈现出了指数级增长。2012—2018年中国人工智能产业领域融资金额及融资事件数量统计如图6-7所示：

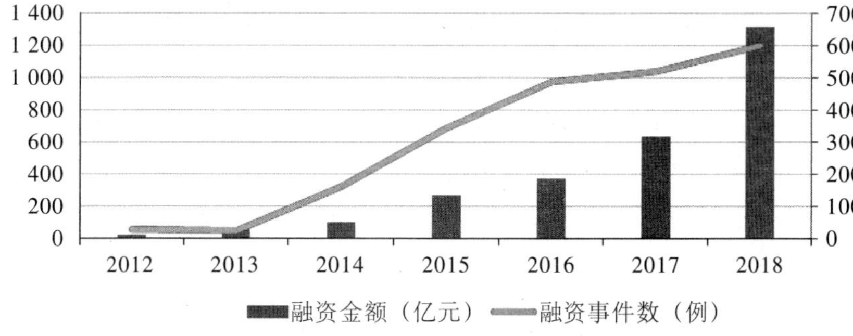

图6-7　2012—2018年中国人工智能产业领域融资金额及融资事件数量统计

在资金支持下，人工智能领域技术创新迅速发展，呈现了技术与资本协同发展的良好态势。2007年，我国人工智能领域的专利数仅为3 251项，2017年人工智能的专利数达到了46 284项，10年内我国人工智能领域专利实现了快速增长，尤其是2015年以后，专利增长数明显提升，未来我国人工智能领域的技术创新水平将持续提升。在资本投入、技术提升的背景下，人工智能产业的市场也得以不断扩大，2017年，国务院印发的《新一代人工智能发展规划》制定了2020年、2025年、2030年三步走的发展目标：2030年人工智能理论、技术与应用总体达到世界领先水平，成为世界主要人工智能创新中心。未来，随着人工智能领域的不断发展，大数据对于人工智能水平的提升更为关键，该领域的资源和技术的争夺可能主要围绕大数据的获取和分析技术而展开。通过大数据搜集及分析，在提高机器学习能力和智能水平的同时，推动大数据相关产业以及技术的开发积累，为人工智能发展奠定基础。2007—2017年中国人工智能产业领域专利申请数量统计如图6-8所示：

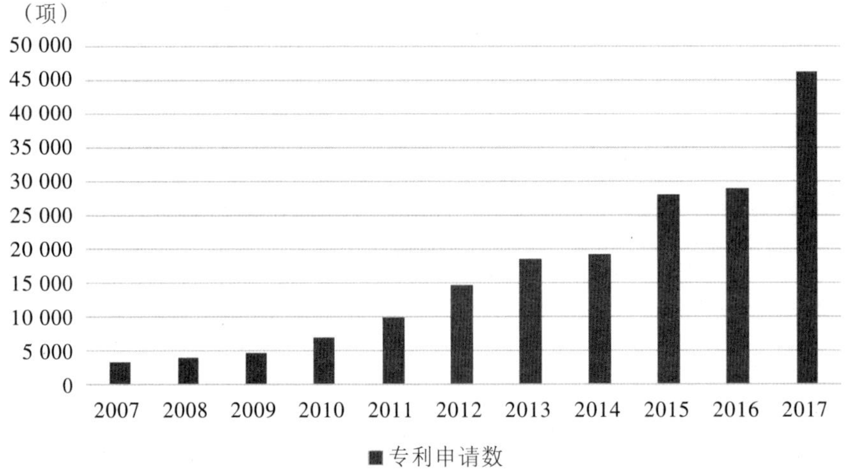

图6-8 2007—2017年中国人工智能产业领域专利申请数量统计

（2）东北地区人工智能发展现状

整体而言，东北地区的人工智能产业发展仍然处在起步阶段，作为新兴产业也仅在2015年以后才出现了快速的增长势头，立足已有的产业优势，推进人工智能产业发展仍处于比较有利的位置。

东北地区人工智能产业主要集中在辽沈地区，沈阳市高新技术企业截止到2017年增加至847家，成为东北地区高新技术企业最多的地区，且高新技术产品产值在工业总产值的比重也上升到55%，为沈阳进行人工智能产业发展奠定了良好的基础条件。人工智能企业作为高新技术企业的重要组成部分，东北地区在科技创新政策体系上也进行了大量的投入，其中沈阳市投入科技创新专项资金近4亿元，带动近80亿元的社会资本投资，支持重大科技项目成果转化100项、培育200家高新技术企业以及300家科技型“小巨人”企业，聚焦人工智能领域，推进关键技术突破，促进传统制造业的产业升级。2017年，沈阳出台产业智能升级三年行动计划，实施149项产业智能升级，促进战略性新兴产业发展，其中机器人以及新一代信息技术等人工智能相关产业的产值分别增长28.6%、8.2%。通过产业平台的技术溢出、龙头企业的创新带动等效应，实现人工智能领域的技术创新以及快速发展。

政策供给方面，为响应国务院的《新一代人工智能发展规划》，2018年辽宁省政府制定颁布了《辽宁省新一代人工智能发展规划》，将人工智能产业的发展提高到了区域战略的高度。《辽宁省新一代人工智能发展规划》中明确提出了以智能机器人、智能制造、智慧医疗以及智慧城市为突破口，充分依托辽宁原有的装备制造、电子信息、先进材料、生物医药等产业基础优势，拓展人工智能应用的广度和深度，建立健全人工智能科创体系，实现人工智能与全省社会经济发展各领域的深度融合，打造以沈阳、大连为核心的人工智能产业创新高地与产业集聚区，通过人工智能产业发展推动辽宁实现创新发展和全面振兴。提出三步走的目标策略：第一阶段，到2020年人工智能技术和应用在部分领域达到国内领先水平，人工智能产业成为辽宁省新的经济增长点；第二阶段，到2025年人工智能领域的一些基础研究和关键技术实现重大突破，取得一批在国际上具有影响力的研究成果；第三阶段，到2030年，人工智能理论、技术与应用达到国内先进水平，力争成为东北亚人工智能创新中心。

除了辽宁省在人工智能领域取得良好发展之外，吉林省也于2018年启动了东北地区首家产学研用一体化的人工智能产业园项目，总投资8亿元人民币，项目拟分三年建成包括10万平方米的集AI产业孵化基地、加速器基地、研发中心、AI芯片生产、人工智能云计算大数据中心以及合作高校在内的一系列产业园区，建成后预期年产值达20亿元。目前，东北地区已有的人才、技术、资本的创新要素，为东北地区高新技术产业发展提供了巨大的动力，特别是对已有创新要素的再整合，进一步激发出东北地区人工智能产业发展的巨大动力，推动产业快速发展。

6.3.2 东北地区人工智能产业创新要素结构配置问题

人工智能作为近几年发展起来的新兴行业，各国纷纷出台相应的人工智能发展规划，以求更快占据行业的经济制高点。我国于2017年推出了《新一代人工智能发展规划》，东北地区人工智能的发展以辽宁省为例，也提出了《辽宁省新一代人工智能发展规划》，这些国家级和省级的产业发展规划对国家和区域的人工智能发展指出了具体的发展路线和重点攻关领域。因此，东北地区人工智能产业的培育和发展路径，首先应遵循已有的发展规划，切实按照目标任务开展工作，推动产业落地生根。

①人才是人工智能行业创新要素配置的关键。人工智能领域的人才报告显示，2017年全球人工智能人才总数约为190万人，其中美国85万人，约占全球人工智能人才总数的45%，其次为印度15万人，我国的人工智能人数约为5万人，全球人才排名第7位。尽管处在第7位，但我国与美国和印度的人工智能人才数量差距悬殊。全国人工智能人才分布也不均匀，其中80%的人工智能人才均聚集在“北上广深”等发达城市，东北地区的人工智能人才分布尤其不足。由此可见，我国及东北地区人工智能产业的发展面临着严峻的人才短缺局面。

因此，对于东北地区而言，人才吸引是人工智能产业培育的关键，不仅要争取全球范围内海外关键技术人才的吸引，同时也需要吸引国内“北上广深”的人工智能人才来东北发展。除了外部人才的吸引之外，本土人才的培养也是解决人才问题的手段之一。目前，东北地区在人工智能人才培养上也存在较大的困难，大学对于人工智能相关课程的设计过于简单化、碎片化，缺乏系统性，在专业和学科设计上也难以满足目前市场和行业发展的需求。可以鼓励高校开设相应的人工智能专业课程，对人工智能相关课程进行系统化设计，为本地人工智能产业发展提供优质的智力资源。

②建立完善的资本链是培育人工智能产业重要的物质基础。政府和企业应就人工智能产业发展方向和市场需求建立种类多样、分工明确的资本链。其中，政府在人工智能产业规划中，成立相应的基金和出台资金上的相应的扶持政策，保证和支持人工智能领域的基础研究，通过政府资金的注入支持人工智能关键共性技术以及关键技术的重点攻关。

③加大社会资本参与人工智能领域的投资力度。要激励企业加大人工智能领域的战略投入。通过政府、社会资本和企业三者之间形成合力，建立相对完善的资本链。其中，政府支持重大基础技术以及关键技术攻关，企业聚焦产品开发以及技术应用，密切结合市场需求，在智能家居、智能机器人、无人驾驶、语音图像识别处理等方面市场需求热点领域集中资本进行重点攻关。目前，国内知名人工智能企业已经开始建立行业技术创新平台，在自身技术研发的同时也对高校进行部分投资，通过产学研的方式一方面补充了行业内人才培养的资金缺口，另一方面资金的投入有助于通过产学研的形式促进行业内的技术创新成果产出。

总体而言，东北地区在地理位置以及经济发展程度上的劣势，使得其并不适用目前国内“北上广深”等发达城市和地区的人工智能产业发展模式，因此在东北地区人工智能产业的培育上，除了注重基本的人才、资本等创新要素积累之外，需要进一步结合自身已有的产业结构以及经济优势进行相应的“人工智能+”或者“+人工智能”，即利用已有的优势产业，在其基础上进行相应领域的人工智能项目研发，从而发展具有本土特色、聚焦特定领域的人工智能产业。

6.3.3 人工智能产业技术效率分析

人工智能产业作为新兴产业，全国主要上市公司数量并不多，东北地区的企业目前在上市公司中总体数量比较少。为了更加清晰地展现人工智能产业的技术创新效率，本书在已有研究惯例基础上，从全国范围内选择人工智能产业A股市值排名前50的人工智能产业上市公司作为研究样本，通过对行业顶尖企业的数据分析，明确目前人工智能产业的技术创新效率。

考虑到数据完整性和数据结构的一致性，在具体的样本数据选择过程中，主要选取了2013—2018年投入和产出数据作为分析基础，同样采用DEAP2.1软件，产出主要选取上市公司营业收入数据，投入则从资金和人才两个方面分别选取上市公司固定资产净额以及年末员工总数作为投入分析数据。

基于对样本企业纵向数据的分析发现，人工智能产业技术效率总体而言高于新材料产业的技术效率，体现了人工智能产业的技术密集型特征。大多数企业的技术效率呈现出波动中有所上升的特征，其中苏宁易购、景嘉微等企业的技术效率连续达到1.000的水平。从纵向数据来看，人工智能产业核心企业在2013年至2018年技术效率存在较大的波动，部分企业甚至出现了技术效率下降的情况。

通过对人工智能产业的Malmquist指数分析可以进一步发现，大部分企业技术效率变化指数、纯技术效率变化指数、规模效率变化指数、全要素生产率变化指数均大于1，而技术进步指数全行业企业则呈现出极为一致的0.998，接近1，人工智能产业技术创新效率相对于传统产业处于较高的水平。但需要指出的是，目前人工智能产业中在A股上市的企业发展均比较迅速，较高的技术效率也体现了行业的发展特征。但即便是行业目前在A股上市的核心企业，部分企业的技术效率仍然处在低位，因此仍需要进一步加强对人工智能产业技术创新的扶持力度，推动人工智能产业技术效率的稳步提升。人工智能产业上市公司技术效率分析见表6-9：

表6-9 **人工智能产业上市公司技术效率分析**

序号	企业	2013	2014	2015	2016	2017	2018
1	海康威视	0.499	0.446	0.186	0.380	0.629	0.457
2	三六零	0.190	0.146	0.133	0.037	0.385	0.320
3	苏宁易购	1.000	1.000	1.000	1.000	1.000	1.000
4	科大讯飞	0.021	0.075	0.094	0.046	0.109	0.120
5	紫光股份	1.000	1.000	1.000	0.642	1.000	1.000

续表

序号	企业	2013	2014	2015	2016	2017	2018
6	汇顶科技	0.961	0.066	0.075	0.173	0.244	0.233
7	恒生电子	0.133	0.120	0.126	0.053	0.093	0.126
8	视源股份	0.356	0.365	0.348	0.170	0.274	0.324
9	同花顺	0.018	0.021	0.075	0.036	0.044	0.041
10	航天信息	0.757	0.704	0.762	0.356	0.665	0.490
11	大华股份	0.296	0.328	0.449	0.191	0.395	0.398
12	东方明珠	0.169	0.160	0.375	0.241	0.260	0.184
13	中科曙光	0.094	0.114	0.148	0.062	0.137	0.157
14	长安汽车	0.365	0.486	0.493	0.529	0.426	0.271
15	浪潮信息	0.417	0.555	0.623	0.265	0.711	0.966
16	中国长城	1.000	1.000	1.000	1.000	0.175	0.151
17	四维图新	0.090	0.081	0.102	0.096	0.052	0.043
18	千方科技	0.028	0.094	0.114	0.199	0.192	0.261
19	网宿科技	0.098	0.119	0.146	0.063	0.102	0.086
20	机器人	0.110	0.092	0.085	0.032	0.054	0.054
21	闻泰科技	0.131	0.059	0.021	0.180	0.371	0.377
22	二三四五	0.041	0.048	0.096	0.243	0.429	0.461
23	东华软件	0.259	0.255	0.285	0.136	0.264	0.343
24	海格通信	0.092	0.111	0.118	0.056	0.069	0.072
25	兆易创新	0.140	0.141	0.110	0.173	0.200	0.100
26	卫宁健康	0.082	0.110	0.169	0.130	0.036	0.039
27	科沃斯	0.161	0.155	0.145	0.068	0.139	0.161

续表

序号	企业	2013	2014	2015	2016	2017	2018
28	佳都科技	0.234	0.198	0.195	0.340	0.577	1.000
29	广电运通	0.168	0.154	0.181	0.063	0.098	0.099
30	金证股份	0.225	0.205	0.191	0.436	0.575	0.658
31	东软集团	0.181	0.174	0.183	0.103	0.138	0.111
32	昆仑万维	0.432	0.342	0.371	1.000	1.000	1.000
33	南钢股份	0.255	0.256	0.164	0.163	0.200	0.178
34	四川长虹	0.617	0.703	0.743	0.659	0.813	0.607
35	高新兴	0.060	0.065	0.080	0.144	0.180	0.236
36	利欧股份	0.099	0.152	0.221	0.149	0.220	0.222
37	美亚柏科	0.033	0.041	0.046	0.031	0.054	0.067
38	景嘉微	1.000	1.000	1.000	1.000	1.000	0.020
39	华天科技	0.062	0.071	0.068	0.063	0.085	0.061
40	浙数文化	0.128	0.150	0.164	0.058	0.333	0.058
41	华胜天成	0.457	0.305	0.218	0.080	0.138	0.144
42	金科文化	0.038	0.032	0.031	0.030	0.037	0.055
43	中科创达	0.073	0.063	0.065	0.102	0.147	0.176
44	数知科技	0.058	0.050	0.050	0.017	0.067	0.105
45	神舟信息	0.693	0.491	0.453	0.122	0.199	0.201
46	浙大网新	0.404	0.331	0.374	0.225	0.074	0.069
47	新华网	0.230	0.288	0.141	0.134	0.087	0.059
48	珠江钢琴	0.079	0.072	0.068	0.023	0.042	0.035
49	科大智能	0.037	0.045	0.056	0.076	0.138	0.081
50	巨星科技	0.213	0.132	0.131	0.051	0.099	0.110

人工智能产业上市公司Malmquist指数分解年平均值见表6-10：

表6-10　**人工智能产业上市公司Malmquist指数分解年平均值**

序号	企业	技术效率变化指数 Effch	技术进步指数 techch	纯技术效率变化指数 pech	规模效率变化指数 sech	全要素生产率变化指数 tfpch
1	海康威视	1.085	0.998	1.018	1.066	1.083
2	三六零	0.799	0.998	0.901	0.887	0.798
3	苏宁易购	0.907	0.998	1.000	0.907	0.905
4	科大讯飞	0.647	0.998	0.709	0.913	0.646
5	紫光股份	1.146	0.998	1.000	1.146	1.144
6	汇顶科技	1.203	0.998	1.328	0.906	1.202
7	恒生电子	1.061	0.998	1.011	1.049	1.059
8	视源股份	1.147	0.998	1.019	1.125	1.145
9	同花顺	0.818	0.998	0.848	0.965	0.817
10	航天信息	0.993	0.998	1.091	0.910	0.992
11	大华股份	0.896	0.998	0.943	0.950	0.894
12	东方明珠	1.028	0.998	0.983	1.046	1.027
13	中科曙光	0.829	0.998	0.903	0.918	0.827
14	长安汽车	0.988	0.998	1.062	0.931	0.987
15	浪潮信息	0.831	0.998	0.845	0.983	0.830
16	中国长城	1.324	0.998	1.460	0.907	1.322
17	四维图新	1.178	0.998	1.157	1.018	1.176
18	千方科技	0.570	0.998	0.641	0.890	0.569
19	网宿科技	1.140	0.998	1.028	1.109	1.138
20	机器人	1.181	0.998	1.153	1.024	1.179

续表

序号	企业	技术效率变化指数 Effch	技术进步指数 techch	纯技术效率变化指数 pech	规模效率变化指数 sech	全要素生产率变化指数 tfpch
21	闻泰科技	0.669	0.998	0.809	0.828	0.668
22	二三四五	0.577	0.998	0.615	0.938	0.576
23	东华软件	0.782	0.998	0.945	0.827	0.780
24	海格通信	0.973	0.998	1.050	0.927	0.972
25	兆易创新	1.191	0.998	1.070	1.113	1.189
26	卫宁健康	1.286	0.998	1.161	1.107	1.284
27	科沃斯	0.900	0.998	1.000	0.900	0.899
28	佳都科技	0.695	0.998	0.748	0.930	0.694
29	广电运通	1.054	0.998	1.112	0.947	1.052
30	金证股份	0.804	0.998	0.807	0.996	0.803
31	东软集团	1.010	0.998	1.102	0.916	1.008
32	昆仑万维	0.810	0.998	0.845	0.958	0.809
33	南钢股份	0.975	0.998	1.074	0.908	0.974
34	四川长虹	0.910	0.998	1.003	0.907	0.909
35	高新兴	0.806	0.998	0.761	1.059	0.805
36	利欧股份	0.779	0.998	0.852	0.914	0.777
37	美亚柏科	0.779	0.998	0.867	0.898	0.778
38	景嘉微	1.559	0.998	2.184	0.714	1.557
39	华天科技	1.033	0.998	1.004	1.029	1.031
40	浙数文化	0.962	0.998	1.171	0.822	0.961

续表

序号	企业	技术效率变化指数 Effch	技术进步指数 techch	纯技术效率变化指数 pech	规模效率变化指数 sech	全要素生产率变化指数 tfpch
41	华胜天成	1.200	0.998	1.259	0.953	1.198
42	金科文化	0.844	0.998	0.927	0.911	0.843
43	中科创达	0.881	0.998	0.838	1.051	0.880
44	数知科技	0.925	0.998	0.887	1.042	0.923
45	神舟信息	1.193	0.998	1.281	0.932	1.191
46	浙大网新	1.338	0.998	1.424	0.940	1.336
47	新华网	1.361	0.998	1.311	1.038	1.359
48	珠江钢琴	1.080	0.998	1.173	0.921	1.078
49	科大智能	0.929	0.998	0.857	1.084	0.927
50	巨星科技	1.113	0.998	1.140	0.976	1.111

6.3.4 促进人工智能产业创新要素结构优化的政策评析

（1）我国人工智能产业政策

从2012年关键技术突破之后，人工智能产业得以快速发展。在人工智能产业快速发展的过程中，我国从2015年开始出台关于人工智能产业发展的相应政策。政策首先肯定了人工智能对国家发展的重要地位，尤其是将人工智能写入“十三五”规划以及党的十九大报告中，表明国家层面已经将人工智能产业的发展上升到国家战略的高度，在此基础上，先后制订了具体的行动方案和发展规划，例如2016年出台的《“互联网+”人工智能三年行动实施方案》和2017年出台的《新一代人工智能发展规划》，进一步对人工智能产业发展方向和具体发展策略给出了相应的指导。在国家层面上，一系列政策的出台，指引推动了我国人工智能产业的快速发展。我国人工智能产业政策汇总见

表6-11：

表6-11　　我国人工智能产业政策汇总

时间	政策	主要内容
2015.5	《中国制造2025》	加快推动新一代信息技术与制造技术融合发展，着力发展智能装备和智能产品，推动生产过程智能化
2015.7	《关于积极推进“互联网+”行动的指导意见》	将“互联网+人工智能”列为其中11项重点行动之一
2016.3	“人工智能”一词写入国家“十三五”规划纲要	
2016.4	《机器人产业发展规划（2016—2020）》	对工业机器人、服务机器人的发展提出了具体发展目标
2016.5	《“互联网+”人工智能三年行动实施方案》	提出到2018年的发展目标
2016.7	《“十三五”国家科技创新规划》	重点发展大数据驱动的类人工智能技术方法
2016.9	《智能硬件行业创新发展专项行动（2016—2018）》	重点发展智能穿戴设备、智能车载设备等智能设备
2017.3	“人工智能”一词首次写入政府工作报告	
2017.7	《新一代人工智能发展规划》	战略确立了新一代人工智能发展三步走战略目标，人工智能的发展至此上升到国家战略层面
2017.10	“人工智能”一词写入党的十九大报告	
2017.12	《促进新一代人工智能产业发展三年行动计划（2018—2020年）》	作为对《新一代人工智能发展规划》的补充，从各个方面详细规划了人工智能在未来三年的重点发展方向和目标，每个方向到2020年的目标都做了非常细致的量化

（2）东北地区人工智能产业政策

东北地区人工智能产业处在刚刚起步的阶段，相关政策也在逐步提出和完善。基于2017年国务院提出的《新一代人工智能发展规划》，吉林省和黑龙江省先后推出了《吉林省人民政府关于积极推动吉林省“互联网+”行动的实施意见》《黑龙江省“十三五”科技创新规划》等政策，辽宁省则在2018年1月提出了《辽宁省新一代人工智能发展规划》，这也是东北地区首个人工智能发展规划。同年5月，沈阳市发布了《沈阳市新一代人工智能发展规划（2018—2030年）》，明确了沈阳市在辽宁省人工智能产业发展中的核心地位，提出到2020年沈阳市的人工智能产业核心产值预期达到30亿元规模，相关产值达到200亿元；重点发展的人工智能产业主要包括智能芯片、智能语音及翻译、智能图像、智能器件四大核心产业；将人工智能技术与城市建设相结合以建设智慧城市，发展包括智慧旅游、智慧社区、智慧政务、智慧教育、智慧城管等方面的内容。

基于产业创新要素的系统协同，沈阳市制定了相应的人才引进制度，内容包括：一是简化外籍高层次人才的手续办理流程，如在新松机器人公司和中德产业园等设立海外人才离岸创新创业“自由港”。二是人才评定相关政策标准向人工智能领域的人才倾斜，探索制定“沈阳人工智能产业特殊人才政策包”，支持相应人才团队建设及储备。同时，对于人工智能领域企业进行人才支持，主要在高端人才引进、相关人才招聘、减少人才外流、相关人才培养等环节给予政策支持。三是鼓励高校研究机构与人工智能企业进行联合办学，以培养人工智能产业的专业人才，以及合作建立综合培训和实践基地，培养与本土人工智能产业相关的高质量人才。

政策体系设计中也关注到了资金支持方面，例如对于企业设立的与人工智能相关的研发机构进行资金支持，沈阳市政府按照实施绩效对新建国家或省级重点实验室、技术与工程研究中心等机构，一次性给予100万~200万元的经费支持。对企业的人工智能研究院等新型研发机构，一次性给予其建设投资额30%的补贴等。在产品市场方面进行支持，对于人工智能语音及人工智能系统的应用产品，根据消费价格给予生产企业相应补贴。政府奖励在人工智能方面取得相关专利的企业，激励骨干企业研发机构进行技术攻关。支持企业申请和注册人工智能应用层面的专利和商标，加强对技术专利申请和应用过程的知识产权保护。

(3) 人工智能政策述评

从国际上看，目前各国的人工智能产业的支持政策均已经陆续出台。我国的人工智能产业政策的出台虽然相比美国、德国、英国、日本等人工智能产业强国稍有滞后，但在产业发展上仍然处在重大的机遇期。各国的人工智能产业战略均各有不同的侧重，其中美国主要关注人工智能产业对本土经济发展以及科技领先的影响；欧盟主要聚焦在人工智能产业的发展可能带来的安全以及隐私上的伦理风险；日本更加关注人工智能产业发展对智能社会发展的重要意义，促进人工智能对智慧城市、智慧社区的作用。

与上述国家的政策相比，中国的人工智能产业政策更多关注人工智能产业的产业化进程，以及人工智能产业发展对我国发展以及制造强国战略的意义。尽管各国在人工智能产业政策方面存在不同的侧重点，但是对人工智能产业的总体政策在不断强化和完善，我国人工智能产业的政策很好地契合了我国作为发展中国家“发展是硬道理”的基本原则。

我国的人工智能产业政策经历了从物联网到大数据再到人工智能的发展脉络，体现了不同阶段人工智能的关注重点的不同，人工智能从2017年正式成为政策中的主题词，通过对我国人工智能相关政策的梳理可以看出，我国的人工智能产业初期主要关注信息安全和物联网技术等基础研究，2017年人工智能和知识产权保护成为新的主题。总体而言，国家和东北地区的人工智能政策主要强调了创新驱动、科技研发、中国制造等，其本质是通过人工智能产业的发展为全国以及区域经济发展提供新的动力，取得新领域的国际竞争优势，促进国家经济发展。

目前，我国人工智能的地方政策主要体现在响应相应国家总体战略号召，同时关注地区自身特色方面。2017年，《新一代人工智能发展规划》出台之后，辽宁省及沈阳市紧跟国家人工智能产业发展战略要求提出了针对地区特色的人工智能产业规划，更加细致地结合本地实际，在国家规划的框架下提出了适合本区域的人工智能产业规划。尽管东北地区并不是我国人工智能产业发展的活跃区域，但东北地区尽可能提出了不同于京津冀、长三角和粤港澳的人工智能产业政策。通过上述政策梳理可以发现，东北地区的人工智能产业政策更多关注在制造和机器人等方面的人工智能产业发展，尤其是在教育、制造、社区以及医疗等方面的应用，旨在通过人工智能产业的发展带动区域经济新的增长点，实现快速的经济转型。

6.3.5 东北地区关键创新要素结构优化的政策导向

人工智能产业的培育和发展不仅涉及不同产业之间的融合，也会对社会就业和安全等问题产生深远的影响。东北地区人工智能产业作为需要重点培育的新的经济增长点，更加需要在已有技术创新要素基础上进行优化配置，为人工智能产业的发展奠定基础。目前，现有的人工智能产业相关政策已经体现在对人才以及资金等方面，还需要在政策上予以优化。

（1）注重基础科学储备

首先，政府对人工智能产业发展进行支持的前提是充分考虑市场机制作用，强化企业的市场主体作用，鼓励企业进行自主的技术方向选择和关键技术攻关，政府的作用主要体现在政策、服务等方面的协调与引导。在政府主导的科研补助和资助发放过程中，应考虑市场竞争的公平性，杜绝有损市场公平竞争的补助和补贴发放，尽可能为企业营造良好的创新发展环境。

其次，在尊重市场规律的前提下，充分考虑影响人工智能产业应用及发展基础研究的重要性，政府要通过优先布局，尤其加大对基础研究的支持力度，主导建立共享开放平台及基础数据安全检测平台等，为区域人工智能产业发展奠定重要基础，提供必要的基础设施储备。

（2）突出政府引导与市场竞争相结合

突出政府在人工智能行业发展中的引导作用。在人工智能产业建设过程中，进一步明确政府的产业引导作用，切实落实产业规划内容。具体而言，政府要在市政建设和公共事业领域积极引入人工智能技术和产品的应用，并将人工智能产品及服务纳入政府采购目录，加大对产品目录的资金支持，提升政府服务水平和效率，支持和鼓励本土人工智能产业发展。对涉及军工医疗等安全领域的人工智能核心技术研发，政府通过建立负面清单，进行相应的产业规制和引导。

加大对区域产业创新要素的跨区域协同。对东北地区而言，尽管具备了一定的人才、资金以及产业等创新要素基础，但与国内其他经济发达地区相比在创新要素结构、创新要素总量上仍存在较大差距。东北地区应进一步发挥区域间的对口合作机制，以与北京、上海等地区建立人工智能产业协同联盟等方式，进而实现跨地区、跨部门的人工智能发展协同，促进东北地区创新要素的互补发展。

强化创新要素市场化科学化流动配置。强化企业创新主体地位，重新优化要素配置方式，政府直接面向企业进行资源配置，由企业提出产业创新发展需求，高校科研院所提供技术攻关供给，高效实现要素与产业结构之间的最优配置与流动。创新人工智能产业投资模式，将民间资本、社会资金以及政府的财政引导资金结合，加快推进本地人工智能企业通过科创板上市融资。

（3）注重消费市场培育和发展

根据现有东北地区人工智能产业发展规划，现有政策体系强调了技术创新方面的投入与支持计划，但相对忽视了市场培育，尤其是重点领域的消费市场培育，而消费市场的培育对于产业可持续发展具有重要的基础性作用。因此，为优化现有的创新要素配置，政府要从产业供需两端发力，加大基础研究以及关键技术攻关的同时，着力建立人工智能产品消费体系，提升产品服务的标准体系，培育逐渐成熟的消费市场。尤其注重创新要素在智能养老、智能家居、智能企业等方面的消费产业细分，提升消费能力的同时提高消费者的消费预期。此外，强调产业融合，促进智能制造产业与传统农业、制造业以及服务业之间的融合，将传统装备人工智能化升级，从而实现消费市场的进一步拓展。

（4）创新人才培养模式和机制

人才与资本要素是人工智能产业发展的基础要素，现有政策对人才的吸引、培养及激励均有涉及。但除经济上激励与吸引外，还需进一步创新人才培养机制，保证产业持续的人才供给。

参考“人工智能+”的模式，在高校已有专业基础上，进一步构建跨学科、跨院系甚至跨院校的交叉式人才培养新模式，快速有效满足短期人才培养需求。同时，根据行业及社会需要，鼓励高校加强人工智能基础学科建设，例如计算机、数学、大数据分析等相关专业，加大对学科建设的倾斜支持。在基础人才培养的同时，变革教育和教学模式，鼓励高校针对专业应用情境进行教学、实践及科研间的密切结合，进而提高人才培养质量。

鼓励企业与高校以及科研院所的双向交流，既包括企业与高校之间产学研的合作，也包括企业对高校人才培养的辅助作用，通过企业与高校就技术研发应用及人才培养之间的优势互补，实现更加完整的人工智能人才培养体系。政府应进一步促进这一完整人才培养体系的实现和完善，提高社会整体人工智能认识以及应用水平。

（5）注重知识及知识产权保护

人工智能产业的培育和发展离不开知识的创造和积累。知识及知识产权是重要的创新要素，要加大对人工智能产业知识及专利的关注和保护，为人工智能产业发展提供良好的外部环境。目前，国家对人工智能知识成果的保护体系还不够完备，要进一步关注人工智能领域中的商业模式和知识产权类型，对相关知识产权保护体系进行适当的调整，构建国家-地方-区域完善的人工智能知识产权保护体系，促进人工智能产业成果产权化，保障知识创造的商业价值。

要加强行业标准的出台和制定。人工智能产业技术标准化是知识产权战略的重要组成部分，技术标准的建立和应用规范代表人工智能产业的发言权。鼓励人工智能企业参与国际标准制定，对参与标准制定的组织给予必要的政策和资金支持，提升地区企业在全球人工智能领域的话语权。

此外，相比“长三角”“珠三角”等地区，东北地区的人工智能产业在产业生态系统方面仍存在较大差距，在数据整合、产业生态体系支持及大数据平台建设等方面，应进一步打破已有的体制障碍，打造良好的人工智能产业生态系统。

6.4 以典型产业案例为基础的东北地区创新要素结构优化政策启示

在供给侧结构性改革背景下，东北地区面临着新旧动能转换的压力，但供给侧结构性改革也给东北地区经济发展带来了巨大机遇，如何转换压力、把握机遇，是东北地区政府和企业要思考的主要问题。创新要素的结构性优化是解决这一发展困境的主要抓手。尽管东北地区在创新要素存量上与发达地区相比仍然存在较大差距，但是现有的创新要素存量仍然为东北地区新产业的发展和培育提供了较好的要素基础。如何实现东北地区高新技术产业的高质量发展，关键在于创新要素的结构性优化。

立足东北地区现有的创新要素结构现状，主要从壮大主导产业和培育新动能两个方面展开讨论，分别选取目前东北地区极具发展优势的新材料产业和人工智能产业作为分析对象，探究这些产业中创新要素结构配置的特点，并对其技术效率进行定量测算。在此基础上，从产业培育发展路径、技术创新方向选择、如何促进创新要素结构优化以及现有政策与创新要素结构优化之间的匹配度方面进行综合研判，从而提出东北地区高新技术产业要壮大主导产业、培育新动能的政策导向，并进一步从人才、资金及知识产权等关键创新要素结构优化方面对东北地区高新技术产业发展提出建议。

当前，无论是微观产业政策还是宏观发展政策，东北地区创新要素结构优化调整的主要政策方向都是坚持供给侧结构性改革的思路，从开始的“三去一补一降”，再到“破、立、降”的综合政策组织体系，推动东北地区创新要素结构优化，将过剩的无效的要素供给剔除，将其转换为有效的要素供给，这也正是国家近期出台构建更加完善的要素市场化配置体制机制的导向所在，同时需要通过政策设计等方式降低创新要素的投入成本，扩大创新要素投入，以促进创新能力的提升。首先，“做大蛋糕”培育东北地区创新要素，通过政策设计研究引导和发掘可能的创新要素，探究促进创新主体积极参与的激励机制。其次，通过政策设计，充分利用“请进来、走出去”的创新要素流动机制，发挥各方面的创新要素力量，促进东北地区创新要素结构优化。最后，探索发挥市场化决定性作用和政府引导的关键作用，促进创新要素的优化配置以及创新要素的协同发展，以综合提升创新产出。

7 结论、建议与研究展望

7.1 主要结论

作为我国重要的老工业基地，东北地区曾是举足轻重的经济板块，但在中国经济进入新常态，经济发展方式由传统要素、投资驱动向创新驱动的转型阶段，东北经济遭遇了空前的发展困境。2018年全国区域创新能力的数据显示，吉林和黑龙江均排名后十位，东北地区的各项创新指标依然不容乐观。其深层次原因在于，东北经济对要素投入型发展模式出现了严重的“路径依赖”，导致创新要素结构失衡，要素配置结构扭曲，严重制约东北地区的创新能力和经济发展。因此，东北地区创新要素结构的调整和优化势在必行。

在要素基础方面，东北地区有国有企业比重大、历史负担重、经济结构重型化以及计划经济色彩浓重等经济转型的固有障碍（陈凤仙，2017），也有重要的制造业基础和区位优势、振兴东北老工业基地的国家战略契机，有稳增长、调结构的战略共识（李政，2015）。

目前，东北地区正处于优化经济结构、转换增长动力的攻关期，迫切需要创新要素对传统要素的替代、升级和更新（苏屹等，2019）。为此，以创新要素结构作为研究基础和出发点，通过理论研究与实证研究相结合的方法，围绕着东北地区的创新要素及创新要素结构特征具有哪些特点和优势、创新要素结构对于技术创新率的影响效应、东北地区创新要素结构扭曲的测度以及针对优化东北地区创新要素结构的对策建议等核心问题，以东北地区的高技术产业作为研究对象，本书系统地研究了东北地区创新要素结构优化、提升区域创新能力的关键问题。

（1）东北地区创新资源丰富但资源要素配置不合理

提出知识型创新要素结构概念及其与创新要素配置效率的关系。除了资金、土地和劳动力等传统要素禀赋之外，知识型要素结构是本书提出的核心概念。知识型创新要素结构是一个三层包络的层级嵌套结构，最外层是能够察别到的企业创新能力，中间基础层是知识资本，最里层核心层是知识型员工。这种层级结构环环相扣，在层次上错落有致，具有“流动性、交互性和可逆性”的特点，三层结构中的知识可以自由在其间流动，由核心层（知识型员工）产生新的知识，注入基础层（知识资本）中进行知识库的积累和完善，再经由外显层（创新能力）得以表现，同时全过程的知识流动是可逆的，存在知识的不断反馈、更新与迭代升级的过程，过程中要素结构是动态开放的，是可以实时与外界发生资源、信息的交换与获取的。

知识型要素在工业生产中，尤其是高新技术企业中占有重要比重。高新技术通常是一种知识密集、技术密集的创新性颠覆技术，是在现代科学的基础上借助人力和知识资本所开发出来的一种高智力产物，能够为当代社会带来巨大的经济效益。从基础层——知识资本中提取出来的关键性创新知识，输入企业的生产运作中形成一种创新推动作用，这种推动作用的外在表现就是企业的创新能力，可能是发现了一种新技术、改良了一种新产品、形成了一种新的组织形式等。

此外，创新政策是国家和科技创新相结合的政策表现，国家可以依赖科学技术实现整体的战略目标，创新政策能够从顶层设计上促进企业创新能力的养成。人才、资金和技术是创新体系中的三大核心创新要素，这三种要素的配置情况将会直接影响创新体系的丰富度。从微观层面来说，创新政策有科技政策、优惠的税收政策、财政支持政策、人才吸引政策以及地方性的政策等，能够为创新要素结构创造宽松的政策环境，为外来资本的注入提供良好的投资环境，有利于吸引政策及知识型的人才进入，为产业创新结构注入新鲜血液，使原有人才保持发展不竭的动力。创新政策会间接影响创新整体的动态结构，创新政策结合创新要素形成一种联动作用，在创新体系内影响各个子单元的动态结构。在整个创新要素结构内，各个创新要素都不是静态不变的，而是不断动态互联的，这样的流动性结构有助于创新生态内的物质流和信息流很好地发挥出应有的优势。

作为我国最早建立起来的老工业基地之一，东北地区的创新资源并不逊色。得益于东北地区丰富的自然资源以及早期阶段的国家政策支持，东北地区取得了不俗的成绩。由于有着得天独厚的制造业基础，东北地区形成了以“装备制造企业”为核心企业的产业集群，核心企业能够带动集群企业中其他企业的兴旺和发展，核心企业为中小企业输送创新知识，中小企业为核心企业输送创新方案，二者相辅相成互为补充。同时，东北地区的各大高校和科研院所，为企业输送源源不断的制造业的创新知识，壮大了东北地区的创新力量。

近年来，由于产业结构单一、机制体制落后、人才流失等因素，东北地区的经济发展相对滞后，问题和矛盾也逐渐凸显。例如，东北区域人力资源数量相对不足，高技术人才数量较少，核心人才储备不足，总体质量参差不齐，质量不是很高，有效创新要素投入不足，创新要素存量配置扭曲等问题严重制约创新产出的积极性和科技成果转化的有效性。在高校数量、企业数量、规模以上工业企业R&D人员折合量及经费支出等创新指标上，东北地区和东部发达地区和中部崛起地区相比尚存在着一定的差距。在高技术产业中，创新要素的投入在不同区域间均呈现出较高的差异水平，并且变化幅度较为缓慢。另外，不仅区域间创新要素差异水平较高，在区域内也具有较高的创新投入差异性。其中，西部地区的差异最高，东部地区位于其后，区域内差异水平最低的地区为东北地区。

（2）东北地区存在创新要素结构性问题导致高技术产业技术创新效率低

实证检验了区域创新要素结构对产业技术创新效率的影响效应。本书就基础要素和关键要素结构对我国东北地区高技术产业技术创新效率的影响进行了分析，并实证检验了基础要素和关键要素结构对高技术产业全要素生产率增长率的影响机制和路径。基于以上研究发现，创新基础要素和高技术产业技术创新效率之间明显正相关，可创新关键要素却对高技术产业技术创新效率呈现出负效应。本书的研究结论与理论上的预期一致，当创新要素（包含基础要素和关键要素）结构水平提高时，创新基础要素对全要素生产率增长率的促进效果会受到限制。高技术产业相比制造业具有天然的创新特性，对于传统制造业而言，创新基础要素和关键要素结构对于产业技术创新效率的影响具有非线性特征，那么对于高技术产业来讲，创新基础要素和关键要素结构对于产业技术创新效率的促进作用也具有非线性特征。

创新要素是实施创新驱动发展战略、提升区域创新能力的重要因素，其禀赋结构的优劣、协同度的高低将直接决定技术创新能力强弱。东北三省面临着创新要素有效供给与需求不平衡、匹配不适度、资源配置“短板”等问题，致使创新要素投入强度的增加并未带来技术进步水平的明显提高。出现这些问题的根本原因是创新要素供给出现了结构性问题，即创新要素的规模与比例。本书将创新要素结构分为创新基础要素结构和创新关键要素结构，其中创新基础要素结构包括劳动力、资本要素，创新关键要素则包括技术、人才要素，并探讨创新要素结构对技术创新效率的影响作用。

通过数据分析发现，目前东北三省在基础创新要素结构方面的配置不够合理，还有待改进，尤其是辽宁省的经济发展趋势不容乐观。东北三省作为老工业基地，国有企业所占比重大，对于创新主体的重视不够，中小企业缺乏创新意愿，缺少足够的动力去创新。辽宁省和黑龙江省在1998年后的技术要素投入逐年增多，有呈指数型增长的趋势，但投入状态持续波动，有不同的上升和下降趋势，吉林省的技术要素投入状态相对平稳，在2006年达到近20年来的峰值，但总体投入水平偏低。在2008年到2016年间，创新人才的投入绝对数量相较于之前有所提升，但占全国的创新技术投入比例却逐年走低，说明在现代化经济体系中，其他地区已经为创新活动提供了大量的人才、技术支持，东北三省与其他地区尤其是珠三角和长三角的差距进一步加大。

在基础要素结构和关键要素结构对高技术产业技术效率的影响方面，劳动力、技术和人力要素结构对高技术产业技术效率的影响都为负，但统计结果并不是很显著，这说明基础要素结构和关键要素结构对高技术产业全要素生产率的影响渠道主要通过改善技术进步率来实现。在创新要素结构对高技术产业技术进步率的影响方面，研究结果表明东北三省的关键要素结构对高技术产业技术进步率具有负效应，这意味着东北三省的技术要素结构和人力要素结构存在问题。劳动力和物质要素结构的回归系数为正，说明目前基础要素结构对提升高技术产业创新效率的作用比较明显。关键要素结构的正向效应还没有显现，说明东北三省在技术创新方面的投入仍有待增加。

（3）东北地区创新要素集聚度低、外流性强是造成创新要素结构扭曲的原因

基于量化测算了东北地区创新要素结构配置扭曲形成的原因。本书认为要素结构扭曲分为要素价格（结构）扭曲、要素配置结构扭曲以及要素供给结构扭曲。对于资本要素，政府的长期低利率政策使得企业以低于市场的价格获得资金，从而获得大量的资本积累甚至造成过度投资，政府的过度干预产生了资本要素价格扭曲。另外，行业中存在一枝独秀的垄断企业也会造成资本要素价格扭曲，这些垄断企业自己制定价格，偏离市场价格，造成竞争不充分。对于劳动力要素，我国人口众多，不同的劳动薪酬也导致了劳动力价格要素扭曲。采用生产函数法测算了创新要素的扭曲效应，生产函数法分为C-D生产函数法和超越对数生产函数法，其中C-D生产函数法的假设范围更严格，在分析时可能会产生估计偏差，因此选取超越对数生产函数法。东北地区的工资水平相较于其他地区是偏低的，且一直存在大量高技术人才外流的情况，使得该地区的劳动力资本较低，但是可以看出东北地区的劳动力扭曲程度是

在逐年下降的，这些年为了应对东北地区人才流失问题，政府采取了许多措施，比如沈阳市政府实施了“高精尖优才集聚工程”“海外优才汇智聚力工程”等，对在高新技术领域实现自主创业的，给予最高20万元创业担保贷款等措施。

要素配置的结构性失衡和扭曲主要是指资本、劳动、土地、技术等生产要素在产业间、企业间、城乡间、区域间的配置出现了扭曲。要素供给是指要素本身的存量，表现为要素的多少、要素的空间集聚结构、要素本身蕴含的价值含量。要素结构扭曲中的三种结构扭曲共同联系、共同作用产生了四种经济效应，包括全要素生产率、收入分配结构效应、区域经济发展差异和外贸转型升级。要素价格结构扭曲会导致要素配置结构扭曲，价格扭曲是配置扭曲的直接结果。在完全竞争市场中，价格可以反映市场情况，所以要素价格的扭曲实质是一个市场调节信号，表明价格不能反映要素的稀缺性，此时，要素无法在各个经济主体、产业、区域中合理配置，从而导致要素配置结构扭曲，发生要素错配。要素供给结构扭曲影响要素配置结构扭曲，当供给体系跟不上需求结构的变化时，要素配置会发生结构性失衡，其实质就是要素供给结构扭曲影响了要素配置结构扭曲。

研究还发现资本要素扭曲从大到小依次是东部、西部、东北、中部。四个地区的资本扭曲指数都是大于1的，实际价格存在低估。东部与中部地区的资本要素扭曲度是逐年降低，中部地区基本未发生改变，而东北地区的资本要素扭曲度有小幅度上升。对于东北地区来说，产业规模和产业贡献是持续扩大的，在政府的作用下，资本边际产出有了小幅度增加。对于东部地区来说，早期边际产出较高是因为大量的资本投入东部，后逐渐降低，通货膨胀及升息政策的影响显著。对于西部地区，国家实施西部大开发战略为该地区注入了大量资本，但是在市场机制的作用下，西部地区固有的地理局限使相当多的外资和国内资金不可能大量流入。

（4）统筹推进以壮大主导产业、培育新动能产业为主导的东北地区创新要素结构优化对策

分析了供给侧结构性改革下东北地区创新要素结构优化的统筹推进

对策。通过对东北地区高技术产业的分析和政策评述，研究发现目前东北地区创新要素在存量上更多集中于传统优势产业，通过已有创新要素的变革重组能够更加高效地实现创新要素结构的合理化。东北地区目前的主导产业集中在装备制造、汽车制造、石油化工等传统的制造业领域，产业升级也是我国新的工业化进程的基本要求，从创新要素结构入手也能够更加快速地实现主导产业的产业升级。主导产业的创新要素结构配置过程也是传统产业升级改造、产品升级换代的过程。通过主导产业的创新要素的重新结构配置能够从要素优化这一更加基础的层面实现传统产业升级。

在推进供给侧结构性改革背景下，产业升级的关键在于如何利用已有的创新要素存量同时进一步提升创新要素质量，并提供创新要素之间的协同水平。现有的东北地区传统的优势产业在人才、技术和资源上均拥有相对更加丰富和充足的创新要素，因此东北地区的创新要素结构优化方向首先可以围绕壮大已有主导产业，从而更加有效地提升区域整体的创新要素结构合理性。在此基础上，培育如人工智能产业、机器人制造等科技含量高、发展潜力大的新动能产业。

此外，传统优势产业的创新要素优化对于东北地区经济转型效果更加突出。目前，东北地区经济转型的关键是实现现有传统产业的升级优化。创新要素优化能够更加直接地推动传统产业的产业升级，通过传统优势产业内产品的升级换代自然能够为东北振兴提供新的动力。

7.2 政策建议

东北地区创新要素结构优化调整的政策方向是坚持供给侧结构性改革的思路，通过“破”“立”“降”的综合政策组合体系，推动东北地区创新要素结构优化。创新要素结构的优化本质上是供给侧结构性改革的问题，需要将过剩的、无效的要素供给剔除，将其转换为有效的要素供给，同时需要通过政策设计等方式降低创新要素的投入成本，扩大创新要素投入，以促进创新能力的提升。首先，“做大蛋糕”培育东北地区创新要素；其次，通过政策设计充分利用“请进来、走出去"的创新要素流动机制促进创新要素结构优化；最后，发挥市场化决定作用和政府引导的关键作用促进创新要素的优化配置以及创新要素的协同发展。

在东北地区创新要素结构存在的问题与优化策略方面，本书提出优化东北地区的创新要素结构需要把握好两条关键主线。一方面，由于东北地区的产业结构单一，钢铁、煤炭等重工业所占比重大，对于当前产业中的"存量"基础，应着重于创新要素对传统要素的替代和更新。政府可出台措施淘汰落后的生产要素，并在这些产业中引入先进技术，以带动传统产业的优化和升级。另一方面，要实现东北振兴，更重要的是着力培养新的战略增长点，即通过发展战略性新兴产业来孕育新的"增量"优势。政府对于调整"存量"基础和发挥"增量"优势应该双管齐下，但"增量"比"存量"更重要，新兴产业是未来东北经济发展和结构调整的重要着力点。

①从静态要素组合来看，东北地区的国有企业比重较大，这些企业多分布在煤炭、钢铁、石油等重工业产业，而且由于经济下滑、产能过剩等原因，"僵尸企业"的问题也较为突出。东北地区经济由国有企业主导，缺乏有活力的民营经济，这是导致东北地区经济发展滞后的重要原因之一。习近平总书记指出东北的振兴发展需要做好"加减乘除"，其中"加法"指投资拉动，"减法"指淘汰落后产能，"乘法"指创新驱动，"除法"指市场化程度。过去东北地区的"加法"做得多，而其他做得还不够。因此，在静态要素优化方面，需要同时从这几方面入手，"扬长补短"来推动东北振兴发展。

第一，政府需继续发挥投资驱动经济发展的优势，持续扩大并优化有效投资，尤其重点考察新兴产业方向，通过培育新的增长力量来使经济焕发活力，在大力发展生物医药产业、信息化产业等对区域创新有重要促进作用的新兴产业门类的同时，依托人工智能等新一代信息技术赋能钢铁、石化、装备制造等优势产业，进一步提升产业牵动力。

第二，政府还要积极推进供给侧结构性改革，积极配合并执行国家出台的"僵尸企业"市场出清政策，成立专项小组督导并协调淘汰落后产能进程中的安排，用足用活现行政策，鼓励通过兼并重组、破产重整等方式进行有效处置。进一步深化国有企业改革，国企混改和资产重组是当前改革的一个重要方向，政府部门需出台相关文件并推出适合的混改方式，推动国有资本和产业联动调整，形成有效制衡的公司法人治理结构、灵活高效的市场化经营机制。

第三，大力发展数字经济，抓住数字化时代的发展机遇，积极发展新兴技术，特别是通过加强“新基建”，加大高端装备、高端人才、高端技术等要素投入，利用创新驱动推进从社会生产到企业运营的转型升级。加快培育数据要素市场，完善数据产权制度，探索数据产权保护和利用新机制，加速推进数据资源化、资产化和资本化。

第四，建设“有为政府”和“有效市场”，有学者提出有为政府的职能就是开创市场，这就需要摆正政府和市场的关系。东北地区目前正面临着市场萎缩、企业迁出等困境，迫切需要通过引进民营资本来扩大市场。而东北地区民营经济活力不足的原因除了国有资本比重大之外，营商环境也是主要原因之一。例如，民营企业缺乏健全的融资环境等，其中，金融创新是一个突破方向。

②从动态要素流动来看，创新要素具有流动性特征，人才、技术、知识等创新资源会在交换和互动中实现价值最大化。东北地区依旧面临着技术人才流失、产学研合作效果不明显、科技成果转化率低、创新环境匮乏等严峻的问题，比如近几年辽宁已从人口净流入变为净流出，吉林、黑龙江人口外流加剧，而且呈现青壮年人口比重高、高素质人口比重高、城市人口比重高的特点；同时，在区域创新要素交互方面，东北地区的情况同样不同乐观。因此，在动态要素优化方面，政策激励、区域协同、市场开放等要素配置机制起着重要作用。

第一，人才流动方面，政府要从顶层设计上出台政策措施，通过完善政策、优化环境、发展事业、加强激励等途径，加强创新要素向区域内聚集，创造拴心留人的条件。例如，借鉴发达城市的做法，制定符合东北地区的人才政策，发挥好国有龙头大企业的作用，结合重点产业对技术人才的需求，“项目+团队”式“带土移植”引进创新人才，为人才提供良好的发展空间，对人才给予研发补贴和奖励等。

第二，区域协同方面，对内构建协调发展新格局，在培育发展现代都市圈的同时，加强重点区域和重点领域合作，以东北地区与东部地区对口合作为依托，推进东北振兴与其他国家重大战略对接，像生态、交通、产业、开放等可以建立省区间、城市间的合作机制，形成东北地区协同开放合力；对外深度融入共建“一带一路”，建设具有区域特色的经济圈和跨省份建立以沈阳为核心的城市群，推行区域一体化的科技成果转化政策，促进人才、技术等创新要素在东北地区自由流动，实现创新资源的协同融合。

第三，市场开放方面，进一步提升市场化水平，建立并完善创新主体之间的协同互动机制，强化企业的创新主体地位，用经济活动的办法和市场化规则搞好技术创新，以制度创新推动企业成为技术创新决策、研发投入、科研组织和成果转化的主体，推动创新要素向企业集聚；以市场化方式科学配置技术创新经费，推动企业与高校、科研院所通过建立契约关系深化合作，促进产学研深度融合，把科研机构作为生产技术成果的“工厂”和市场主体来看待，通过制定相关政策措施促进科研成果市场化经营；支持企业在科创板上市，鼓励企业通过资本市场加大创新投入，强化金融、技术等中介机构建设，推进科技和金融深度融合。

7.3 局限和展望

本书在界定创新要素结构概念的基础上，构建了优化东北地区创新要素结构的研究框架，深入分析了东北地区的创新要素结构现状、创新要素结构对技术创新效率的影响、要素扭曲效应的测度以及优化策略等重要问题，这对于创新要素结构的理论研究以及实践领域都具有重要的指导意义。但由于时间和能力等方面的限制，本书还存在一些局限性和不足之处。

本书主要从静态的研究视角出发，对创新要素结构概念和测量进行了界定，将其分为基础性创新要素结构和关键性要素结构。事实上，创新要素结构还表现为区域中的要素互动和要素交换等，两者均涉及动态的创新资源等要素的流动。例如，企业-企业、企业-科研机构等创新主体之间存在着企业间合作项目数量、产学研成果转化等资源要素间的互动；区域内部的创新资源和其他区域之间也存在着技术人员的流动等资源交换。未来的研究还需要进一步从动态视角探讨创新要素结构的概念内涵及其对创新结果的影响。

参考文献

[1] 白俊红，蒋伏心．协同创新、空间关联与区域创新绩效［J］．经济研究，2015（7）：174-187．

[2] 白俊红，王钺，蒋伏心，等．研发要素流动、空间知识溢出与经济增长［J］．经济研究，2017，52（7）：109-123．

[3] 蔡云龙．自然资源学原理［M］．北京：科学出版社，2007（8）：4-10．

[4] 曹再兴．我国区域创新同构问题及其优化研究［D］．长沙：湖南大学，2008．

[5] 陈菲琼，任森．创新资源集聚的主导因素研究：以浙江为例［J］．科研管理，2011，32（1）：89-96．

[6] 陈凤仙．着力破解东北地区经济转型发展中的体制机制问题［J］．经济纵横，2017（12）：99-106．

[7] 陈劲，阳银娟．协同创新的理论基础与内涵［J］．科学学研究，2012，30（2）：161-164．

[8] 陈敬．中国劳动要素配置扭曲测度及其因素分析［D］．北京：首都经济贸易大学，2018．

[9] 陈凯华，官建成，寇明婷．中国高技术产业“高产出、低效益”的症结与对策研究——基于技术创新效率角度的探索［J］．管理评论，2012，24（4）：53-66．

[10] 程华，李冬琴，杨永凤，等．技术创新政策力度对企业创新绩效的影响研究［J］．浙江理工大学学报，2013，30（5）：770-774．

[11] 成力为，孙玮，王九云．要素市场不完全视角下的高技术产业创新效率——基于三阶段DEA-Windows的内外资配置效率和规模效率比较［J］．科学学研究，2011，29（6）：930-938.

[12] 池仁勇，刘娟芳，张宓之，等．创新要素集聚与区域创新绩效研究——基于浙江中小企业的实证分析［J］．浙江工业大学学报（社会科学版），2014，13（2）：153-158.

[13] 崔永伟，杜聪慧．生产函数理论与函数形式的选择研究［J］．中国管理科学，2012，20（S1）：67-73.

[14] 戴魁早，刘友金．要素市场扭曲与创新效率——对中国高技术产业发展的经验分析［J］．经济研究，2016（7）：72-86.

[15] 丁玲，吴金希．核心企业与商业生态系统的案例研究：互利共生与捕食共生战略［J］．管理评论，2017，29（7）：244-257.

[16] 董建华，高英．知识型员工工作投入的影响机制研究——基于组织公平视角［J］．技术经济与管理研究，2019（2）：65-69.

[17] 樊霞，赵丹萍，何悦．企业产学研合作的创新效率及其影响因素研究［J］．科研管理，2012，33（2）：33-39.

[18] 范德成，杜明月．中国工业技术创新资源配置时空分异格局研究——以经济新常态为视角［J］．科学学研究，2017（8）：49-60.

[19] 方慧，彭巍．国内要素市场扭曲的经济效应［J］．中国商贸，2012（34）：96-97.

[20] 方远平，谢蔓．创新要素的空间分布及其对区域创新产出的影响——基于中国省域的ESDA-GWR分析［J］．经济地理，2012，32（9）：8-14.

[21] 房艳刚，刘继生．东北地区资源性城市接续产业的选择［J］．人文地理，2004，19（4）：77-81.

[22] 冯锋，王亮．产学研合作创新网络培育机制分析——基于小世界网络模型［J］．中国软科学，2008（11）：82-86.

[23] 冯南平，周元元，司家兰，等．我国区域创新要素集聚水平及发展重点分析［J］．华东经济管理，2016，30（9）：80-87.

[24] 冯诗媛．产业集聚对我国高技术产业技术创新效率的影响研究［D］．长春：东北师范大学，2017.

[25] 高月姣，吴和成．创新主体及其交互作用对区域创新能力的影响研究［J］．科研管理，2015，36（10）：51-57.

[26] 郭泉恩，孙斌栋．中国高技术产业创新空间分布及其影响因素——基于面板数据的空间计量分析［J］．地理科学进展，2016，35（10）：1218-1227.

[27] 何地，郭燕青．社会网络视角下新能源汽车产业产学研创新网络的实证分析——以东北三省为例［J］．技术经济，2016，35（12）：52-59.

[28] 贺灵，单汨源，邱建华．创新网络要素及其协同对科技创新绩效的影响研究［J］．管理评论，2012，24（8）：58-68.

[29] 侯晓东．要素供给结构性失衡与经济发展动力转换研究［J］．统计与决策，2018，34（11）：137-141.

[30] 胡浪．中国要素价格扭曲测度及分析［D］．杭州：浙江工商大学，2018.

[31] 胡祖光．关于生产函数理论的几个问题——与苑凤岐等同志商榷［J］．数量经济技术经济研究，1986（1）：47-51.

[32] 黄群慧．论中国工业的供给侧结构性改革［J］．中国工业经济，2016（9）：5-23.

[33] 黄少卿，陈彦．中国僵尸企业的分布特征与分类处置［J］．中国工业经济，2017（3）：24-43.

[34] 江珂，卢现祥．环境规制与技术创新——基于中国1997—2007年省际面板数据分析［J］．科研管理，2011，32（7）：60-66.

[35] 蒋金荷．我国高技术产业同构性与集聚的实证分析［J］．数量经济技术经济研究，2005（12）：91-97；149.

[36] 焦翠红，陈钰芬．R&D资源配置、空间关联与区域全要素生产率提升［J］．科学学研究，2018，36（1）：81-92.

[37] 解维敏，唐清泉，陆姗姗．政府R&D资助，企业R&D支出与自主创新——来自中国上市公司的经验证据［J］．金融研究，2009（6）：86-99.

[38] 解学梅．协同创新效应运行机理研究：一个都市圈视角［J］．科学学研究，2013，31（12）：1907-1920.

[39] 贾俊雪．公共基础设施投资与全要素生产率：基于异质企业家模型的理论分析［J］．经济研究，2017，52（2）：4-19.

[40] 靳来群，张伯超，莫长炜．我国产业政策对双重要素配置效率的影响研究［J］．科学学研究，2020，38（3）：418-429.

[41] 孔东民，刘莎莎，王亚男．市场竞争、产权与政府补贴［J］．经济研究，2013，48（2）：55-67.

[42] 李红娟，刘现伟．“一带一路”背景下东北地区民营经济发展问题研究［J］．经济纵横，2017（1）：24-30.

[43] 李后建，刘培森．人力资本结构多样性对企业创新的影响研究［J］．科学学研究，2018，36（09）：1694-1707.

[44] 李晅煜，孙洋，杨钊．环渤海地区高新技术产业同构合意性分析［J］．特区经济，2012（9）：54-56.

[45] 李政．当前东北地区经济增长问题成因与创新转型对策［J］．经济纵横，2015（7）：14-17.

[46] 李欣泽，黄凯南．中国工业部门要素错配变迁：理论与实证［J］．经济学家，2016（9）：68-76.

[47] 李盛楠，范德成．中国高技术产业技术创新效率影响因素研究——一个理论框架［J］．科技进步与对策，2020，37（7）：43-51.

[48] 李培湧，赵兰香，万劲波．创新要素对产业创新绩效的影响——基于中国制造业和高技术产业数据的实证分析［J］．科学学研究，2014，32（4）：604-612.

[49] 凌峰，戚湧，朱婷婷．战略性新兴产业创新要素供给体系与协同机制［J］．科技进步与对策，2016，33（22）：56-63.

[50] 刘苹，陈维政．人力的资源特性及资本特性研究［J］．科学管理研究，2004，22（1）：94-98.

[51] 刘小玄，吴靖烨．资源配置、垄断力量与制造业的市场壁垒［J］．改革，2015（6）：64-72.

[52] 刘新艳，陈圻，张新婷．创新要素对新兴产业的牵引分析［J］．科技进步与对策，2011，28（24）：50-54.

[53] 刘志华，李林，姜郁文．我国区域科技协同创新绩效评价模型及实证研究［J］．管理学报，2014，11（6）：861-868.

[54] 刘贯春，张晓云，邓光耀．要素重置、经济增长与区域非平衡发展［J］．数量经济技术经济研究，2017，34（7）：35-56.

[55] 刘兵，张荣展，梁林．创新要素集聚对区域协同创新的影响——政府控制的调节作用［J］．技术经济，2019，38（12）：60-66；76.

[56] 柳卸林，田凌飞．不同产业研发投入对区域创新产出的影响［J］．科技进步与对策，2019，36（4）：33-39.

[57] 卢昌崇，李宏林，郑文全．东北装备制造产业集群重构——以辽宁省为例［J］．经济研究参考，2006（38）：34-39.

[58] 吕博．高技术产业要素市场扭曲对创新、效率的影响——基于电子及通信设备制造业的数据分析［J］．特区经济，2018（6）：51-53.

[59] 孟维站，徐喆，刘宇佳，等．我国科技政策组合特征对高技术产业创新效率的分阶段影响［J］．经济问题，2019（6）：49-54.

[60] 齐亚伟，陶长琪．环境约束下要素集聚对区域创新能力的影响——基于GWR模型的实证分析［J］．科研管理，2014，35（9）：17-24.

[61] 邱国栋，李作奎．创新集聚效率实证研究［J］．财经问题研究，2013（2）：102-108.

[62] 邵钢．三因素常替换弹性生产函数研究［J］．数量经济技术经济研究，1985（1）：50-53．

[63] 邵汉华，钟琪．研发要素空间流动与区域协同创新效率［J］．软科学，2018，32（11）：120-123；129．

[64] 邵帅，杨莉莉．自然资源丰裕、资源产业依赖与中国区域经济增长［J］．管理世界，2010（9）：26-44．

[65] 沈建荣，陈琳，廖鸿志．区域资源变化与可持续发展模型［J］．数量经济技术经济研究，1997（9）：53-55．

[66] 盛丰．生产效率、创新效率与国企改革——微观企业数据的经验分析［J］．产业经济研究，2012（4）：37-46．

[67] 史俊杰．资本与劳动要素配置扭曲对建筑业全要素生产率的影响研究［D］．重庆：重庆大学，2017．

[68] 苏屹，王洪彬，林周周．东三省现代化经济体系创新要素结构优化策略研究［J］．科技进步与对策，2019，36（1）：44-50．

[69] 孙久文，张可云，安虎森，等．"建立更加有效的区域协调发展新机制"笔谈［J］．中国工业经济，2017（11）：26-61．

[70] 宋美喆．政府民生类公共服务对创新要素集聚的异质性影响——基于空间过滤的面板门槛模型［J］．商业经济研究，2018（24）：186-189．

[71] 唐小我，慕银平，马永开．柯布-道格拉斯生产函数条件下成本函数的进一步分析［J］．中国管理科学，2005，13（4）：1-6．

[72] 万莉丽．资源配置扭曲对经济效率影响研究［D］．北京：首都经济贸易大学，2018．

[73] 王春月．我国三大都市圈创新要素集聚效应比较研究［D］．南京：东南大学，2016．

[74] 王静娴．要素市场扭曲对外贸转型升级的影响研究［D］．沈阳：辽宁大学，2014．

[75] 王宁．生产要素市场扭曲的结构效应分析［D］．杭州：浙江大学，2016．

[76] 王永钦，李蔚，戴芸．僵尸企业如何影响了企业创新？——来自中国工业企业的证据［J］．经济研究，2018，53（11）：99-114．

[77] 王钺，刘秉镰．创新要素的流动为何如此重要？——基于全要素生产率的视角［J］．中国软科学，2017（8）：91-101．

[78] 王欣，曹慧平．金融错配对中国制造业全要素生产率影响研究［J］．财贸研究，2019，30（9）：43-53．

[79] 王卫，田红娜．劳动力空间错配的测度与效率损失［J］．统计与决策，2019，35（22）：105-108．

[80] 吴和成，李犟．中国高技术产业技术创新效率动态演进［J］．河海大学学报（哲学社会科学版），2020，22（3）：58-65；107.

[81] 肖文，林高榜．政府支持、研发管理与技术创新效率——基于中国工业行业的实证分析［J］．管理世界，2014（4）：71-80.

[82] 肖兴志，徐信龙．区域创新要素的配置和结构失衡：研究进展、分析框架与优化策略［J］．科研管理，2019，40（10）：1-13.

[83] 谢冬水．土地供给结构扭曲与中国城市化滞后［J］．经济学报，2018，5（1）：64-89.

[84] 严全治，张倩倩．高等教育大众化进程中地方高校政府投入的差异研究——基于泰尔指数的比较［J］．现代教育管理，2011（12）：18-21.

[85] 杨丹丹，马红梅．产业结构的同构化与专业化——以粤桂黔为例［J］．开发研究，2018（6）：31-38.

[86] 杨省贵，顾新．区域创新体系间创新要素流动研究［J］．科技进步与对策，2011，28（23）：60-64.

[87] 杨胜利，高向东．我国劳动力资源分布与优化配置研究［J］．人口学刊，2014，36（1）：78-88.

[88] 杨洋，魏江，罗来军．谁在利用政府补贴进行创新？——所有制和要素市场扭曲的联合调节效应［J］．管理世界，2015（1）：75-98.

[89] 杨振，陈甬军．中国制造业资源误置及福利损失测度［J］．经济研究，2013，48（3）：43-55.

[90] 杨志才，柏培文．要素错配及其对产出损失和收入分配的影响研究［J］．数量经济技术经济研究，2017，34（8）：21-37.

[91] 叶小岭，叶瑞刚，张颖超．区域企业集聚科技创新要素水平及集聚效益评价研究［J］．科技管理研究，2012，32（15）：112-117.

[92] 于丽娟，祝爱民，张青山，等．绿色制造战略环境评价的支撑体系研究［J］．工业技术经济，2006（9）：75-76，84.

[93] 余泳泽．中国区域创新活动的“协同效应”与“挤占效应”——基于创新价值链视角的研究［J］．中国工业经济，2015（10）：37-52.

[94] 余泳泽．创新要素集聚、政府支持与科技创新效率——基于省域数据的空间面板计量分析［J］．经济评论，2011（2）：93-101.

[95] 喻登科，肖欢，彭静，等．知识资本与性格特质对企业绩效的交互作用研究［J］．科技进步与对策，2016，33（22）：146-155.

[96] 袁鹏，唐欣，彭文武，等．潜在创新要素协同的空间关联以及与长三角高新技术产业升级关系研究［J/OL］．经济地理，［2020-06-17］．https：//kns.cnki.net/kcms/detail/43.1126.K.20200616.1623.002.html.

[97] 张德. 人力资源开发与管理 [M]. 北京：清华大学出版社，2001 (10)：2-12.

[98] 张杰，周晓艳，李勇. 要素市场扭曲抑制了中国企业R&D? [J]. 经济研究，2011，46 (8)：78-91.

[99] 张景华. 自然资源是“福音”还是“诅咒”：基于制度的分析 [J]. 上海经济研究，2008 (1)：9-17.

[100] 张达君. 东北地区高技术产业发展对经济增长的影响研究 [D]. 长春：东北师范大学，2018.

[101] 张力小，梁竞. 区域资源禀赋对资源利用效率影响研究 [J]. 自然资源学报，2010 (8)：1237-1247.

[102] 张鹏，李悦明，张立琨. 高技术产业发展的影响因素及空间差异性 [J]. 中国科技论坛，2015 (6)：100-105.

[103] 张其仔，郭朝先. 中国工业增长的性质：资本驱动或资源驱动 [J]. 中国工业经济，2008 (3)：14-22.

[104] 张小雪，陈万明. 规模报酬递增、要素供给结构与经济增长研究 [J]. 数理统计与管理，2010，29 (1)：115-121.

[105] 张秀峰，陈光华，杨国梁，等. 企业所有权性质影响产学研合作创新绩效了吗? [J]. 科学学研究，2015，33 (6)：934-942.

[106] 张旭. 产业转移与创新要素流动互动机理研究 [D]. 合肥：合肥工业大学，2016.

[107] 张玉臣，吕宪鹏. 高新技术企业创新绩效影响因素研究 [J]. 科研管理，2013，34 (12)：58-65.

[108] 赵自芳. 生产要素市场扭曲的经济效应 [D]. 杭州：浙江大学，2007.

[109] 郑丹，吉利. 我国三大区域高技术产业同构性的实证分析 [J]. 商业文化(学术版)，2007 (5)：238；235.

[110] 郑振雄，刘艳彬. 要素价格扭曲的R & D支出效应实证分析——基于大中型工业企业面板 [J]. 社会科学家，2013 (7)：63-66.

[111] 周文泳，项洋. 中国各省市区域创新能力关键要素的实证研究 [J]. 科研管理，2015，36 (S1)：29-35.

[112] 周勇，李廉水. 基于“非线性”主成分法的区域科技资源配置能力评价分析 [J]. 科技管理研究，2006 (4)：27-30.

[113] 卓乘风，邓峰. 创新要素流动与区域创新绩效——空间视角下政府调节作用的非线性检验 [J]. 科学学与科学技术管理，2017，38 (7)：15-26.

[114] 邹璇，黎恢富. 制造业要素配置结构效应的地区差异研究 [J]. 华东经济管理，2016，30 (10)：1-7；186.

[115] Adams，Gangnes，Shachmurove.Why is China so Competitive? Measuring and Explaining China's Competitiveness [J]. 2006，29 (2)：95-122.

[116] Andersson，Quigley. Agglomeration and the spatial distribution of creativity [J]. Working Paper Series in Economics and Institutions of Innovation，2005，84 (3)：445-464.

[117] Amity，Freund.The Anatomy of China' s Export Growth [M]. Chicago：University of Chicago Press，2010：35-56.

[118] Andriessen，Stam.Intellectual Capital of the European Union [C]. McOaster World Congress on the Management of Intellectual Capital and Innovation，2005：19-21.

[119] Belderbos，Carree. Complementarity in R&D cooperation strategies [J]. Review of Industrial Organization，2006，28 (4)：401-426.

[120] Belenzon，Schankerman. Motivation and sorting of human capital in open innovation [J]. Strategic Management Journal，2015，36 (6)：795-820.

[121] Berchicci. Towards an open R&D system：Internal R&D investment，external knowledge acquisition and innovative performance [J]. Research Policy，2013，42 (1)：117-127.

[122] Boeing，Mueller.China's R&D explosion —Analyzing productivity effects across ownership types and over time [J]. Research policy，2016，45 (1)：159-176.

[123] Skoorka，Bruce.Measuring Market Distortion：International Comparisons，Policy and Competitivess [J]. Applied Economics，2000，32 (3)：253-264.

[124] Chesbrough，Crowther. Beyond high tech：early adopters of open innovation in other industries [J]. R&D Management，2006，36 (3)：229-236.

[125] Cooke，Uranga，Etxebarria，et al. Regional innovation systems：institutional and organisational dimensions [J]. Research policy，1997，26 (4-5)：475-491.

[126] Cooke，Heidenreich. Regional innovation systems：the role of governance in a globalized world [M]. 2nd ed. London：Routledge，2004.

[127] David，Hopenhayn.Information，Misallocation，and Aggregate Productivity [J]. The Quarterly Journal of Economics，2016，131 (2)：943-1005.

[128] Diestre, Rajagopalan. Are all 'sharks' dangerous? New biotechnology ventures and partner selection in R&D alliances [J]. Strategic Management Journal, 2012, 33 (10): 1115-1134.

[129] Dollar, Wei. Firm Ownership and Investment Efficiency in China [Z]. NBER Working Paper, 2007, NO.13103.

[130] Faggian, McCann. Human capital, graduate migration and innovation in British regions [J]. Cambridge Journal of Economics, 2008, 33 (2): 317-333.

[131] Feenstra, Shang-jin, Wei. China's Growing Role in World Trade [M]. Chicago: University of Chicago Press, 2010.

[132] Henry, Loet. Universities and the Global Knowledge Economy: A Triple Helix of University-Industry-Government Relations [J]. The Economic Journal, 1999, 109 (456): 464-467.

[133] Jiang, Waller. Does ownership type matter for innovation? Evidence from China [J]. Journal of Business Research, 2013, 66 (12): 2473-2478.

[134] Lee, Walker. Do Chinese government subsidies affect firm value? [J]. Accounting, Organizations and Society, 2014, 39 (3): 149-169.

[135] Hongwei, Na. Research on the influencing factors analysis of the input-output efficiency of the High - tech industries [C]. Grey Systems and Intelligent Services, IEEE, 2011.

[136] Li. China ' s regional innovation capacity in transition: An empirical approach [J]. Research Policy, 2009, 38 (2): 338-357.

[137] Liu, Buck. Innovation performance and channels for international technology spillovers: Evidence from Chinese high-tech industries [J]. Research policy, 2007, 36 (3): 355-366.

[138] Lynn BE. Culture and intellectual capital management: a key factor in successful ICM implementation [J]. International Journal of Technology Management, 1999 (18): 5-8.

[139] Micco, Repetto. Productivity, Misallocation and the Labor Market [J]. Documentos de Trabajo Working Papers, 2012.

[140] Mitra, Webster. Competition in remanufacturing and the effects of government subsidies [J]. International Journal of Production Economics, 2008, 111 (2): 287-298.

[141] Papyrakis, Gerlagh. Resource Abundance and Economic Growth in the

United States [J]. European Economic Review, 2007, 51 (4): 1011-1039.

[142] Raymond, St-Pierre. R&D as a determinant of innovation in manufacturing SMEs: An attempt at empirical clarification [J]. Technovation, 2010, 30 (1): 48-56.

[143] Van, Zand. R&D cooperation, partner diversity, and innovation performance: an empirical analysis [J]. Journal of Product Innovation Management, 2014, 31 (2): 292-312.

[144] Wu. Technological collaboration in product innovation: The role of market competition and sectoral technological intensity [J]. Research Policy, 2012, 41 (2): 489-496.

[145] Yu F, Guo. The impact of government subsidies and enterprises' R&D investment: A panel data study from renewable energy in China [J]. Energy Policy, 2016 (89): 106-113.

索引